AV LECTEVR.

J'Ay crû Vous devoir avertir que cecy n'eſt point un Abregé de la Philoſophie de Democrite, ou d'Epicure, mais de celle de Gaſſendi, qui eſt ſouvent tres eloigné du ſentiment de ces Philoſophes, & qui en a uſé à leur egard comme à l'egard de Platon, d'Ariſtote, & de tous les autres ; il a ſceu faire le choix de ce qu'ils avoient de meilleur, & l'accommoder à ſon Syſteme, & lorſque quelques-unes de leurs Opinions luy ont paru choquer la verité, ou les bonnes mœurs, jamais homme n'a travaillé avec plus de ſoin, de force, & de ſuccez à les detruire.

Ie ne Vous diray rien de ceux qui le veulent faire paſſer pour un ſimple Hiſtorien de la Philoſophie, & meſme pour eſtre un peu trop Sceptique. Il a veritablement rapporté les diverſes Opinions des Philoſophes, perſuadé que pour porter un jugement ſolide ſur une matiere de Philoſophie il falloit

ã 5

premierement avoir en veuë tout ce que les Philosophes en ont pensé; mais il ne faut que le suivre pour voir qu'il n'en demeure pas là: Et s'il se sert souvent de ce mot Videtur, ce n'est pas qu'il ne fasse assez connoitre où il tend, & ce qui luy semble plus probable; mais c'est que considerant que nos veuës sont trop courtes pour penetrer jusques aux premiers Principes, & parvenir aux Causes prochaines & immediates, il croyoit qu'il y auroit trop de presomption à decider si magistralement des choses, comme ont fait quelques-uns de nos Modernes.

Ce que je ne dois pas taire, pour Vous encourager à lire cet Ouvrage, c'est que Gassendi qui en doit estre consideré comme le principal Autheur, a toute sa vie donné des marques d'un Esprit tout à fait extraordinaire. A peine estoit-il parvenu à l'âge de sept ans qu'il decida la question qui s'estoit emeuë entre les Enfans de son Village, sçavoir si c'estoit la Lune, ou les Nuées qui marchoient; car comme il soutenoit que ce n'estoit pas la Lune, il s'avisa de la leur faire regarder au travers des branches d'un arbre, & de leur faire remarquer comme elle estoit toujours sur la mesme feüille.

Il n'avoit que treize ans qu'il se mit à

ABRÉGÉ
DE LA
PHILOSOPHIE
DE
GASSENDI

EN VIII TOMES

Par F. BERNIER, Docteur en
Médecine de la Faculté

R. 2486.

TOME I.

A LYON,
Chez ANISSON, POSUEL

R. 25580

ABREGÉ DE LA PHILOSOPHIE DE GASSENDI

EN VIII. TOMES.

Par F. BERNIER *Docteur en Medecine de la Faculté de Montpelier.*

TOME I.

A LYON

Chez ANISSON, & POSUEL.

M. DC. LXXVIII.

AVEC PRIVILEGE DV ROY.

faire comme des especes de petites Comedies en Prose, & en Vers, qui se recitoient au Carnaval entre les Enfans chez les premiers de la Ville de Digne en Provence; desorte que dés ce temps-là on l'appella le petit Docteur.

A dix sept ans il entra en Philosophie, où il excella d'une telle maniere qu'il faisoit la Leçon lorsque son Maistre, qui estoit fort infirme ne la pouvoit pas faire, & les Ecoliers ne croyoient point entendre leurs Ecrits que Gassendi ne leur en eust fait la Repetition, ce que le Maistre luy ordonnait presque tous les jours.

Il donna ensuite trois ans à la Theologie, & le Professeur qui enseignoit la Philosophie dans le College d'Aix estant venu à mourir, il fut choisy pour luy succeder, il acheva son Cours, & continua six autres années d'enseigner la Philosophie vulgaire, de laquelle il se degousta enfin tellement acause de la Chicane, & des questions inutiles qui s'y sont introduites, que la derniere année il fit soûtenir des Theses Pour & Contre, commença de faire imprimer ces sçavantes Dissertations adversus Aristoteleos qui firent tant de bruit, & jetta dés-lors le Plan du Systeme de Philosophie qu'il nous a laissé.

Depuis ce temps-là jusques à sa mort, qui fut l'an soixante & quatre de son âge, il a toûjours philosophé avec une ardeur, & une assiduité inconcevable : Il se levoit reglement à trois heures du matin, jamais plus tard qu'a quatre, quelquefois à deux, & etudioit jusques à onze, à moins qu'il ne receust quelque visite, ce qui arrivoit assez souvent ; car il n'estoit ni glorieux, ni difficile, c'estoit une douceur, & une humanité sans pareille, & il n'avoit point de plus grand plaisir que quand on luy venoit proposer quelque difficulté : Il se remettoit à l'etude depuis les deux ou trois heures apres mydi jusques à huit, soupoit legerement, & se couchoit entre neuf & dix, desorte que je ne sçais si jamais aucun des Anciens a philosophé ni si longtemps, ni si assidûment. Aussi n'y avoit-il aucun Livre de Science, ni mesme de belles Lettres, qu'il n'eust, pour ainsi dire, devoré ; & l'on trouve en lisant ses sçavants Ecrits qu'il avoit veu, leu, & retenu tout ce qu'il y avoit de plus considerable dans les bons Autheurs.

Je ne Vous parleray point de cette prodigieuse quantité de Vers qu'il avoit choisy dans tous les Poëtes, & qu'il avoit appris par cœur. De Latins seuls, sans conter Lucrece tout entier, il en sçavoit six mille dont il recitoit reglement trois cent tous les jour ou en se promenant, ou en allant faire quelque visite. Il en est, disoit-il, de la Memoire comme de toutes les Habitudes; si l'on veut empescher qu'elle ne s'affoiblisse comme il arrive d'ordinaire à mesure qu'on avance dans l'âge, il la faut necessairement exercer; & les belles Poësies qu'on apprend, & qu'on recite souvent entretiennent l'Esprit dans une certaine elevation qui anoblit le style de ceux qui ecrivent, & inspire de grands sentimens.

Ce qui est tres particulier, & tres considerable dans ses Ouvrages, c'est que toutes les Opinions des Anciens y sont reduites avec tant de netteté, & d'eloquence, qu'elles y sont beaucoup plus intelligibles que dans les Originaux mesmes; desorte que quand les Platons, & les Aristotes, les Plutarques, les Plines, les Seneques, & les Cicerons periroient, les Ouvrages de Gassendi nous demeurant, rien de ce qui est contenu de Philosophie dans ces Autheurs ne seroit perdu. Car à proprement parler, Gassendi est une Bibliotheque entiere; mais une Bibliotheque qui en rapportant les diverses Opinions des Anciens, nous sçait toujours doucement insinuer la plus probable.

Ie dis doucement, & la plus probable, car il ne pretend point dominer sur les Esprits, ni faire passer ses pensées pour des Demonstrations evidentes & incontestables, jamais homme ne fut plus modeste, & de meilleure foy, & jamais personne ne reconnut mieux la foiblesse de l'Esprit humain: Cependant j'oseray dire à son égard, selon ce que je puis avoir acquis de connoissance depuis plus de trente ans que je philosophe soit avec les Européens, soit avec les Sçavants de l'Asie, les Souphis de Perse, & les Bragmanes des Indes, que si dans cette foiblesse humaine il y a jamais eu quelque chose de grand, d'etendu, de penetrant, de judicieux, d'eloquent, c'est dans Gassendi qu'on le doit chercher.

La Posterité en jugera, & nos Neveux dans mille ans d'icy douteront si Gassendi eut jamais son pareil: Ils rechercheront curieusement le temps de sa Naissance, comme nous recherchons maintenant celuy des Illustres de l'Antiquité, & admirants l'heureux concours des choses, ils diront: Il semble que la Nature ait pris plaisir de faire paroître du temps du plus grand des Rois le plus grand des Philosophes; Gassendi écrivoit sous le Regne de LOUIS LE GRAND, ce Sage & Valeureux Prince, qu'apres avoir affermy son Estat par des Conquestes plus difficiles en effect, & plus surprenantes que ne furent celles d'Alexandre, donna enfin la Paix à ses Sujets, s'attacha plus que jamais à faire regner la Iustice entre eux, & les rendit les plus heureux Peuples du Monde.

Au reste, Vous ne vous etonnerez pas que je n'aye point fait d'Epistre Dedicatoire particuliere à cet Ouvrage: Il est naturellement dedié à Monseigneur COLBERT, & c'est une espece d'hommage que tous ceux qui ecrivent presentement doivent à ce Sage Ministre, comme estant le Mecenas de nostre temps, le Protecteur general des Arts, & des Sciences, & celuy dont le docte Fils a le premier ramené la Philosophie dans les Ecoles.

Sous cette Protection je n'auray donc pas de peine à soûtenir la Doctrine que je tasche icy de Vous expliquer: Je suis persuadé qu'elle l'eternisera, & qu'elle la fera subsister aussi longtemps que le Monde, ce que je crois d'autant plus volontiers qu'elle n'a rien d'incompatible avec la Foy, qu'elle s'accorde merveilleusement avec toutes ces belles Experiences qu'on a fait depuis trente ou quarante ans, & que les Principes sur lesquels elle est appuyée sont tellement solides & raisonnables, que malgré l'Envie, & les Disputes des autres Sectes, ils ont subsisté depuis plus de deux mille ans.

Mais je crois devoir ajoûter ces lignes touchant les Traitez de l'Astronomie, de la Morale, & de la Logique. Car je suis bien aise qu'on n'ignore pas à l'egard du Premier, qu'estant enrichi des plus rares decouvertes Celestes qui se soient faites de nos jours, il est redevable de la plus part de ces decouvertes à nos illustres Observateurs de l'Academie Royale des Sciences.

A l'egard du Second qui est l'Examen de la Morale des Anciens, je ne vous en diray rien autre chose sinon que l'Ouvrage me semble incomparable; c'est comme un Precis raisonné, & reduit en ordre de tout ce qui s'est dit de plus beau, de plus rare, & de plus grand touchant les Mœurs chez les Anciens soit Grecs, soit Latins.

Pour ce qui est du Troisieme, nostre Autheur tenoit les Preceptes de la Logique tres peu necessaires, & croyoit que si l'œil voit, l'oreille entend, & les autres Facultez font leurs fonctions sans avoir besoin d'aucuns Preceptes, l'Entendement pouvoit bien raisonner, chercher la verité, la trouver, & en juger sans l'ayde de la Logique.

Il ne croyoit neanmoins pas que si quelqu'un se vouloit contenter de ce peu de Regles qui peuvent estre comprises en tres peu de mots, on le deust detourner de son dessein; parce qu'encore qu'elles pussent sembler inutiles, comme elles ne peuvent toutefois pas nuire, elles ne font point tant perdre de temps qu'on s'en doive repentir: Et c'est simplement pour cela qu'il a voulu que son Corps de Philosophie fust accompagné d'une Logique, quoy qu'il ne la mist pas au nombre des veritables Parties de la Philosophie, & qu'il n'estimast pas mesme qu'on deust faire commencer par là les Etudiants, de crainte de les rebuter : Aussi ay-je eu beaucoup de peine à me resoudre à ce travail, d'autant plus que nostre Langue n'a pas les termes, & les manieres de parler qui repondent aux termes barbares, & aux manieres de parler serrées & Scolastiques des Logiciens : Mais apres tout j'ay trouvé ce petit Ouvrage si parfait en son genre, & tellement accompli, que je n'ay pas crû pouvoir me dispenser de le donner au public : J'ay mesme remarqué que cette Logique qui a eu tant de cours depuis quelques années, a beaucoup de rapport avec celle-cy, si vous en exceptez certains Exemples fort recherchez, & quel-

ques grands & beaux Chapitres ou de Physique, ou de Morale, ou de Mathematiques,
de sorte que je me persuade que si celle-là a
plû, celle-cy ne déplaira pas.

TABLE DES LIVRES ET CHAPITRES
Contenus dans ce Tome.

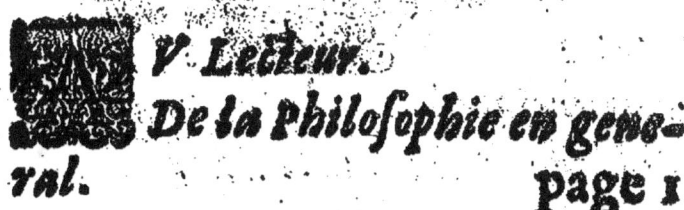
V Lecteur.
De la Philosophie en general. page 1

La Physique, & Metaphysique.

LIVRE PREMIER.
Des Premiers Principes.

CHAP. I. De l'Espace. page 7

CHAP. II. *Que le Lieu n'est autre*

TABLE.

chose que l'Espace-mesme qui est appellé Vuide quand il est privé de tout corps, & Lieu quand il est remply. 26

CHAP. III. *Du Temps inseparable du Lieu, & de l'Eternité.* 38

CHAP. IV. *De l'Eternité.* 50

CHAP. V. *Si le Monde a eu commencement.* 60

CHAP. VI. *Si le Monde perira.* 84.

CHAP. VII. *Si le Monde est animé.* 101.

CHAP. VIII. *Si de Rien il se peut faire quelque chose, & si quelque chose peut retourner dans le Neant.* 122

CHAP. IX. *De l'Essence de la Matiere.* 126

CHAP. X. *De l'Existence des Atomes.* 129

CHAP. XI. *De la Petitesse des Atomes.* 163

CHAP. XII. *De la Figure des Ato-*

TABLE.

mes. 170

CHAP. XIII. *Du Mouvement des Atomes.* 178

CHAP. XIV. *De la necessité des petits Vuides entre les Corps.* 193

CHAP. XV. *Des Moyens de faire un grand Vuide & sensible.* 217

CHAP. XVI. *Qu'il semble que l'on peut prendre les Atomes pour le Principe Materiel, ou la Premiere Matiere des Choses.* 229

CHAP. XVII. *Quelles sont les Causes dont les Physiciens recherchent la connoissance.* 236

CHAP. XVIII. *De l'Existence, & Providence de Dieu.* 252

Premiere Preuve de l'Existence de Dieu qui est prise de l'Anticipation. 258

Seconde Preuve de l'Existence de Dieu tirée de l'Inspection de la Nature. 266

CHAP. XIX. *Quel est l'Interne, & Premier Principe d'agir dans les Causes Secondes.* 270

TABLE

LIVRE II.
Du Mouvement.

CHAP. I. Ce que c'est que Mouvement. 288

CHAP. II. Du Mouvement Naturel & Violent. 303

Ce que c'est que Pesanteur. 313

CHAP. III. De l'Acceleration, & de la Proportion du Mouvement dans les Choses qui tombent. 332

CHAP. IV. Du Mouvement des Choses qu'on jette. 359

CHAP. V. Du Mouvement Reflexe, & des Vibrations des Pendules. 386.

Qu'une Bale n'est pas reflechie par la muraille, mais par celuy qui la jette contre la muraille. 393

De l'Egalité des Angles d'Incidente, & de Reflexion. 405

TABLE.

Chap. VI. Si le Changement est different du Mouvement, & comment les Qualitez des Composez peuvent estre engendrées par le Changement, ou l'Alteration. 414.

EXTRAIT DV PRIVILEGE du Roy.

PAR GRACE ET PRIVILEGE DU ROY, en datte du 16. Juillet 1677. donné à Versailles, Signé D'ALENCE', & scellé du grand Sçeau de cire jaune, il est permis au Sieur BERNIER de faire imprimer, vendre, & debiter l'*Abregé de la Philosophie de Gassendi*, durant le temps & espace de quinze années, avec defenses à toutes personnes de quelque qualité qu'elles soient d'imprimer, vendre, ni debiter d'autres impressions que de celles dudit Sieur BERNIER, ou de ceux qui auront son droit, à peine de confiscation des Exemplaires, & des autres peines contenües dans ledit Privilege, Registré sur le Livre de la Communauté des Libraires & Imprimeurs de Paris le 21. Juillet 1677. Signé COUTEROT Syndic.

Et ledit Sieur BERNIER a cedé sondit Privilege aux Sieurs ANISSON, & POSUEL Libraires à Lyon, pour en joüir suivant l'accord fait entre eux.

Achevé d'imprimer pour la premiere fois le 5. May 1678.

ABREGE'

ABREGÉ DE LA PHILOSOPHIE DE GASSENDI.

DE LA PHILOSOPHIE en general.

LA Philosophie est l'Amour, & l'Etude de la Sagesse. La Sagesse n'est autre chose qu'une disposition de l'Esprit aux bons sentimens, & aux bonnes actions : Et l'Esprit est disposé aux bons sentimens, lors qu'il s'acoûtume à aimer la verité, à la rechercher, & à l'embrasser par tout où elle se trouve: Il est pareillement disposé aux bonnes actions, quand il s'efforce d'aimer l'honnesteté, de la suivre, & de la preferer à toutes les choses du monde; desorte que la Philosophie ne sera dans cette veüe *Qu'une poursuite de la verité, & de l'honnesteté.*

L'on entend de là qu'il y a deux parties dans la Philosophie. L'une est appellée *Physique* ou *Naturelle*, parce qu'elle recherche la verité en toutes les choses qui sont comprises dans l'Univers. L'autre est nommée *Ethique* ou *Morale*; parce qu'elle s'etudie à etablir l'honnesteté dans les mœurs, & qu'elle prescrit des regles pour la conduite de la vie.

De l'assemblage de ces deux parties de la Philosophie naist cette parfaite Sagesse qui donne à l'Ame sa derniere perfection. Car y ayant en nous deux facultez principales, l'Entendement, & la Volonté, la Sagesse eclaire la premiere, la menant droit à la verité, autant que le permet la foiblesse humaine, &

porte l'autre directement & invariablement à l'honnesteté.

De ce mesme assemblage naist par une consequence necessaire le plus grand bonheur que nous puissions obtenir par les forces de la Nature, d'autant que celuy qui est parvenu à connoitre la verité des choses, & qui a pris la teinture des bonnes mœurs, n'est point emeu, ni touché des fausses Opinions, ni troublé par les passions dereglées, comme la plus part des hommes ; mais joüit d'un calme, & d'une tranquillité qu'on peut dire estre l'estat le plus heureux où l'on puisse arriver.

Et mesme, s'il est necessaire pour estre heureux de n'avoir point de douleur, & de posseder la santé du corps, il est sans doute que la Sagesse fournit des secours pour l'etablissement de cette partie de la felicité.

De là vient qu'on ne sçauroit trop s'etonner de voir que tous les Hommes desirent d'estre heureux ; & que cependant il y en ait si peu qui s'appliquent à la Philosophie, qui seule fait les veritables heureux.

Conformement à cette idée de la Philosophie, nous la definissons encore Vn *exercice de l'Esprit par le moyen duquel, soit que nous meditions en nous-mesmes, soit que nous-nous entretenions avec autruy, nous-nous faisons une vie heureuse*; car nous tenons que la Philosophie consiste plûtost en l'action qu'en l'habitude, & que philosopher n'est pas seulement raisonner en soy-mesme, mais discourir avec les autres, soit pour leur enseigner la verité, & la vertu, soit pour l'apprendre d'eux, & ainsi en estre le maistre, ou le disciple.

La Philosophie a donc pour fin la felicité, & le bonheur de l'Ame; & ceux qui sont Jeunes ne doivent point differer de s'y appliquer, ni ceux qui sont Vieux se lasser de philosopher; dautant que personne n'est jamais trop jeune, ni trop vieux pour estre heureux, & que celuy qui pretexte qu'il est trop tost, ou trop tard pour philosopher, fait le mesme que celuy qui dit que le temps de bien & heureusement vivre n'est pas encore venu, ou qu'il est passé.

Ce seroit, ce semble, icy le lieu de rapporter les divers Eloges que les Anciens ont donné a la Philosophie; mais contentons-nous de celuy de Ciceron dans le cinquieme Livre de ses Tuscula-

nes où il dit, que c'est elle qui a premierement retiré les Hommes de cette vie
sauvage qui estoit exposée aux voleries,
aux injures, & aux massacres, pour les
unir sous les douces loix de la Societé;
que c'est elle qui a donné la naissance
aux Villes, & qu'elle est l'inventrice des
Loix, des Arts, & des Sciences, & la Maistresse des mœurs. *Tu Vrbes peperisti; tu
dissipatos homines in Societatem vitæ con-
vocasti; tu eos inter se primò domiciliis, de-
inde conjugiis, tum literarum & vocum
communione junxisti; tu inventrix Legum,
tu magistra morum, & disciplina fui-
sti, &c.*

Il ajoûte qu'elle est comme la pasture
naturelle de nos Esprits, que c'est elle
qui nous eleve aux grandes choses, &
qui nous fait mepriser comme petites
celles d'icy bas, & que de toutes les choses du monde la plus agreable, & la plus
satisfaisante c'est la consideration de la
Nature. *Est animorum naturale quoddam
quasi pabulum consideratio, contemplatió-
que Naturæ. Erigimur, elatiores fieri videmur; humana despicimus, cogitantesque Su-
pera atque Cœlestia, hæc nostra ut exigua,
& minima contemnimus. Indagatio ipsa*

rerum tum maximarum, tum etiam occultissimarum habet oblectationem: Si verò aliquid occurret quod verisimile videatur, humanissimâ completur Animus voluptate.

LA PHYSIQVE
ET
METAPHYSIQUE.

LIVRE I.
DES PREMIERS PRINCIPES.

CHAPITRE I.
De l'Espace.

LA premiere chose que doit faire un Physicien en jettant les yeux sur cet Univers, c'est de se representer un Espace infiniment etendu de toutes parts en longueur, en largeur, & en profondeur, & de considerer cet espace comme le Lieu general de tout ce qui a esté produit, & comme la Table d'attente des autres productions que Dieu peut tirer de sa Toute-puissance.

Ce qui nous oblige à former cette grande idée est, que nous ne sçaurions jamais porter nostre imagination si loin au delà des Cieux, que nous ne trouvions toujours à la porter encore plus loin & que si nous supposions mesme avec Lucrece, qu'un homme fust parvenu à l'extremité de l'Espace, nous concevrions toujours qu'une Fleche que cet homme auroit decochée, iroit plus avant, ou que ce qui l'arresteroit devroit donc estre au delà de l'extremité, ce qui est ridicule.

Ce devoit estre la pensée de S. Augustin, lors qu'il dit *qu'il faut concevoir au delà du Monde des Espaces infinis, dans lesquels si quelqu'un soûtient que le Tout-puissant n'a pû s'occuper, il s'ensuivra,* &c. Oseront-t'ils dire, ajoûte-t'il, *que la Substance Divine qu'ils confessent estre toute entiere par tout par sa presence incorporelle, soit absente de ces grands Espaces qui sont au delà du Monde qui n'est qu'un poinct en comparaison de cette infinité? Ie ne crois pas qu'ils se laissent aller à de si vains discours.*

En effet, si Dieu est immense, pouvons-nous le resserrer dans les mesmes bornes que ce Monde? Ou plutost ne devons-nous pas admettre des espaces immenses dans lesquels la Divine Substance soit comme diffuse & repanduë ? Et s'il est Tout-puissant, & sa puissance inepuisable, ne doit-on pas demeurer d'accord qu'au de-là de ce grand Espace dans lequel tous les corps qui composent le Monde sont placez, il y a d'autres Espaces à placer une infinité d'autres Mondes qu'il peut créer ?

Cela estant, distinguons d'abord deux sortes d'Etenduë ou de dimension, l'une Corporelle ou materielle, & impenetrable que nous attribuerons à tous les corps, l'autre Incorporelle, & penetrable qui sera uniquement attribuée à l'Espace, & qui pour cette raison sera appellée Spaciale ou locale. La Corporelle sera la longueur, la largeur, & la profondeur de l'eau, par exemple, de l'air, ou de quelque autre corps contenu dans un vaisseau : La Spaciale la longueur, la largeur, & la profondeur que nous concevons estre toujours, & devoir necessairement rester entre les costez du vaisseau, quand mesme l'eau, & toute autre corps en seroit exclus.

Pour mieux comprendre la chose, & voir evidemment la necessité de cette distinction; supposons que Dieu tire d'un vaisseau, ou d'une chambre tout l'Air qui y est contenu, & qu'il empesche en mesme temps qu'aucun corps ne succede en sa place, & que les costez ou les murailles ne se brisent, & ne se rapprochent. Ou plutost concevons, pour prendre quelque capacité plus grande que celle d'une chambre, ou d'un vaisseau, que ce Monde soit renfermé dans le dernier & le plus eloigné des Cieux, comme dans une grande Voute ferme & solide, ainsi que plusieurs Philosophes & Astronomes nous l'ont voulu donner à entendre; puis feignons que Dieu reduise au neant la Terre & l'Air, le Soleil & la Lune, & tous les autres corps celestes qui sont contenus dans la superficie concave de ce dernier Ciel, sans qu'aucun autre corps succede en leur place, & sans que le Ciel se rompe; & enfin supposons qu'on ait marqué deux poincts diametralement opposez dans la superficie concave de ce Ciel. Apres cela ne concevons-nous pas que d'un de ces poincts à l'autre il y a de necessité une certaine distance, un intervalle, *certa quædam distantia, intervallum, intercapedo,* une certaine longueur incorporelle, & une certaine ligne invisible qui est le diametre de toute la region? Que dans le milieu de cette ligne il y a un poinct qui est le centre de la region, & qui auparavant a esté le centre de la Terre? Ne concevons-nous pas ensuite combien la Terre, la Lune, le Soleil occupoient de cette region? Ne determinons-nous pas encore par nostre Entendement les divers endroits où estoient ces corps? Et ne disons-nous pas que de la Terre à la Lune il y avoit tant de lieües, parceque de l'endroit où estoit la Terre jusqu'à celuy où estoit la Lune, il y a effectivement encore une longueur de tant de lieües, & qu'on y pourroit mettre un Cylindre de cette longueur? L'on doit donc de necessité distinguer deux sortes d'Etenduë ou de Dimension, l'une qui estant propre & particuliere au Corps, soit dite Corporelle, ou materielle, & impenetrable, l'autre qui estant particuliere à l'Espace, soit dite Spaciale ou locale, & soit Incorporelle, & penetrable.

Remarquez cependant, que lors que nous disons Etenduë ou dimension Incorporelle de l'Espace, nous ne concevons pas cette Etenduë comme une

Substance, ou une nature positive qui ait ses actions, & ses facultez particulieres, & qui soit pareille à la Substance de Dieu, des Intelligences, ou de l'Esprit humain : Car ces termes d'incorporel, d'infiny, & autres qu'on attribuë à l'Espace, sont plutost icy negatifs que positifs, en ce qu'ils ne signifient rien de positif semblable à ce que l'on entend quand on les attribuë à la substance de Dieu, ou à quelque autre substance spirituelle ; cette Etenduë incorporelle n'estant consideree que comme une pure etenduë immaterielle, & une pure capacité à recevoir les corps, laquelle n'est ni Substance, ni Accident, ni rien de tout ce qui est capable d'agir, ou de patir.

Remarquez neanmoins aussi qu'encore que les Theologiens en parlant de l'Etenduë, & des Espaces qui sont au delà du Monde, se servent du terme d'Imaginaires, ils ne croient pas pour cela que ce soit des espaces purement Chymeriques, & dont l'existence depende purement de l'imagination ; car il est constant qu'ils existent, & qu'ils subsistent soit qu'on y pense, ou qu'on n'y pense pas ; puisqu'independemment de

PRINCIPES. 13

noſtre penſée Dieu y a toujours pû, & y pourra toujours creer de nouveaux Mondes ; mais ils les ont appellé Imaginaires, parce que nous concevons leur etenduë ou leurs dimenſions incorporelles à la maniere des corporelles.

Les Philoſophes qui ne reconnoiſſent point d'autre Etenduë que celle qui eſt corporelle, ſe trouvent reduits à une etrange extremité, qui eſt d'aſſurer que les murailles de cette chambre, ou les coſtez de ce Ciel ne ſeroient point eloignez l'un de l'autre, ou ſeroient contigus. Et quand on leur demande la raiſon de ce Paradoxe, ils répondent qu'il faut que ces choſes entre leſquelles il n'y a rien ne ſoient point eloignées l'une de l'autre, & par conſequent qu'elles ſe touchent. Que ſi on les preſſe, & qu'on leur demande quel moyen il y a de concevoir que ces murailles, ou ces coſtez concaves ſe touchent, veu qu'ils ſont demeurez immobiles & en leur entier ſans ſe briſer ; ils diſent que cela ſe conçoit facilement parce qu'il n'y a rien entre-deux.

Ie ſçais bien certes qu'il n'y a rien entre-deux, je veux dire rien de corporel, rien de tout ce qui tombe ſous les

Sens, rien de tout ce qui se comprend ordinairement sous ce mot de Substance, ou d'Accident ; mais en verité peuvent-ils bien concevoir qu'il n'y reste pas le mesme lieu qui y estoit, le mesme espace, la mesme etenduë, un veritable intervalle, & une veritable distance qui fasse toujours que ces murailles, ou ces costez ne soient pas contigus, & qu'effectivement ils demeurent dans un certain eloignement les uns des autres, tout de mesme que s'il y avoit toujours de l'air, ou quelque autre corps entre les deux ?

Et qu'ainsi ne soit, supposons qu'il se fasse comme un Amas de Globes solides parfaitement ronds, & parfaitement polis, sans qu'il y ait ou de l'air, ou aucun corps alentour ; conçoivent-ils que tous ces Globes se touchent tellement selon tous leurs poincts, qu'il n'y ait entre-eux aucuns intervalles vuides, ensorte qu'ils se touchent mutuellement les uns les autres comme si c'estoit des cubes, ou des pyramides equilaterales ?

Il est, disent-ils, impossible de concevoir le Vuide. Mais ils devroient bien plutost avoüer que le Vuide est de toures les choses du Monde la plus connuë; puis qu'il est vray qu'on a besoin de preuve & de raisonnement pour croire qu'une chambre n'est pas vuide de tout corps, quand ni la veüe, ni le toucher, ni aucun autre de nos Sens ne nous y fait point appercevoir de corps.

Ils ajoûtent, pour se servir d'autres termes, qu'il n'est pas possible de concevoir un Espace, ou une Etenduë sans corps. Mais, je vous prie, l'air dont une chambre est remplie nous peut-il aider à imaginer son etenduë, & ses dimensions? Est-ce l'air qui fait que l'on conçoit qu'il y a vingt pieds de longueur d'une muraille à l'autre, quinze de largeur, & dix de hauteur? Tout homme qui n'est point preoccupé, qui ne connoit point l'air, qui ne sçait ce que c'est, & qui jureroit qu'il n'y a rien dans la chambre, en conçoit-il moins l'etenduë? N'en comprend-il pas tout de mesme & tres clairement les dimensions? Ne sçait-il pas sans avoir egard à l'air, qu'il la peut aisement mesurer en tout sens? Que cette muraille est eloignée de cette autre de vingt pieds? Qu'il peut mettre entre-deux une Perche qui ne sera ni plus, ni moins longue? Et que toute la chambre n'est capable que de recevoir un nombre determiné de boisseaux de froment, ou de quelque autre grain ? Certainement comme ce n'est point l'air qui fait qu'il y ait une telle distance d'une muraille à l'autre, ce n'est point l'air qui fait que nous concevons qu'il y a de la distance.

Il y en a qui taschant de se debarasser de toutes ces difficultez, nient absolument toutes nos Suppositions, comme autant de fictions pures & impossibles. Dieu, disent-ils, ne sçauroit ainsi reduire les Elemens, & tous ces autres corps qui composent ce Monde au neant, & faire en sorte que le Ciel qui les auroit environnez demeurast en son entier : Il faut de necessité qu'entre les costez de ce Ciel, comme entre les murailles de la chambre, il demeure de l'air, ou quelque autre corps qui remplisse tout l'espace, & toute la capacité qui s'y trouve ; & les murailles se briseroient plutost pour se rapprocher : En un mot, toutes ces suppositions impliquent contradiction, comme il implique que deux & deux ne soient pas quatre (ce sont leurs propres termes) ou qu'il y ait une montagne sans valée, puisque, disent-ils, si ces suppositions venoient à se reduire en acte, il s'ensuivroit qu'entre les costez du Ciel, ou entre les murailles de la chambre il n'y auroit point de corps par la supposition, & que neanmoins il y en auroit; parce qu'il y auroit entre-deux une etenduë, & une capacité avec ses dimensions, ce qui ne peut estre sans corps.

Mais pour ne m'arrester point à leur montrer que c'est prescrire bien hardiment des bornes à la Toute-puissance de Dieu que de nier nos suppositions, & ne vouloir pas qu'il soit assez puissant pour aneantir une partie de ce qu'il a creé, & conserver l'autre, ou pour tirer l'air d'un vaisseau sans qu'il s'y introduise quelque nouveau corps, & sans que le vaisseau se brise; il est visible que c'est une pure petition de principe, & qu'ils devroient premierement nous avoir montré qu'il y a de la repugnance dans nos suppositions, & dans la distinction que nous avons fait des dimensions corporelles & solides, & des incorporelles & spaciales; qu'il ne suffit pas qu'il y ait une etenduë incorporelle & spaciale entre deux corps pour qu'on les puisse concevoir, & pour qu'ils soient effectivemēt eloignez l'un de l'autre; & enfin *que l'existence, ou la maniere d'exister d'un corps depend absolument de l'existence d'un autre, la rondeur, par exemple, & la concavité du Ciel, ou la quadrature d'une chambre, de l'existence de l'air, ou de quelque autre corps de la sorte*: Comme si Dieu pouvoit bien commencer par produire l'air, & creer ensuite le Ciel, ou la chambre, mais qu'il luy fust impossible de commencer par creer ces deux corps, & produire l'air quelque temps apres! Ou comme si la subsistance d'une muraille tirée en long ne dependoit point de l'existence de l'air, mais qu'elle en dependit absolument estant tirée en rond, ou en quarré!

J'avouë neanmoins qu'il pourroit peuteftre bien arriver naturellement à cause de la disposition, & de la liaison particuliere des parties qui composent ce Monde, que les corps qui entourent les murailles de la chambre les briseroient, comme pourroit faire l'air par sa propre pesanteur, en les poussant par dehors si elles n'estoient soûtenuës au dedans par d'autres corps. Mais cela ne fait rien à la chose, & l'on ne doit pas inferer de là qu'il soit absolument impossible de tirer tout l'air de la chambre sans qu'il y reste aucun corps, ou que s'il en avoit esté tiré les murailles deussent se toucher, & devenir contigues, ensorte qu'il ne restast entre-elles aucun intervalle ou aucune etenduë; puisque, comme nous venons de dire, *l'existence d'un corps ne depend pas de celle de l'autre*, & que ce ne seroit que par accident, & par la force d'une cause etrangere qu'elles se seroient brisées, & rapprochées, & non pas par l'impossibilité absoluë du Vuide, ou d'une etenduë incorporelle & spaciale, qui est ce qu'il faudroit prouver.

Ajoûtons pour prevenir quelques difficultez, qu'il n'est pas necessaire que l'Espace, ou le Lieu des choses ait esté creé, comme quelques-uns toutefois pretendent; car (pour ne dire pas qu'il est impossible qu'aucune chose soit creée qu'elle ne soit creée en quelque lieu, & qu'il est ridicule de dire que ce lieu soit creé en un autre lieu, puisque cela iroit à l'infiny) supposez que le Globe de la Terre, par exemple, soit immediatement entouré de cinq autres Globes, & qu'il soit ensuite tiré de sa place : Ils diront veritablement que la Terre emportera son Espace avec elle, mais cependant il est visible que cet espace que la Terre aura premierement occupé demeurera immobile, entant qu'il demeurera entre ces Globes un intervalle aussi grand qu'est son diametre, & qu'ainsi, comme il n'est pas à present necessaire de creer cet Espace pour y pouvoir remettre la Terre, de mesme aussi il n'a pas esté necessaire qu'il ait esté creé pour l'y mettre la premiere fois.

L'on objecte d'ordinaire que l'Espace ou le lieu ne merite pas le nom d'Estre, ou ne doit pas proprement estre dit un Estre. Cependant l'Espace, comme nous l'avons deja fait remarquer, existe soit qu'on y pense, ou qu'on n'y pense pas ; puisqu'on ne sçauroit nier qu'au delà de ce Monde il n'y ait des espaces à creer, & à placer une infinité d'autres Mondes, & que Dieu les y peut effectivement & creer & placer. L'Espace est donc, l'Espace existe donc, l'Espace est donc un Estre, non certes un Estre comme sont les Substances, mais un Estre à sa maniere.

Tout ce qui est, dit-on aussi vulgairement, & qui merite le nom d'Estre, est ou Substance, ou Accident. Ajoûtez ou Lieu des Substáces, & des Accidens : Car il est inconcevable qu'une Substance soit, qu'elle ne soit en quelque lieu, & d'ailleurs le Lieu ne peut estre ni Substance, ni Accident non plus que la Substance, ou l'Accident estre lieu ; le lieu estant immobile, incorporel, penetrable, & incapable de toute action, ce qui generalement ne convient ni à la Substance, ni à l'Accident : Pour ne dire point qu'il est impossible qu'une chose soit elle-mesme son propre lieu; puisqu'il est visible que le Globe de la Terre, ou quelque autre corps poussé hors de l'endroit où il estoit, n'emporte point son lieu avec soy, mais seulement qu'il le quitte, & passe à un autre. Et certes, le Sens-commun ne nous dicte-t'il pas que le Lieu est different de la chose placée, & qu'estant ce qui reçoit les corps, il est anterieur & presupposé aux corps? Encore donc que le Lieu ou l'Espace ne soit ni Substance, ni Accident, il ne laisse neanmoins pas de meriter le nom d'Estre, ou, comme nous avons deja dit, d'estre un Estre à sa maniere. Desorte que lorsque l'on nous pressera, & que l'on nous objectera derechef, que tout ce qui est, est ou Substance, ou Accident, nous nierons cela, & nous soûtiendrons qu'il y a une troisieme espece d'Estre absolument differente des autres, à sçavoir l'Espace, à sçavoir le Lieu des Substances ; le Lieu, dis-je, qui ne seroit pas Lieu s'il estoit Substance, comme la Substance ne seroit pas Substance si elle estoit Lieu.

Que si l'on nous presse encore davantage, & qu'on nous vueille obliger à expliquer encore plus clairemét que nous n'avons fait la nature de cet Estre : Nous repondrons Premierement que nous l'avons assez expliquée par nos Suppositions, & par nos raisonnemens, & lorsque nous avons dit par plusieurs fois que l'Espace est une certaine etenduë qui fait que deux choses sont eloignées l'une de l'autre, que c'est une certaine capacité à recevoir les corps, &c.

Secondement que dans les demandes qu'on fait il y a de certaines bornes au delà desquelles on ne doit point pousser un Philosophe ; car quand apres avoir esté bien pressé, il a enfin dit ce qui est de plus connu, & ce qui est supposé comme un Principe clair & evident par foy, il ne doit, ni ne peut faire autre chose qu'un cercle. Par exemple, lors qu'en raisonnant de la nature de l'Homme, de celle de la Substance, & de celle des Modes, on l'a reduit à dire que l'Homme est un Animal raisonnable, que la Substance est ce qui subsiste par soy, que le Mode est la maniere d'estre d'une chose ; si on le presse davantage, il faut demeurer d'accord qu'il ne doit, ni ne peut repondre autre chose sinon qu'un Animal raisonnable est un Animal qui raisonne, ou qui est raisonnable, que ce qui subsiste par soy est ce qui subsiste par soy, qu'une maniere d'Estre est une maniere d'Estre, qu'estre droit c'est estre droit, qu'estre couché c'est estre couché, qu'estre en mouvement ou passer d'un lieu à un autre c'est passer d'un lieu à un autre, &c. Il ne peut point, dis-je, repondre autrement que par une espece de cercle ; parce qu'il en est venu à ce qui est de plus connu, & à ce qui est supposé estre comme un premier principe clair & evident par soy. Ainsi je soûtiens que si aprés que nous avons fait concevoir l'Espace, & que nous en sommes venus à dire que l'Espace est une certaine etenduë qui fait que deux choses sont eloignées l'une de l'autre, que l'Espace est le lieu des choses, &c. l'on s'oppiniatre à nous demander, mais qu'est-ce donc enfin que ce lieu des choses ? Nous ne devons, ni ne pouvons dire autre chose sinon que le lieu des choses est le lieu des choses, n'y ayant rien de plus clair & de plus manifeste que cela, rien de plus connu que l'Etenduë qui est dans une chambre, rien de plus evident que cette etenduë est le lieu des corps qui sont dans cette chambre, & que quand il ne resteroit aucun corps dans la chambre, il ne laisseroit pas d'y rester de l'Etenduë.

Si toutefois quelqu'un veut absolument soûtenir que le nom de Rien se peut en quelque façon, & improprement attribuër à l'Espace, entant qu'il donnera le nom de Rien à tout ce qui n'est ni Substance, ni Accident ; je ne disputeray pas sur une questiõ de nom, pourveu qu'en mesme temps il demeure d'accord que ce pretendu Rien soit une vraye & effective etenduë qui fait que deux choses sont eloignées l'une de l'autre, que cette etenduë est immobile, qu'elle a des parties, ou, si vous voulez, des endroits dont l'un n'est effectivement

ment pas l'autre, & que c'est le veritable lieu des choses.

Ie pourrois ajoûter que ceux qui confondent l'Espace avec le Corps, ou qui ne recónoissent point d'autre etenduë que celle du corps, & qui d'ailleurs soûtiennent que le Vuide est absolument impossible, se trouvent reduits à d'etranges inconveniens, à sçavoir d'admettre une Substance corporelle qui remplisse tous les Espaces possibles, ou plutost qui soit elle-mesme l'Espace, & soit par consequent d'une etenduë infinie, & de soûtenir (de crainte d'estre obligez d'admettre du Vuide) que Dieu avec toute sa puissance ne sçauroit detruire ou annihiler la moindre partie de cette substance, & qu'ainsi elle est independante de Dieu; ce qui n'est nullement à apprehender dans nostre Opinion qui tient que le Vuide est possible, & que l'Espace n'est qu'une pure capacité à recevoir les corps, laquelle n'est ni substance, ni accident, comme il a deja esté dit plusieurs fois. Mais c'est trop s'arrester sur cecy: Concluons plutost avec les Theologiens, que puisque Dieu peut creer des Mondes au de-là de celuy-cy, il doit y avoir des Espa-

B

ces vuides dans lesquels ils puissent estre creez & placez; & afin de finir par la distinction que nous avons faite des dimensions Corporelles, & des Spaciales, ce qui est le fondement de toute cette Doctrine, disons avec Nemesius, & S. Gregoire de Nice, *que veritablement tout corps a ses dimensions, & son etenduë, mais que tout ce qui a de l'etenduë, & des dimensions n'est pas corps, comme le Lieu ou l'Espace.*

CHAPITRE II.

Que le Lieu n'est autre chose que l'Espace mesme qui est appellé Vuide quand il est privé de tout corps, & Lieu quand il est rempli.

LA connoissance de l'Espace nous pouvant servir d'Abregé pour celle que nous desirons avoir de la nature du Lieu, nous remarquerons seulement que ce n'est pas sans raison qu'Aristote, & tous les anciens Philosophes, au rapport de Simplicius & de Philoponus, ont crû que le Lieu doit estre Immobile; parceque si le Lieu estoit mobile, il pourroit tantoſt ſuivre, & tantoſt abandonner le corps placé, & ainſi une choſe pourroit ſe mouvoir, & ne changer point de place, ſon lieu, par exemple, ne la quittant point, ou ne ſe mouvoir point, & changer de place, ſon lieu la quittant, & l'abandonnant; ce qui detruit la notion commune, & qui eſt auſſi ridicule que ſi on diſoit qu'un Poiſſon qui ſeroit retenu fixe & immobile au milieu d'une eau courante, ſe mouvroit, ou qu'eſtant emporté avec toute l'eau d'un fleuve, il ne ſe mouvroit point.

Cela ſuppoſé, nous tenons que la ſuperficie du corps environnant, de l'air, par exemple, de l'eau, ou autre, ne peut pas eſtre le veritable lieu des choſes, parce qu'elle n'eſt pas immobile, ou que l'immobilité qui eſt la marque eſſentielle du lieu ne luy convient pas. Ioint que la ſuperficie du corps environnant eſtant elle-meſme en quelque lieu, & qu'eſtant ridicule de dire qu'un lieu ſoit dans un lieu, puiſque cela iroit à l'infini, il eſt ridicule de dire que la ſuperficie ſoit le lieu. Il n'y a donc que le ſeul Eſpace, tel que nous l'avons decrit avec ſes dimenſions incorporelles, qu'on puisse dire estre le veritable & naturel lieu des choses ; parceque c'est à luy seul, & nullement à la superficie du corps environnant, que convient l'Immobilité que nous avons dit estre la marque essentielle & inseparable du lieu.

En effect, il est evident que l'Espace qu'occupe une Tour estoit au mesme endroit qu'il est avant que la Tour fust bastie, comme il demeureroit toujours à ce mesme endroit encore qu'on jettast la Tour par terre, qu'on la rebatist, ou qu'on la transportast ailleurs ; & qu'au contraire la superficie de l'air qui environne change perpetuellement, & s'ecoule au moindre vent; d'ailleurs admettant l'Espace, & son Immobilité, il nous est facile de satisfaire aux principales questions qui se font ordinairement au sujet du Lieu. Car si l'on demande, par exemple, pourquoy une chose est dite demeurer toûjours dans un mesme lieu quoy que la superficie qui l'environne change à tout momét; pourquoy elle est dite changer de lieu quoyque le corps qui l'environne la suive; par quel moyen elle s'eloigne d'un lieu, ou s'approche d'un autre;& enfin pourquoy elle est dite plus, ou moins, ou egalement distante d'un certain autre lieu ; il est evident que nous repondrons aisement à toutes ces questions, en supposant que l'Espace, ou les diverses parties d'Espace qu'occupent les corps sont immobiles, & que la Mobilité convient seulement aux corps placez ; & il n'y aura personne qui ne comprenne qu'un corps est dit demeurer dans un mesme lieu, parce qu'il ne quitte point la partie immobile de l'espace qu'il occupe ; & qu'au contraire une chose est dite passer d'un lieu à un autre, parce qu'elle quitte cette partie d'espace qu'elle occupoit, & qu'elle est successivement appliquée à diverses parties immobiles de l'Espace : Et il en est de mesme à l'égard des autres questions.

Ajoutez qu'ayant une fois compris que l'Espace est incorporel, & penetrable, l'on conçoit aisement ce principe, *Locus est commensuratus locato*, que le Lieu doit repondre parfaitement au corps placé ; parceque les dimensions du corps penetrent celles de l'Espace, & qu'ainsi chaque partie du corps, soit interieure, soit exterieure, répond à chaque partie de l'espace ; ce qui ne se peut dire de la superficie du corps qui environne, laquelle n'ayant aucune profondeur, ne peut pas repondre à la profondeur, ou aux parties interieures du corps.

Ie pourrois icy rapporter plusieurs inconveniens où tombent ceux qui ne reconnoissent point d'autre lieu que la superficie du corps qui environne; mais il me suffit de les prier seulement de m'expliquer la maniere par laquelle ils s'imaginent suivant cette opinion, que le premier Mobile soit dans le Lieu? Belle, certes, & admirable necessité, qui a contraint Aristote de dire que son dernier Ciel n'est dans aucun lieu, parce qu'il ne peut avoir de superficie qui l'environne! Il y a mesme plaisir de voir les peines que se donnent ses Interpretes pour le laver de cette tache, & le tirer de ce mauvais pas. Car premierement les uns disent que ce dernier Ciel a pour lieu le centre du Monde; les autres la superficie du Ciel inferieur qui est contenu & environné, n'y en ayant point qui l'environne; d'autres sa propre superficie qui l'entoure comme sa propre peau; en un mot, c'est une chose étonnante de voir à quel poinct ils sont reduits, lorsque ne voulant pas reconnoitre l'Espace pour le Lieu des choses, par où ils se seroient tirez de toutes ces difficultez, ils sont contraints de refuser un lieu au corps le plus noble de l'Vnivers. Mais voyons quelles ont esté les raisons d'Aristote.

Quoy que ses Interpretes avoüent qu'il a combattu l'Espace tres obscurement; si l'on peut toutefois tirer quelque lumiere de son texte, sa principale raison est, que si le Lieu estoit une mesme chose que l'Espace avec ses trois dimensions, il s'ensuivroit que le corps placé se penetreroit avec luy selon toutes les siennes, & qu'il seroit comme divisé infiniment, les dimensions de l'un entrant dans celles de l'autre, ce qui est, dit-il, absurde; veu que les dimensions ne se penetrent point, & qu'il n'y a point de division infinie. Certes, si l'Espace estoit corporel, & que ses dimensions fussent corporelles, cette raison pourroit avoir lieu, puis qu'il est vray que deux corps ne se penetrent point naturellement; mais nous avons dit plusieurs fois que les dimensions de l'Espace sont incorporelles, & cela estant, rien n'empesche qu'elles ne se penetrent avec les corporelles.

Il y en a quelques-uns qui veulent premieremét que nous oſtions par l'Entendemét tout cet eſpace que nous pretendons qui demeure dans un vaiſſeau tout corps en eſtant tiré, puis ils font leurs raiſonnemens. Mais ils veulent une choſe que nous ne ſcaurions obtenir de nous-meſmes; puiſque l'Entendement ne ſcauroit concevoir qu'il ne reſte toujours le meſme eſpace entre les coſtez du vaſe, ou que cet eſpace puiſſe en aucune maniere paſſer ailleurs. Ils demandent ſi l'Eſpace ne peut pas eſtre dit un corps, puiſqu'il a une triple dimenſion? Mais nous leur avons repondu que non, & que le mot de dimenſion eſt une choſe plus generale que le corporel, & l'incorporel; entant qu'il convient à l'un & à l'autre.

C'eſtpourquoy quand ils objectent que l'Eſpace ou l'intervalle eſt une quátité, & que toute quantité peut eſtre diviſée; il faut encore leur repondre qu'il y a une quantité corporelle, & une quantité incorporelle; que le propre de la corporelle eſt de pouvoir eſtre diviſée, & que l'incorporelle ne pouvant eſtre ni diviſée, ni diſcontinuée, ſi l'on se peut servir de ce terme, nous pouvons seulement designer qu'une telle partie n'est pas cette autre partie.

CHAPITRE III.

Du Temps inseparable du Lieu, & de l'Eternité.

SAint Augustin a eu raison de dire, Si personne ne me demande ce que c'est que le Temps, je le sçais ; mais si l'on me demande que j'explique sa nature, je n'en sçais rien ; & certes bien que nous n'ayons pas, ce semble, beaucoup de peine à concevoir ce qui est signifié par ce mot de Temps, lorsque nous entendons dire il y a long temps, ou il y a peu de temps, il est neanmoins etonnant de voir où nous sommes reduits quand nous le voulons definir par son Genre, & par sa Difference ; d'où vient que lorsque Ciceron dit qu'il est difficile de definir le Temps en general, peu s'en faut que je ne dise qu'il est absolument impossible ; tant il est difficile de trouver une definition qui satisfasse.

Or cette difficulté ne vient apparemment que de ce que l'on pose comme pour un fondement general & constant, que tout ce qui est, ou qui peut estre appellé Estre, ou Chose, est ou Substance, ou Accident, & que n'estant pas possible de soûtenir que le Temps soit une Substance, on le prend incontinent comme si c'estoit quelque Accident existant dans les choses corporelles; au lieu que si c'est quelque chose, ce doit, ce semble, estre comme le Vuide quelque chose d'incorporel, & independant de l'existence de quelque chose que ce soit.

Et defait, comme il y a un Espace incorporel, qui bien qu'il soit appellé imaginaire, est neanmoins ce en quoy consiste uniquement la nature du lieu; ainsi il semble qu'il y a une certaine Durée incorporelle ou independante des corps, qui bien qu'elle soit appellée imaginaire, est neanmoins aussi ce en quoy consiste uniquement la nature du Temps. Car comme cet Espace, outre qu'il est le lieu du Monde, & de toutes ses parties, est encore diffus de toutes parts sans aucunes limites; ainsi on conçoit que cette durée, outre qu'elle est le temps du Monde, & de toutes les choses qui existent au dedans de luy, a encore esté diffuse ou repanduë avant que le Monde fust, sans avoir jamais commencé, & qu'elle doit continuer de se repandre sans jamais finir, quand mesme le Monde seroit detruit.

C'estpourquoy, comme nous imaginons les choses incorporelles par rapport aux corporelles, peuteſtre ſuffira t'il de dire, que de mesme que dans les choses corporelles il y a deux sortes de diffusion, d'etenduë, ou de quantité, l'une permanente, comme la grandeur, l'autre successive comme, le mouvement; il y a de mesme deux sortes de quantité dans les choses incorporelles; l'une permanente, sçavoir est le Lieu ou l'Espace, l'autre successive, à sçavoir la Durée ou le Temps, ensorte que de mesme que l'Espace a esté definy plus haut une Etenduë incorporelle, & immobile, dans laquelle l'on peut de telle maniere designer de la longueur, de la largeur, & de la profondeur, qu'il puiſſe eſtre le lieu de quelque chose que ce soit; de mesme la Durée puiſſe eſtre definie une Etenduë incorporelle, & coulante, dans laquelle l'on peut de telle maniere designer le present, le paſſé, & le futur, qu'elle puiſſe eſtre le temps de toutes choses.

Les Stoïciens ont eu cette pensée, & elle me semble bien plus raisonnable que celle d'Epicure, & autres qui ont cru que le temps ne seroit point s'il n'y avoit point de choses qui durassent par le temps, ou mesme si nostre Entendement ne concevoit point qu'elles durassent. Car nous concevons qu'avant qu'il y eust des choses, le temps s'ecouloit; ce qui est cause que nous disons que Dieu les a pû produire plutost (c'est à dire long temps, ou peu de temps, ou de toute Eternité) qu'il ne les a effectivement produites; & maintenant qu'il y a des choses qui existent, nous concevons qu'il coule de mesme teneur qu'il faisoit avant qu'elles fussent, & que si Dieu reduisoit toutes choses au neant, le temps ne laisseroit pas de couler; & nous concevons encore en mesme temps que si Dieu les vouloit reproduire aprés les avoir detruites, il y auroit ou un long temps, ou peu de temps entre leur destruction, & la reproduction.

Ce qui nous fait de la peine est, qu'encore qu'il nous semble que nous parlions proprement, & que nous concevions ce que nous disons toutes les fois que nous disons le temps coule, un

PRINCIPES.

temps succede à l'autre, le temps s'approche, le temps viendra, &c. nous sommes neanmoins etonnez, lorsque voulans montrer le flux du temps, la succession du temps, &c. nous-nous appercevons que tout nostre discours n'a esté que metaphorique, & que l'on ne peut point montrer avec le doigt le flux du temps, comme l'on fait celuy de l'eau: Mais comme nous ne pouvons parler des choses incorporelles que par analogie aux corporelles, il nous doit suffire, si, comme nous concevons le flux de l'eau lorsque ses parties coulent par ordre, ou les unes apres les autres, nous concevons pareillement le flux du temps, lorsque ses parties passent successivement, ou de mesme façon les unes apres les autres.

Il est neanmoins plus convenable de comparer le temps avec la flamme d'une chandele, dont l'essence consiste tellement dans l'ecoulement qu'elle est autre à chaque moment, & n'est jamais plus celle-là mesme qui a esté auparavant, ni celle qui sera par apres; car la nature du temps consiste aussi tellement dans l'ecoulement que tout ce qui s'en est ecoulé n'est plus à present, & que tout ce qui s'en doit ecouler n'est point encore. Et partant on peut dire, que comme toute la flamme ne laisse pas d'estre quelque chose de corporel, & de continu, quoy que chacune de ses parties soit momentanée; ainsi le temps consideré selon son tout ne laisse pas d'estre quelque chose d'incorporel, & de continu, quoy que chacune de ses parties soit momentanée, ou plutost le moment mesme qu'on appelle & le maintenant, & le present. Car comme chaque petite flamme presente estant conjointe avec celle qui precede immediatement, & avec celle qui suit immediatement apres, il se fait une continuation du tout; de mesme chaque moment de temps ayant aussi connexion avec celuy qui precede immediatement, & celuy qui suit immediatement apres, il se forme de là une succession continuë du tout.

C'estpourquoy, lorsquel'on objecte que le temps n'est rien, en ce qu'on dit qu'il est formé du passé, du present, & de l'avenir, & que cependant le passé n'est plus, l'avenir n'est pas encore, & le present s'evanoüit; l'on peut repondre qu'il en est de mesme comme si l'on objectoit que la flamme n'est rien, en ce que tout ce qui en a precedé n'est plus, que tout ce qui en suivra n'est pas encore, & que ce qui en est present s'evanoüit. Mais c'est faire un Paralogisme que de considerer les choses successives de la mesme maniere que les permanentes, veu qu'elles sont absolument differentes ; & c'est chercher dans la nature des choses successives ce qui n'y est point, & qui feroit qu'elles ne seroient pas successives s'il y pouvoit estre ; puisque si vous supposez que leurs parties s'arrestent, qu'elles ne coulent pas, qu'elles demeurent fixes & immobiles, vous les faites permanentes.

Mais il n'y a en effect rien que de permanent? Il faut avoüer que rien n'est en effet permanemment que ce qui est permanent ; mais que ce qui est successif est effectivement aussi à sa maniere, à sçavoir successivement. Car comme la nature de celuy-là consiste en ce que ses parties soient ensemble, & que l'on puisse dire du tout plusieurs fois de suite, *il est, il est, il est* ; de mesme la nature de celuy-cy consiste en ce que ses parties ne soient pas ensemble, & que l'on puisse dire seulement du tout conjointement, *qu'il a esté, qu'il est, & qu'il sera.* Et cela vient de ce que nous n'avons pas un Verbe par lequel nous puissions signifier toute son existence ensemble, laquelle n'estant pas, ni ne pouvant pas estre tout d'un coup, est non seulement contenüe sous le present, mais encore sous le passé, & l'avenir.

Il ne faut pas toutefois trop s'arrester sur cecy, & ce d'autant plus que l'on peut s'imaginer que c'est une question de nom; & il suffit d'observer que Posidonius en a usé fort sagement, lorsque ne voulant pas trop s'attacher à ces subtilitez, il a dit que ce temps qui s'appelle present, ne se doit pas prendre trop etroitement, ou comme un poinct mathematique, mais plus largement, & pour le plus petit temps qui puisse tomber sous le Sens, dans lequel ce qui est futur, & ce qui est passé soient joints; veu que nous disons ordinairement, & que c'est mesme parler proprement, que de dire, le jour present, l'année presente, le siecle present, & autres semblables.

Or je ne vois pas comme Aristote ait pû dire *que le Temps est le nombre ou la mesure du mouvement qui ne seroit point*

PRINCIPES. 41

s'il n'y avoit perſonne qui le nombraſt; veu que le temps (quelque choſe qu'il puiſſe eſtre) & ſoit qu'on le nombre, ou qu'on ne le nombre pas, ne laiſſe pas de couler, & avoir ſes parties anterieures, & poſterieures. Il eſt bien vray que les hommes en deſignant, diſtinguant, & meſurant le temps, ſe ſervent des parties de quelque mouvement, & principalement du Celeſte, & quils les ajuſtent, & les content; mais le temps ne depend point pour cela du mouvement, ou de ſes parties ſoit contées, ſoit non-contées; veu principalement qu'il a eſté avant le mouvement celeſte meſmē, & que nous comprenons tres clairement que bien qu'il y ait pluſieurs mouvemens celeſtes, il ne s'enſuit pas pour cela qu'il y ait pluſieurs temps; ou que ſi Dieu creoit pluſieurs Mondes, & pluſieurs Cieux imobiles, cette creation ne feroit pas multiplier le temps: Le temps donc n'eſt point le nombre, ou la meſure du mouvement, mais plutoſt un certain flux independant & du mouvement, & du repos, & auquel un nombre innombrable de mouvemens differens peuvent correſpondre. Et certes, bien loin que le temps ſoit la meſure du mouvement celeste, au contraire le mouvement celeste mesme est la mesure du temps; quand ce ne seroit que par cette raison, que la mesure doit estre plus connuë que la chose mesurée.

Et nous ne sommes pas les seuls qui avons cette pensée de la nature du temps; Aristote en a soupçonné quelque chose, aussi bien que ceux qui distinguent & reconnoissent un temps qu'ils appellent imaginaire; car ils admettent aussi qu'avant que le Ciel fust creé il a coulé un certain temps selon lequel ils avoüent que le Monde a pû estre fait avant qu'il ne l'a esté effectivement, lequel coule pendant que le Monde est, & qui couleroit encore quand il cesseroit d'estre. Mais comme ils sont preoccupez, ils en reviennent incontinent à dire, qu'outre le temps imaginaire, il faut qu'il y ait un certain temps qu'ils appellent veritable & reel (comme pourroit estre celuy qu'a definy Aristote) qui ait commencé avec le mouvement du Ciel, & qui cesse d'estre lors que le mouvement cesse. Ie dis preoccupez; car à conside-rer la chose serieusement, je ne vois pas qu'il y ait d'autre temps que celuy qu'ils appellent imaginaire, & lequel ils ne sçauroient nier n'avoir pas coulé lors qu'autrefois le Ciel estant arresté Iosüé combattit quelque temps avec les Rois des Amorrhéens.

Mais pour voir cecy plus clairement, reprenons la comparaison que nous avions commencé de faire entre ce temps ou cette durée imaginaire, & le lieu ou l'espace qu'on appelle aussi imaginaire; puisque Platon mesme a reconnu qu'il y avoit beaucoup de rapport entre l'un & l'autre, lors qu'ayant distingué en cinq Genres toutes les choses qui sont reputées Estre proprement, il en ajoûte un sixieme qui est de celles, dit-il, qui sont presque, comme le Vuide, & le Temps, *quæ quasi sunt, tanquam Inane, tanquam Tempus*, considerant de mesme que nous faisons le Lieu, & le Temps comme deux genres differens du reste des choses ; reprenons, dis-je, la comparaison que nous avions commencé de faire entre le Temps, & le Lieu ; car il est certain que la connoissance que nous avons deja de la nature de ce dernier nous peut beaucoup servir pour celle que nous desirons avoir de la nature du premier.

Comme le Lieu consideré selon toute

son étendüe n'a ni bornes, ni limites; ainsi le Temps consideré selon toute la sienne, n'a ni commencement, ni fin. Et comme chaque moment de temps quel qu'il puisse estre, est le mesme par tout, ou en tous les lieux; ainsi chaque portion de lieu quelle qu'elle soit, demeure toujours la mesme en tout temps, ou correspond à tous les temps. Et de mesme encore que le lieu demeure toujours immobilement le mesme soit qu'il y ait quelque chose dedans, ou qu'il n'y ait rien; ainsi le temps coule toujours de mesme teneur, soit qu'il y ait quelque chose qui dure dans ce temps, ou qu'il n'y ait rien, & soit que cette chose se repose, ou se meuve, ou qu'elle se meuve plus viste, ou plus lentement. Et comme le lieu ne peut estre interrompu par aucune force, mais demeure immobilement continu & toujours le mesme; ainsi le temps ne peut estre arresté, & pour ainsi dire, suspendu par aucune force, mais va coulant toujours sans que rien le puisse empescher. De plus, comme Dieu a choisy une certaine partie du lieu ou de l'espace immense dans laquelle il a placé le Monde; de mesme il a choisy une certaine partie determinée du temps infiny dans laquelle il a voulu que ce Monde existast. Et de mesme que chaque corps particulier (ou chaque chose, pour parler plus generalement) entant qu'elle est ou icy, ou là, occupe une certaine partie de l'espace ou du lieu du Monde ; de mesme aussi chaque chose, entant qu'elle existe ou maintenant, ou alors, s'attribüe ou s'approprie une partie determinée de cette durée generale du Monde. En outre, comme à raison du lieu nous disons *par tout*, & *en quelque part* ; ainsi à raison du temps nous disons *toujours, & en quelque temps*. Partant, comme c'est le propre des choses crées d'estre seulement en quelque part à raison du lieu, & en quelque temps à raison du temps ; de mesme il appartient au Createur d'estre par tout, à raison du lieu, & d'estre toujours, à raison du temps ; d'ou vient que ces deux insignes attributs luy conviennent, asçavoir l'Immensité, par laquelle il est present en tous lieux, & l'Eternité, par laquelle il subsiste en tout temps. Enfin comme le Lieu a ses dimensions permanantes ausquelles la longueur, la largeur, & la profondeur des corps s'accorde & convient ; ainsi le Temps a ses dimensions succeſſives auſquelles le mouvement des corps s'accorde & convient pareillement. Et de là il arrive que comme nous meſurons la longueur du lieu par la longueur d'une aulne, par exemple; ainſi nous meſurons le flux du temps par le flux d'une Horloge, & que n'y ayant aucun mouvement plus general, plus conſtant, & plus connu que celuy du Soleil, nous prenons ce mouvement comme quelque Horloge generale pour meſurer le flux du temps; non que ſi le Soleil ſe mouvoit plus viſte, ou plus lentement, le temps auſſi coulaſt a cauſe de cela plus viſte ou plus lentement, mais tel que s'eſt trouvé le mouvement du Soleil, nous l'avons pris pour meſurer le temps; & ſi ce mouvement du Soleil euſt eſté deux fois plus rapide, le temps n'en auroit pas pour cela coulé deux fois plus viſte, mais ſeulement l'eſpace de deux jours euſt autant valu que celuy d'un jour d'apreſent.

Tout cecy nous fait voir que le temps n'eſt pas dépendant du mouvement, ou n'eſt pas quelque choſe de poſterieur au mouvement; mais ſeulement qu'il eſt indiqué par le mouvement comme la choſe meſurée l'eſt par la meſure. Et parceque nous ne pourrions pas sçavoir combien il se seroit pasé de temps pendant que nous faisons quelque chose, ou que nous ne faisons rien ; nous-nous sommes trouvez obligez de prendre garde au mouvement celeste, afin que selon sa quantité, nous pûssions determiner combien de temps il s'est ecoulé. Et parceque d'ailleurs ce mouvement nous sembloît ordinairement difficile à observer, on a accomodé le mouvement de certaines choses qui nous sont familieres, comme celuy de l'eau, de la poudre, des roües, & des quadrans au mouvement celeste; afin qu'estant aisé de prendre garde à ces derniers, nous pûssions juger de celuy du Ciel, & du temps ; & c'est pour cela que je viens de dire que le Ciel est une espece d'Horloge generale, en ce que toutes les nostres l'imitent autant qu'il est possible, & que nous-nous en servons à la place de celle-là qui est moins connuë. Et c'est encore pour cela que voulant prouver plus haut que le temps est independant du mouvement celeste, j'ay fait prendre garde qu'on conçoit que le temps coule toujours de la mesme façon, soit que le Ciel se repose, ou qu'il se meuve ; & que pour exemple j'ay insinué ce que l'Histoire Sainte rappote de Josüé. Car il n'y a certes personne qui comprenne qu'il n'ait point coulé de temps pendant que Josüé combattoit avec les Amorrhéens (quoy que le Ciel fust pour lors arresté) & qu'il ne se soit passé presque autant d'heures qu'il en faudroit pour un jour entier ; veu que la Sainte Ecriture nous marque *qu'il n'y avoit point eu de jour si long ni devant, ni apres*, & qu'il n'est pas possible d'entendre autrement cette longueur que par le flux du temps.

En effect, supposez maintenant que le Ciel soit en repos, (puisqu'il est vray que Dieu le pourroit arrester) ne voyez vous pas que le temps couleroit comme si le Ciel se mouvoit ? Que si vous demandez comment il y auroit donc des heures si le mouvement du Ciel ne les distinguoit? Je repons qu'il y en auroit, non pas qu'elles fussent en effet distinguées par le mouvement du Soleil, mais parce qu'elles le pourroient estre par le mouvement du Soleil qui se pourroit faire pour lors (& elles pourroient mesme estre distinguées par le mouvement d'une horloge d'eau, ou de quelque autre machine de la sorte) Ainsi nous disons

sons que le Monde a pû estre creé mille ans auparavant qu'il ne l'a esté effectivement, non pas que les jours fussent pour lors distinguez par divers circuits du Soleil semblables à ceux qui se font apresent ; mais parce qu'il a coulé un temps dont les circuits du Soleil tels qu'ils sont presentement, eussent pû estre une commode mesure. Et ne dites point que tous ces temps sont imaginaires, car il est impossible de comprendre que celuy qui coule lorsque le Ciel se meut, soit d'une autre nature.

Au reste nous devons, ce semble, icy ajoûter ces trois mots en faveur du Lieu ou de l'Espace, qu'encore que le Parallelisme de l'Espace, & du Temps que nostre Autheur vient de faire, soit quelque chose d'admirable, il semble neanmoins que le Temps nous demeure toujours beaucoup moins connu que l'Espace ; comme si l'Espace avoit quelque chose de plus reel, & de plus effectif, ou de moins Imaginaire que le Temps.

CHAPITRE. IV.

De l'Eternité.

Il n'est pas, ce semble, possible de comprendre l'Eternité autrement que côme une certaine Durée perpetuelle, qui n'est autre chose que le temps que nous venons de decrire entant qu'il n'a ni commencement, ni fin ; cependant on nous objecte d'abord qu'il y a grande difference entre le Temps, & l'Eternité, en ce que le Temps est successif, qu'il a des parties anterieures, & posterieures, & qu'il est dans un certain ecoulement perpetuel ; au lieu que l'Eternité est toute-ensemble, qu'elle n'a ni passé, ni avenir, & qu'elle est seulement le present, & un certain maintenant immobile ; car l'on considere extremement cette definition de Boëce, par laquelle l'Eternité est dite *Vne possession parfaite, & toute-ensemble d'une vie qui ne peut avoir ni commencement, ni fin* ; c'est pourquoy il nous faut principalement remarquer deux choses.

La premiere, que Platon que quelques-uns des Peres ont imité, & du Tymée duquel Boëce a tiré sa definition, a pris l'Eternité non pas separement de toute substance, ou precisément pour une espece de durée, mais conjointement avec la chose mesme qui est eternelle, sçavoir la Substance divine, qu'il veut d'ailleurs n'estre autre chose que l'Ame du Monde.

La seconde, que lorsque Platon pretend qu'on ne doit point attribüer le passé, & l'avenir à la Substance eternelle, mais seulement le present, ou ce mot d'*est*, ce n'est que de crainte que si nous disions *elle a esté*, on entendit qu'elle n'est plus, comme lors qu'on dit que *Troye a esté*, & que si nous disions qu'elle *sera*, on donnast à entendre qu'elle n'est pas encore, comme lors qu'on dit, *il y aura quelque jour un autre Typhis*; mais il ne pretend pas qu'on ne puisse dire en effect, *elle a esté*, & *sera*; pourveu que nous entédions qu'elle demeure aprésent entieremët la mesme qu'elle a toujours esté auparavant, & qu'elle a toujours esté & est aprésent telle qu'elle sera à jamais. Car Platon veut seulement que nous eloigniós de l'Estre eternel, ou de Dieu, les changemens qui arrivent ordinairement aux choses qui sont capables de generation, & de corruption, & que nous ne l'estimions point ni plus jeune, ni plus vieux, en sorte qu'estant devenu vieil, il ait perdu quelque chose de ses forces, ou qu'estant encore jeune, il ne les ait pas encore toutes acquises.

Il croit par consequent que ce terme *est* luy convient proprement, parce qu'il est toujours absolument le mesme, ou a toujours les mesmes perfections, & qu'il n'y a aucun moment en toute l'etenduë du temps infiny dans lequel il soit permis de dire, il a apresent quelque chose qu'il n'a pas eu auparavant, ou qu'il n'aura pas cy apres ; mais il a tout-ensemble à chaque moment tout ce qu'il a dans tout le temps tout-ensemble, veu que le progrez du temps ne luy ajoûte, ni ne luy oste rien, comme il fait dans les autres choses qui sont sujettes au changement.

Partant, il me semble, que lors qu'on dit que l'Eternité est *toute-ensemble*, ou *quelque chose qui n'a aucune succession, ou écoulement* ; l'on ne la decrit pas alors entant qu'elle est une durée, mais entant qu'elle est la Substance divine, ou *la Vie de la Substance divine*, comme quand on la definit *une vie sans limites,* ou *la possession d'une vie sans limites.* Et certes, il est evident qu'au lieu que dans ces definitions on devoit apporter pour genre *la durée,* on a apporté toute autre chose; mais ces grands Hommes qui nous les ont données se sont contentez de nous indiquer que la raison pourquoy l'essence de Dieu dure par une durée eternelle, est qu'il est immuable, & que tout ce qu'il possede il le possede sans le pouvoir jamais perdre.

Que si vous demandez la différence qui est entre l'Eternité, & le Temps; ceux qui s'en tiennent uniquement à ces definitions precedentes repondront selon la doctrine de Platon, qu'elle consiste en ce que le Temps au contraire de l'Eternité, *est une essence qui coule;* ou *une vie qui veritablement n'a point de bornes, mais qui n'est neanmoins pas toute tout-ensemble;* ou *une possession coulante & imparfaite d'une vie sans bornes.*

Mais peuteftre pourroit-on repondre plus brièvement, & plus clairement avec Ciceron, que le Temps, & l'Eternité ne different qu'en ce que l'Eternité est une durée infinie, & que le Temps, à le prendre selon l'usage ordinaire, en est une certaine partie determinée: Et certes, si vous croyez que les Platoniciens ayent voulu que l'Eternité soit une durée existante toute-ensemble, & sans aucun ecoulement ou succession; quel mal y auroit-il de ne les pas imiter à moins qu'il n'y eust quelque decret de la Religion, à laquelle nous-nous soûmettons entierement, qui nous en empeschast? Mais s'il n'y en a point, pourquoy se tourmenter l'Esprit pour comprendre une chose qui n'est nullement comprehensible?

Car quel est l'Homme, quelque subtil qu'il soit, qui puisse comprendre que quelque chose dure, & que sa durée soit comme un poinct sans aucune espece d'ecoulement, & de continuation d'un moment à un autre par des momens interposez? Il est veritablement facile de comprendre que la chose qui dure est toute tout-ensemble, c'est à dire qu'elle subsiste & persevere avec toutes ses parties, & perfections sans aucun changement; mais je ne vois pas qu'il soit possible de concevoir que dans cette perseverance il n'y ait pas plusieurs *maintenant*, ou plusieurs instants qui se suivent l'un l'autre, ou dont l'un soit anterieur

& l'autre posterieur : Je ne vois pas encore comment on ne puisse pas bien dire, Dieu a esté du temps du premier Homme, & Dieu sera du temps du dernier; & que ce ne soit mesme mieux dit, Dieu a autrefois creé le Monde, & il reparera un jour le Monde, que de dire il crée, & repare apresent.

Ils disent qu'on admet ces façons de parler, parceque l'Eternité coëxiste à nostre Temps, mais comment pourront-ils expliquer la façon de cette coëxistence ? Car il est autant impossible qu'un instant, ou ce qui n'a aucune succession, coëxiste à une chose successive, qu'il est impossible qu'un poinct, ou ce qui n'a aucune longueur, coëxiste à une ligne.

Ils poursuivent, que l'instant de l'Eternité est d'une telle eminence, si j'ose me servir de tous ces termes, qu'il est equivalent à nostre temps quoy que successif; mais si vous recherchez exactement la façon de cette eminence, & equivalence, vous trouverez ou que c'est un pur jeu de paroles qui ne s'entendent point, & une petition de principe, ou vous conclurez qu'il y a dans l'Eternité les mesmes instants que dans nostre temps, mais avec cet avantage particulier, que l'Eternité en contient plusieurs autres à l'infiny.

Il seroit certes, ce semble, bien plus à propos de dire, que nous coëxistons à Dieu, ou que nous durons par une petite partie de la durée de Dieu ; car pendant que nous sommes, nous n'imaginons point deux durées distinctes, mais une seule & unique, qui au regard de nostre nature qui a commencé, qui s'ecoule, & qui finira enfin, contient des termes & des limites qui peuvent estre designez, & qui au regard de la nature Divine qui n'a point commencé d'estre, qui ne change point, & qui ne sçauroit cesser, a une certaine diffusion devant, & apres nous sans bornes & sans limites.

Ils pressent par ces comparaisons ordinaires d'un Arbre sur le rivage, du Centre dans le cercle, de l'Essieu dans la Sphere, & autres semblables, comme s'il n'estoit pas plus raisonnable de comparer la chose mesme Eternelle avec des choses immobiles que l'Eternité, en ce que la chose eternelle ne se meut point suivant la succession & l'ecoulement de l'Eternité, comme l'arbre ne se meut point suivant le cours de l'eau qui coule & passe devant luy ; ou en ce qu'il en est de mesme de la chose eternelle, qui dans tout le cours de l'Eternité demeure toujours immuable, comme du centre qui demeure immobile au milieu du cercle lors qu'on en decrit la circonference, & ainsi des autres. Et cecy convient merveilleusement avec ces paroles de la Sainte Ecriture, *Vous les changerez & ils seront changez; pour vous, vous demeurerez le mesme, & vos ans ne cesseront jamais*; car les années sont attribuées à Dieu, mais non pas les changemens de Substance.

Ils objectent neanmoins ce passage, *Ie suis qui je suis, & celuy qui est m'a envoyé à vous*, pour monstrer que le present doit estre principalement attribué à Dieu, comme quelque chose de propre & de particulier: Mais pour passer sous silence que le Texte Hebraïque n'exprime pas le temps present, mais le futur, *Ie seray celuy qui sera*, &, *celuy qui sera m'a envoyé à vous*, combien avons-nous de passages qui attribuent aussi proprement à Dieu le futur, & le passé que le present? l'Apocalypse ne decrit-elle pas Dieu dans ces termes, *Celuy qui est, & qui estoit, & qui doit venir*? Et Dieu mesme ne dit-il pas souvent qu'il a fait, ou fera plusieurs choses, & non pas qu'il les fait maintenant?

Il ne s'ensuit neanmoins pas de là ce que nous voyons qu'on objecte aussi ordinairement, asçavoir, que toutes choses ne seroient pas presentes à Dieu, ou à l'Entendement Divin; puis qu'il est vray que plusieurs choses en elles-mesmes ou ont esté, ou seront; mais parce que Dieu ne perd pas la memoire des choses passées, & que l'obscurité des choses à venir ne le trouble point, & qu'ainsi il envisage toujours toutes choses tres distinctement; pour cette raison nous disons que toutes choses sont toujours presentes à son Entendement, non qu'il connoisse toutes choses estre presentes ensemble, mais parce qu'il a devant soy toutes les diversitez des temps, & qu'il contemple aussi parfaitement les choses futures, & les passées que celles qui sont actuellement presentes; car il ne connoit pas les choses à la façon des hommes tantost l'une, & tantost l'autre successivement; mais il connoit tout-ensemble & dans le mesme moment tout ce qu'il a jamais pû & pourra connoitre. C'est pourquoy il n'y a pas sujet de croire que ces passages de la S.

Ecriture soient contraires à cette doctrine, *Toutes choses sont nües & ouvertes à ses yeux* ; & , *il appelle les choses qui ne sont point comme celles qui sont*, & ainsi des autres Textes semblables.

Ils objectent encore quelques-uns des Peres, comme Saint Augustin, S. Gregoire de Nazianze, & S. Iean Damascene, qui ne veulent pas qu'il y ait eu aucun temps avant la creation du Monde, quoy que Dieu fust subsistant dans l'Eternité ; mais nous pouvons opposer à cette authorité celle de Saint Basile, de S. Ambroise, de S. Hierôme, & de quelques autres qui reconnoissent qu'il y a eu un temps, & des siecles avant que le Monde fust creé : Quoy qu'on puisse pareillement dire, que lors que ces premiers Peres ont dit qu'il n'y avoit point de temps avant la creation du Monde, ils n'ont entendu parler que de cette sorte de temps que Platon, & Aristote décrivent comme quelque chose de dependant du mouvement.

Ils nous disent enfin que Dieu ne seroit donc pas immuable, ni incorruptible, puisque le temps ou la durée successive selon Aristote, est la cause de la corruption : Mais il s'ensuit bien plutost de ce que nous venons de dire, que Dieu est absolument immuable, & incorruptible; puisque nous pretendons qu'il est d'une nature tellement constante & parfaite, que nonobstant que l'Eternité ou le Temps coule perpetuellement, il ne reçoit pas pour cela en luy le moindre changement. Et certes il est evident que ce n'est pas la succession du temps, ou de la dureé qui introduit la corruption, mais que la destruction des choses ne vient que de la foiblesse ou infirmité naturelle, & des agents contraires.

CHAPITRE V.

Si le Monde a eu commencement.

IL n'y a jamais eu Question plus celebre que celle-cy, mais il n'y en a aussi jamais eu de plus controverseé, ni de plus difficile à resoudre; jusques-là que Manile s'ecrie qu'on en disputera toûjours, que c'est un doute dont on ne sera jamais eclaircy, & une chose qui surpasse toute connoissance.
Semper exit genus in pugna, dubiúmque manebit.

Quod latet, & tantum supra est hominemque, Deúmque.

L'on sçait qu'Aristote a la reputation d'avoir esté le principal defenseur de l'Eternité du Monde, qu'il l'a soûtenüe ouvertement en plusieurs endroits, & qu'il a toujours esté tellement attaché à ce sentiment qu'il ne s'en est jamais departy, quoy qu'en plusieurs autres on l'ait veu pancher tantost d'un costé, tantost d'un autre; & c'est pour cela qu'Aphrodisée a dit, que de toutes les Opinions c'estoit celle-cy qui plaisoit davantage à Aristote, & celle qu'il avoit defendüe plus constamment.

L'on sçait mesme qu'il a eu un grand nombre de Sectateurs, dont la plus part donnoient dans cette pensée, *Qu'il estoit impossible de determiner si les Oyseaux estoient engendrez avant les Oeufs, ou les Oeufs avant les Oyseaux, & qu'ainsi il devoit y avoir un certain cercle infiny de choses engendrantes, & de choses engendrées.*

Cependant il y a lieu de s'étonner comment Aristote a osé écrire que tous les autres Philosophes ont tenu que le Monde avoit eu naissance, comme s'il estoit le seul qui l'eust fait non-engendré, ou eternel ; car il est constant, au rapport de Plutarque, que c'estoit le sentiment de Parmenides, de Melissus, des Chaldéens, de Pytagore, d'une infinité d'autres, & de Platon mesme dont Aristote ne pouvoit pas ignorer la pensée.

l'Opinion contraire a eu aussi de tres-celebres defenseurs, comme Empedocle, Heraclite, Anaximander, Anaximenes, Anaxagore, Archelaüs, Diogene Apolloniate, Leucippe, Democrite, Epicure, Zenon, & tous les Stoïciens, ou du moins la pluspart ; pour ne rien dire des Egyptiens dont parle Laërce, des Bragmanes dont parle Strabon, & d'un nombre innombrable d'autres.

Quant à nous, la Raison, & l'Authorité ne nous permettent pas de douter que cette derniere Opinion ne soit la veritable, & celle que nous devons suivre ; puisque la Sainte Ecriture l'enseigne au premier Chapitre de la Genese où il est dit, *qu'au commencement Dieu crea le Ciel, & la Terre.*

Il y a neanmoins une grande difference entre cet Article de Foy, & l'Opinion de ces Philosophes, en ce que la Foy nous enseigne que c'est Dieu qui a donné le commencement au Monde, l'ayant creé de rien; au lieu que plusieurs de ces Philosophes veulent qu'il ait commencé par une suite fatale de causes, ou par un côcours aveugle des premiers principes, & tous, que la matiere dont il a esté formé doit avoir préexisté; mais comme les lumieres de la Foy nous ont tiré de ces erreurs, la question consiste uniquement à sçavoir si le Monde a pû avoir esté produit par quelque vertu que se puisse estre, soit que quelque matiere ait préexisté, ou non; la question, dis-je, consiste à sçavoir si la contemplation du Monde & de ses parties, & la raison naturelle nous peuvent faire voir, & nous porter à croire que le Monde ait eu naissance, ou qu'il ne soit pas effectivement eternel. Car quoyque la Sainte Ecriture dise que le Monde est fait *d'une matiere invisible*, cela se doit neanmoins interpreter du Neant, entant qu'il n'y a rien de plus invisible que le rien ou le neant.

La premiere raison qui marque que le Monde a eu naissance, ou qu'il n'a pas esté de toute eternité est, qu'on ne sçauroit considerer la face admirable de ce Monde, qu'il ne vienne aussi-tost en pensée que cet ordre, & ces vicissitudes reglées, & invariables des choses ne peuvent point estre sans que quelque cause intelligente, & dispositrice l'ait ainsi ordonné, etably, disposé; car il semble qu'il il y auroit de la folie à croire que tout pust ainsi couler avec tant de sagesse, & de constance, & que cependant cela ne se fît que par hazard, & par une conduite aveugle de la Fortune: Pour ne ne dire point qu'il y a de la temerité à soûtenir que des choses si differentes, s'accordent d'elles-mesmes, & par l'aveugle necessité du Destin, à faire ainsi leurs cours & leurs circuits avec tant d'harmonie, & de regularité, & la raison nous dictera toujours qu'il doit y avoir quelque Agent souverainement intelligent, industrieux, & puissant qui ait decreté, & ordonné que toutes choses se fissent, & fissent leurs cours de cette maniere, & non pas d'une autre. C'est pourquoy si cet ordre a esté constitué & etably par quelque cause, il n'est donc pas Eternel; parceque la constitution ou l'etablissement est une action qui se fait en quelque temps, & il n'y a aucun temps avant lequel il n'y ait eu un autre temps; au lieu qu'une chose eternelle ne se fait jamais, ni n'est constituée ou etablie en aucun temps; par ce que telle qu'elle est une fois, telle elle a toujours esté & sera dans toute la suite des temps ; n'ayant dans toute cette suite qu'une pure & simple perseverance ou subsistance.

La seconde raison est, que le Tout estant de mesme nature que les parties, & les parties du Monde estant sujettes à la corruption, & à la generation, le Monde entier doit aussi estre sujet à la generation, & à la corruption : Or que les parties du Monde s'engendrent, & perissent, c'est ce que Lucrece prouve par une Induction qui se rapportera plus commodement dans le Chapitre suivant. Il suffira cependant de sçauoir que la cause radicale qu'il en donne se tire du mouvement continuel, & inamissible de tous les Atomes ou premiers principes dont le Monde est formé, en ce que ces principes sont dans un effort continuel comme pour se debarasser & se mettre en liberté, & qu'ainsi il est impossible que la masse du Monde qui en est composée resiste eternellement à leurs efforts, ou qu'elle eust resisté jusques a present s'il estoit eternel.

—— *Neque enim mortali corpore quæ sunt*
Ex infinito jam tempore adhuc potuissent

Immensi validas ævi contemnere vires,
Neque enim caderent avolsa repente,
Ex infinito quæ tempore pertolerassent
Omnia tormenta ætatis privata fragore.

Il est vray que l'on pourroit repondre que cette vicissitude ordinaire de generations & de corruptions ne regarde que les parties prises separement, & qu'il en est de la masse du Monde comme d'une masse de cire qui demeure toujours la mesme, bien que ses parties puissent estre differemment changées par les diverses impressions de plusieurs Cachets, ce qu'Ovide nous represente dans ses Metamorphoses.

—— *Cùm sint huc forsitan illa*
Hæc translata illuc, summâ tamen omnia
 constant.

Et Manile.
Omnia mortali mutantur Lege creata,
Nec se cognoscunt terræ vertentibus annis,
At manet incolumis Mundus, suíque omnia servat,
Idem semper erit, quoniam semper fuit idem.
Non alium videre Patres, aliúmve nepotes Aspicient. ——

Mais l'on pourroit aussi toujours soûtenir avec Lucrece, que la mesme necessité qui cause la destruction d'une partie peut causer celle de deux & de trois, de dix, de mille, & de toutes ; & qu'ainsi il n'y a aucune repugnance qu'il n'arrive quelque dissolution totale, & un renouvellement general du Monde, quoy qu'il n'en arrive dans nos jours que de particuliers ; car de ce que quelque chose ne se fait pas aisément, ni souvent, l'on ne doit pas inferer qu'elle ne se puisse faire absolument ; estant possible qu'il arrive en un moment une chose qui ne sera pas arrivée dans des millions d'années.

L'on peut mesme ajoûter que l'exemple de la Cire n'est pas juste, parcequ'il ne se fait de changement dans la cire que par des causes externes ; & que la ruine du Monde peut venir d'une cause interne, qui est cette agitation intestine & perpetuelle de tous les premiers principes que nous venons d'insinuër.

La troisiéme raison de Lucrece est prise de deux Chefs. Le premier regarde les Histoires dont les plus anciennes ne remontent point au delà de la guerre de Troye. Le second regarde les Arts qui doivent avoir esté inventez depuis peu de Siecles ; puisqu'ils se perfectionnent tous les jours, & que l'on sçait le nom

& le temps auquel ont vescu ceux qui en ont esté les Inventeurs ; au lieu que si le Monde n'avoit jamais commencé, les Arts, & principalement ceux qui sont utiles à la vie, devroient estre beaucoup plus anciens, ou avoir toujours esté.

Præterea si nulla fuit genitalis origo
Terrai, & Cœli, sempérque æterna fuero,
Cur supra bellum Thebanum, & funera
  Troja,
Non alias alij quoque cecinere Poëtæ ?
Quo tot facta Virûm toties cecidere, nec
  usquam
Æternis famæ monumentis inclita florent?
Verùm, ut opinor, habet novitatem Summa,
  recensque
Natura est Mundi, neque pridem exordia
  cepit, &c.
Quare etiam quædam nunc Artes expe-
  liuntur,
Nunc etiam augescunt ? nunc addita na-
  vigiis sunt
Multa ? —

Nous pourrions ajouter des Inventions de nos temps beaucoup plus admirables que les anciennes, comme l'usage de la Boussole par le moyen de laquelle nous avons traversé de vastes etendües de Mer, & trouvé un nouveau Monde, de nouvelles Terres, & de nouveaux Hommes ; ces Navigations si celebres dans Homere, & dans Hesiode, & celles qui se sont faites depuis, n'estant, pour ainsi dire, que des jeux d'enfans, si on les compare avec les nostres. Que ne doit-on point dire de la poudre à Canon, de l'Artillerie, & generalement de l'Art Militaire, qui semble enfin dans nos temps estre parvenu à sa perfection ? De l'Imprimerie qui a cela d'admirable, qu'aucun des Anciens n'auroit crû qu'on eust pû decrire une demie fueille entiere en un moment ? Des Lunettes de longue-veüe qui nous ont decouvert dans le Ciel tant de choses inconnuës aux siecles passez, & qui nous ont beaucoup plus approché des Astres que n'auroient fait les montagnes de Pelion, & d'Ossa entassées les unes sur les autres ? Des Microscopes qui nous ont fait voir dans un Ciron tant de choses qui nous estoient invisibles ? De l'usage de la Monoye qui estoit inconnu du temps des premiers Ecrivains, & mesme ignoré dans le nouveau Monde, & qui paroit cependant estre d'une telle utilité qu'il ne semble pas desormais pouvoir perir.

Mais Aristote pretend que l'oubly des

choses passés peut venir des transmigrations ou passages des Nations d'un pays dans un autre ; soit que ces passages se fassent acause des guerres, des maladies, & autres semblables accidens; soit que la Terre devenant aride & sterile d'humide & de fertile qu'elle estoit, contraigne les habitans de chercher d'autres demeures ; soit parce que tout ce qui est maintenant couvert des eaux de la Mer se seche dans un autre temps, & que tout ce qui est maintenant à decouvert se couvre ensuite des mesmes eaux de la Mer; ce qui ne se fait pas, dit-il, dans une année, dans mille, dans quelques mille, mais qui arrive pourtant enfin le temps ne manquant jamais. C'estoit la pensé d'Anaxagore lorsqu'estant interrogé sur la destinée des Montagnes de Lampsaque, si elles deviendroient Mer quelque jour, il répondit, *Oüy certes cela arrivera, pourveu que le temps ne manque point.*

Aristote en tire la preuve de ce transport continuel de terre que font les Fleuves, & les Torrens ; d'ou il arrivé que nous voyons continuellement les rivages s'avancer, & la Mer se retirer, & qu'il faut de necessité que d'autres terres soient inondées; ce qui paroit evidemment dans l'Egypte que le Nil va perpetuellement augmentant par les sables & le limon qu'il apporte; d'ou Herodote concluid qu'il y a eu un temps qu'il n'y avoit point d'Egypte. Polybe ajoûte que le Danube en fait autant dans le Pont-Euxin que le Nil dans la Mediteranée; & nous pourrions maintenant ajoûter qu'il en est de mesme du Rhosne, du Rhin, du Po, & des autres Fleuves qui ont fait des progrez fort remarquables depuis deux ou trois cent ans; mais je remarque seulement qu'Aristote veut qu'estant vraysemblable que ces amas n'ont pas commencé de se faire seulement depuis le temps de nos Ayeuls, & Bisayeuls, mais qu'il s'en est fait de semblables dans tous les Siecles passez, il est enfin arrivé dans des Siecles innombrables, que tout ce qui est maintenant terre a esté autre fois mer, & que tout ce qui est mer a esté terre.

C'est aussi le sentiment de Strabon qui veut avec l'Oracle, que le Pyrame joigne enfin le Continent à l'Isle de Chypre.

Tempus erit rapidis olim cùm Pyramus undis

In Sacram veniet congesto littore Cy-
prum.

Pytagore dit la mesme chose dans Ouide, & veut que les montagnes s'applanissent enfin par le detachement des rochers, & par l'eboulement ou la chute des terres que les fleuves entrainent dans les cavitez de la Mer.

Quodque fuit campus, vallem decursus
aquarum
Fecit, & eluvie Mons est deductus in
Æquor.

Aristote ajoûte que comme le temps ne manque jamais, le Tanaïs, & le Nil n'ont pas toujours coulé, & que par les tremblemens de terre la Nature a icy ouvert de nouvelles fontaines, que là elle en a fermé d'autres, que dans un endroit elle a fait couler des fleuves, & que dans un autre elle en a tary.

Hic fontes Natura novos emisit, & illic
Clausit, & antiquis tam multa tremoribus Orbis
Flumina prosiliunt, aut exsiccata residunt.

Et l'on pourroit ajoûter qu'en mille endroits fort hauts, & elevez l'on voit des Coquilles, des ecailles, & des arretes de poissons que la Mer apparemment

PRINCIPES.

ment y a laissées en se retirant; pour ne rien dire des Ancres & des pieces de Navires qu'on trouve souvent en foüillant la terre bien loin des rivages, comme il s'en trouva dans les Pays-bas sur la fin du dernier Siecle, dans la Calabre il y a environ deux cent ans, & dans la Numidie au temps de Pomponius Mela; ce qui rend probable ce qu'Ovide dit avoir veu.

Vidi ego quod fuerat quondam solidissima Tellus,

Esse fretum, vidi factas ex æquore terras,

Et procul à Pelago Concha jacuere marina,

Et vetus inventa est in montibus anchora summis.

Platon pretend aussi que les Deluges, & les Incendies sont cause que la memoire des choses passées se perd. Car il introduit un Prestre Egyptien disant que souvent les lieux bas sont noyez, & les lieux hauts bruslez, que c'est ce qui fait que tantost dans un pays, & tantost dans l'autre la memoire des choses qui se sont passées depuis plusieurs Siecles se perd, & qu'elle peut durer plus long-temps dans des lieux qui ne

D

font pas sujects à ces accidens, tels qu'il disoit estre les Saïtes.

Nous pourrions icy par occasion rapporter ce passage de Salomon. *La memoire des choses passées n'est plus, mais on ne se ressouviendra aussi plus un jour de ce qui se fait presentement*, & ce que dit Aristote des opinions des Hommes, *que les mesmes sont revenuës, & ont esté renouvellées non pas une, ou deux, ou plusieurs fois, mais une infinité de fois.*

Cependant Lucrece soûtient que bien loin que les Deluges, les Incendies, les Tremblemens de Terre, & ces autres changemens particuliers detruisent son Opinion, au contraire ils la confirment, en ce que de la ruine, & de la corruption des parties, l'on est toujours en droit de conclure la corruptibilité du tout ; & qu'il est tres probable que si ce qui est sujet à de si grandes maladies, & à de si grands accidens estoit attaqué par une cause plus forte, & plus violente, il seroit entierement ruiné, & detruit.

Quod si fortè fuisse antehac eadem omnia credis,
Sed perisse hominum torrenti Sæcla vapore,

Aut cecidiſſe Vrbes magno vexamine Mundi,
Aut ex imbribus aſſiduis exiſſe rapaces
Per terras amnes, atque Oppida cooperuiſſe;
Tanto magis victus fateare neceſſe eſt
Exitium quoque Terræ, Cœlique futurum;
Nam cùm res tantis morbis, tantiſque periclis
Tentarentur, ibi ſi triſtior incubuiſſet
Cauſa, darent latè cladem, triſteſque ruinas.

D'autant plus que nous ne nous reconnoiſſons eſtre mortels, que parceque nous-nous voyons atteints des meſmes maladies que ceux qui ſont morts.

Nec ratione alia mortales eſſe videmur
Inter nos, niſi quia morbis ægreſcimus iſdem
Atque illi quos à vita natura removit.

Pour ce qui eſt de ces viciſſitudes de Mer en terre & de terre en Mer, nous dirons en ſon lieu ce que nous croyons qu'on en doit penſer, & nous montrerons particulierement comme les Huîtres, & les coquilles ſe peuvent trouver dans les terres par une autre cauſe que par l'eloignement de la Mer. Ie remarque cependant que ces viciſſitudes ne ſemblent pas avoir eſté de toute Eternité, comme elles ne ſemblent pas auſſi pouvoir eſtre à l'Eternité ſi le Monde duroit autant; puiſque toute la Terre devroit deja depuis long-temps eſtre couverte d'eaux, comme il eſt neceſſaire qu'elle le ſoit enfin, & qu'elle devienne par conſequent inhabitable, ſi l'on ſuppoſe que cet eſtat preſent des choſes doive perſeverer à l'Eternité. Car il eſt certain qu'il ſe detache continuellement quelque choſe des Montagnes, ſoit qu'on les cultive, ſoit que les torrens les rongent, ſoit que les pluyes en detachent peu à peu quelques petites parties, ſoit que la chaleur les conſomme; c'eſt pourquoy, comme il ne retourne rien ſur les Montagnes, il ſemble que dans la ſuite eternelle des temps tous les lieux hauts doivent tellement eſtre abaiſſez, & tous les lieux bas tellement remplis & rehauſſez, qu'il ne reſtera enfin aucune partie de terre eminente au deſſus de l'eau, mais que toute la terre ſera couverte & inondée.

Et il ne ſuffit pas de dire que les feux ſouterrains ſoulevant des maſſes de ter-

res, & des rochers, & que les jettant &
les renversant sur la Plaine, il se fait de
nouveaux enfoncemens, & de nouvelles
Montagnes ; car quoyque cela arrive
quelquefois dans ces grands & horribles tremblemens de terre, cela est neanmoins tres rare, & n'est presque pas
considerable à l'egard des terres que les
pluyes detachent, & que les Fleuves emportent continuellement dans la Mer.

Mais quoy qu'il en puisse estre à l'avenir, j'ajoûte qu'il ne semble pas pour
cela que la memoire des choses anciennes doive perir & s'evanoüir ; parceque
ces *transmigrations* de peuples d'un pays
dans un autre ne se faisant que peu à
peu & insensiblement, les Monumens
de l'Antiquité se peuvent conserver
comme par une espece de propagation.
Et il ne faut pas avoir recours à d'autres accidens, comme sont les maladies,
& les Guerres ; car ils ne font point
perir les Nations entieres, & il en reste
toujours qui peuvent conserver les monumens des Anciens, & les transmettre
à la posterité.

Vous direz peureftre que je parle toujours de ce qui peut arriver, & non pas
de ce qui arrive en effet, & que cela ne

fait pas qu'il y ait des Nations où il se soit conservé des Monumens fort anciens de ce qui s'est passé chez elles, ou chez d'autres : Mais de cela mesme qu'il pourroit y avoir des monumens plus anciens, & qu'il n'y en a neanmoins pas, j'infere que l'origine des choses ne doit pas estre fort ancienne. Ainsi il faut veritablement avoüer que les raisons de Lucrece sont seulement probables, mais elles semblent neanmoins avoir beaucoup plus de poids que celles qu'on apporte au contraire.

Car pour toucher un mot de celles d'Aristote, il dit premierement que le mouvement doit estre eternel, & qu'ainsi le Ciel, ou le Monde dans lequel est le mouvement doit aussi estre eternel. Or voicy comme il raisonne pour montrer que le mouvement est eternel. S'il y a eu, dit-il, un premier mouvement, comme tout mouvement suppose un mobile, ce mobile est ou engendré, ou eternel, mais neanmoins en repos acause de quelque obstacle ; or de quelque maniere que ce soit il suit une absurdité. Car s'il est engendré, c'est donc par le mouvement, lequel par consequent sera anterieur au premier ; & s'il a esté en repos eternellement, l'obstacle n'a pû estre osté sans le mouvement lequel derechef aura esté anterieur au premier.

Il dit de plus que les Substances separées, comme on pourroit dire les Anges, ou Dieu mesme, sont des Actes parfaits, ce qui ne seroit pourtant pas si quelquefois elles estoient sans agir, comme lorsque le Monde ne seroit point.

Il ajoûte specialement à l'egard du premier Moteur, qu'il ne pourroit pas estre dit immobile ou immuable, ou demeurant le mesme faire le mesme, si le Monde existant quelquefois, & quelquefois n'existant pas, ce premier Moteur tantost mouvoit, & tantost ne mouvoit pas.

Qu'il s'ensuivroit mesme que Dieu, & la Nature ne feroient pas toûjours ce qui est de meilleur à faire; puisque le Monde auroit pû estre fait, & que cependant Dieu ne l'auroit pas fait durant toute l'Eternité anterieure.

A quoy on pourroit ajoûter la question pretendüe indissoluble, lequel des deux a esté le premier, de l'œuf, ou de l'oyseau, l'œuf ne pouvãt estre engendré sans l'oyseau, ni l'oyseau sans l'œuf; & generalement ce que ceux qui tiennent l'Eternité du Monde croient estre incomprehensible, qu'il y ait eu un premier homme, qui n'ait par consequent pas esté engendré d'un homme; & qu'il est bien plus aisé de comprendre ce que Censorin dit conformement à leur sentiment, *Que puis qu'il est evident que les hommes engendrez de semence de parens se vont multipliant les uns les autres par une prepagation successive de pere en fils, les hommes doivent avoir toujours esté, & toujours avoir esté engendrez de mesme, sans que leur espece ait jamais eu ni origine, ni commencement.*

Mais premierement Aristote suppose que rien ne peut estre premier que par le mouvement physique, ce qui est neanmoins tresfaux acause de la vertu infinie de la Cause premiere. Secondement tous les mouvemens se peuvent reduire à un premier Moteur, entant qu'il a creé tous les mobiles, & qu'il leur a imprimé la force par laquelle ils se meuvent. En troisiéme lieu une Substance separée ne laissera pas d'estre un Acte parfait, quoy qu'elle ne meuve pas actuellement les Cieux; d'autant plusque si cette Substance est Dieu-mesme, rien ne luy peut survenir ni luy estre osté, le Monde, & le mouvement du Monde luy estant une pure relation, ou comme on parle d'ordinaire, une denomination exterieure. Quatriemement Dieu en creant le Monde, & en le creant en ce temps-là, & non pas dans un autre, a fait ce qui estoit tres-bon, asçavoir ce qui luy a pleu, n'estant pas possible que rien luy plaise qu'il ne soit tres-bon ; & il nous doit suffire que ce qu'il a fait, ou ce qu'il a differé de faire, ça esté selon les veües d'une Sagesse infinie, & impenetrable à la foiblesse de l'Esprit humain. Enfin comme c'est luy qui a creé tout le Monde, & qui a premierement formé les Animaux, l'on ne doit pas tenir pour indissoluble la question, si l'oyseau est avant l'œuf, ou l'œuf avant l'oyseau ; ni comment il y ait pû avoir un premier homme qui n'ait par consequent point esté engendré d'un homme.

Ce seroit icy le lieu de parler de l'Age precis du Monde ; mais nous sommes bien eloignez d'en pouvoir rien determiner sans le secours unique de la Foy, & de la Sainte Ecriture ; car les Historiens qui nous devroient eclairer, sont eux-mesmes dans une epaisse obscurité,

& ne nous racontent presque que des Fables dés qu'ils taschent de rapporter quelque chose au dessus des Olympiades, c'est à dire au delà de deux mille cinq cent & trente ans ou environ. Car pour ne parler que des Egyptiens qui se glorifient d'estre les plus anciens peuples du Monde, l'on a raison de mettre au nombre des Fables I. ce qu'ils content de la suite de leurs Rois au delà de quatre mille sept cent ans, comme l'on voit dans Diodore. II. l'entretien de ce Prestre Egyptien que Platon introduit parlant avec Solon, & luy racontant qu'il s'est ecoulé neuf mille ans depuis le temps que Minerve avoit fait bastir Saïs. III. ces âges de treize mille ans & davantage dont fait mention Pomponius. IV. ces quinze mille ans qu'Herodote rapporte avoir esté supputez depuis Bacchus jusqu'au Roy Amasis. V. ces vingt trois mille ans qu'ils contoient depuis Osiris & Isis jusqu'au temps qu'Alexandre fit bastir la Ville d'Alexandrie, comme raconte le mesme Diodore. VI. ces quarante neuf mille ans qu'ils contoient depuis Vulcain fils de Ninus jusques à Alexandre, rapportant mesme aussi le nombre des Eclipses du Soleil, & de la

Lune qui avoient paru durant tout ce temps-là, selon le rapport de Laërce. VII. ces cent mille ans dont parle Saint Augustin qu'ils pretendoient s'estre ecoulez depuis qu'ils avoient commencé de connoitre le cours des Astres. Enfin ces cinq cent soixante & dix mille ans depuis lesquels ils se vantoient d'avoir observé les Astres, comme il est ecrit dans Ciceron (les Chaldéens ne se vantant que de quarante & trois mille) nombre que Diodore appelle à bon droit incroyable, Macrobe infiny, & Lactance inventé aisement; parceque comme ils voyoient qu'il ne seroit pas aisé de rien verifier contre eux, ils ont cru qu'il leur estoit libre de dire ce qui leur viendroit en pensée. Ainsi ce n'est pas sans raison que nous-nous en tenons au temoignage du divin Moyse, lequel a appris & ecrit la Genese par la reuelation de Dieu mesme, & duquel nous tenons que le Monde n'est creé que depuis six mille ans seulement ou environ.

CHAPITRE VI.

Si le Monde perira.

CEtte Question a esté aussi celebre que la precedente, & l'on sçait que tous ceux qui tenoient que le Monde n'avoit point esté engendré ou qu'il estoit eternel, tenoient aussi qu'il ne periroit jamais ou ne prendroit jamais fin. Aristote estoit tellement persuadé de cette opinion qu'il condamnoit d'impieté ceux qui affirmoient le contraire, comme ne croyants pas que le Soleil, & les autres Astres fussent des Dieux plus parfaits que ceux qui estoient faits de main d'Homme. Il taschoit mesme de les tourner en ridicules ; car il disoit un jour en riant, que veritablement il avoit autrefois apprehendé les ruines de sa maison qui luy sembloit un peu trop vieille, mais que presentement il avoit bien un autre plus grand accident à craindre, ascavoir les ruines terribles & epouvantables du Monde dont quelques-uns menaçoient le genre humain.

Pytagore, & Platon croyoient bien aussi comme Aristote, que le Monde ne periroit jamais, mais avec cette difference que le faisant mortel de sa nature, ils le faisoient immortel par la volonté de son Autheur, comme n'estant pas de la sagesse d'un Ouvrier aussi grand qu'est celuy du Monde, de laisser perir un Ouvrage si excellent & si parfait.

Tous ceux au contraire qui soûtenoient que le Monde avoit esté engendré, soûtenoient pareillement qu'il periroit, & prendroit fin. Epicure entre autres estoit aussi tellement persuadé de cette opinion qu'il l'a toujours soutenüe constamment comme Aristote a fait la sienne. Lucrece son Sectateur exagere la chose avec son eloquence, & son emportement poëtique ordinaire, & semble craindre que les murailles du Monde ébranlées par quelque grand accident, & reduites en poussiere ne se dissipent un jour tout d'un coup comme des flammes rapides dans l'immensité de l'Espace vuide, & que tout le reste des choses ne suive la mesme destinée, que les Cieux fracassez ne tombent en pieces sur sa teste, que la Terre ne se derobe de dessous ses pieds, & que tous ces Corps dissous pelle-melle entre les ruines du Ciel & de la Terre, n'aillent s'abismer dans la profondeur du Vuide, de telle sorte qu'il ne reste plus en un moment que l'espace desert, & les premiers principes qui ayent passé ailleurs, & ne soient plus veus.

Nè Volucrum ritu flammarum mœnia Mundi.
Diffugiant subito, magnum per Inane soluta,
Et nè cætera consimili ratione sequantur,
Nevè ruant Cœli tonitralia Templa supernè,
Terráque se pedibus raptim subducat, & omnes
Inter permistas Terræ, Cœlique ruinas
Corpora solventes abeant per Inane profundum,
Temporis ut puncto nihil exstet relliquiarum,
Desertum præter Spatium, & primordia cœca.

Car de quelque costé que vous supposerez, dit-il, que les corps qui environnent la masse viennent à ceder, ce sera par là que toute la matiere comme par une espece de soupirail prendra incontinent son cours; desorte que ce sera la ruine, & pour ainsi dire la porte de

la mort des choses.
*Nam quacumque prius departi corporæ
cesse
Constitues, hæc rebus erit pars janua lethi,
Hac se turba foras dabit omnis materiai.*

Le premier argument d'Epicure au rapport de Plutarque est, que le Monde a esté engendré comme un Animal, ou une Plante, & qu'ainsi il est sujet à la corruption; ce qu'il prouve tant parce qu'il est tout de mesme que l'Animal composé d'Atomes qui par leur mouvement intestin & continüel en peuvent enfin causer la dissolution, ce qui a deja esté marqué dans le Chapitre precedent; tant parce qu'il luy peut survenir comme à l'Animal quelque cause etrangere qui le fasse perir, d'autant plus qu'on sçait qu'une chose née par une seule voye peut perir en cent manieres differentes; tant parce que comme l'Animal a son Adolescence, sa Vigueur & sa Vieillesse, ainsi le Monde a eu en quelque façon ces trois âges, estant presentement sur son declin, d'ou il conclut que le Monde doit enfin tomber en ruine ou prendre fin; d'autant que c'est la Loy naturelle que tout ce qui a esté engendré soit sujet à la corruption, comme les Animaux, & les Plantes, & que tout ce qui reconnoit une Cause productrice en trouve enfin une qui le detruise. Aussi Ciceron soutient-il qu'il ne faut pas estre Physicien pour croire que ce qui a eu naissance puisse estre eternel, ensorte qu'il y ait quelque assemblage indissoluble, & que quelque chose ait eu commencement qui n'ait une fin. *Hunc censes primis, ut dicitur, labris gustasse Physiologiam, qui quidquam quod ortum sit putet aternum esse posse; quæ est enim coagmentatio non dissolubilis, aut quid est cujus principium aliquod sit, nihil sit extremum?*

Le second Argument d'Epicure, comme il a aussi déja esté marqué, consiste en ce que toutes les parties du Monde estant mortelles, ou sujettes à la corruption,

Debet tota eadem Mundi natura putari; toute la masse du Monde doit aussi estre censée mortelle. Ne voyons-nous pas, dit Lucrece, que le temps vient à bout des marbres, & que les Tours les plus solides tombent en ruine, que les pierres se pourrissent, que l'âge ne pardonne pas mesme aux Edifices, & aux Images sacrez, & que des pieces de rocher minées, & rongées se detachent, & se precipitent enfin dans les vallons, ne pouvant plus supporter les forces invincibles du temps?

Denique non lapides quoque vinci cernis
  ab Ævo?
Non altas turres ruere, & putrescere
  Saxa?
Non delubra Deûm, Simulachráque fessa
  fatisci?
Nec Sanctum Numen fati protollere fines
Posse, neque adversus naturæ fœdera niti?
Denique non monumenta Virûm dilapsa
  videmus,
Non ruere avolsos silices à montibus altis,
Nec validas Ævi vires perferre, patique?

Le troisiéme Argument est pris du combat continuel des principales parties du Monde; car comme tantost les Incendies, & tantost les Inondations l'emportent, il croit que ce combat se terminera un jour par une destruction entiere du Tout.

Ignis enim superavit, & ambens multa
  perussit, &c.
Ignis enim superare potest, ubi materiaï
Ex infinito sunt corpora plura coorta, &c.
Humor item quondam cœpit superare co-
  ortus,

*Ut fama est hominum, multos quando obruit
  undis.*
*Ergo tantopere inter se cum maxima
  Mundi*
*Pugnent membra, pro nequaquam concita
  bello,*
Nonne vides aliquam longi certaminis ollis
*Posse dari finem ; vel cùm Sol & vapor
  omnis*
Omnibus epotis humoribus exsuperârint
*Quod facere intendunt, neque adhuc co-
  nata patrantur ?*

Or puisque nous voyons, conclut-il, que les principaux membres du Monde sont sujets à de si grands accidens, & sont attaquez par de si grandes maladies, il est à croire que s'il survenoit une cause plus forte & plus puissante, comme il en peut survenir quelqu'une, elle causeroit une ruine totale.

Ergo cùm tantis morbis, tantisque periclis
Res tentarentur, si tristior incubuisset
Causa darent late cladem, tristesque ruinas.

Peut-estre qu'il surviendra quelque grand & horrible tremblement de terre, qui en un moment bouleversera toutes choses, & peuteste qu'un jour ruinera toute cette grande machine du Monde qui s'est soutenüe depuis tant de Siecles.

Forsitan & graviter terrarum motibus ortis
Omnia conquassari in parvo tempore
cernes.
Vna dies dabit exitio, multosque per annos
Sustentata ruet moles, & machina Mundi.

Il ajoûte pour confirmer cecy, qu'encore que nous n'ayons pas experimenté la Mort, nous ne laissons neanmoins pas de nous croire mortels, parceque nous-nous voyons sujets aux mesmes infirmitez que ceux qui sont morts devant nous; ainsi encore que nous n'ayons pas veu la ruine de tout le Monde, nous devons neanmoins conjecturer qu'il perira un jour, de ce que nous observons que le Monde est comme attaqué des mesmes maladies que les autres choses qui perissent. *Nec ratione alia mortales esse videmur, &c.* Ce qui a deja aussi esté avancé dans le Chapitre precedent.

Le dernier Argument qui a de l'affinité avec le premier est, qu'il n'y a, dit-il, que trois choses exemptes de generation & de corruption, asçavoir les Atomes qui estant tres-solides ne peuvent estre endommagez par aucune force, le Vuide qui ne pouvant ni toucher, ni estre touché ne peut recevoir aucun coup, ni aucune blessure, & l'Univers qui comprenant toutes choses n'a point de lieu au delà de soy dans lequel il se puisse dissoudre, ou d'ou il puisse venir quelque agent qui le choque, & le dissolve.

Præterea quacunque manent æterna necesse 'st,
Aut quia sunt solido cum corpore respuere ictus,
Nec penetrare pati sibi quidquam quod queat arctas
Dissociare intus partes ut materiaï
Corpora sunt, quorum naturam ostendimus antè.
Aut ideò, &c. —

Or le Monde n'est point entierement solide, puis qu'il a du Vuide repandu entre ses parties; il n'est point aussi comme le Vuide, puis qu'il est capable de toucher, & d'estre touché; & il ne manque point de corps qui venant de l'infinité de l'Espace, & s'estant fortuitement assemblez, puissent par quelque violent tourbillon choquer, ebranler, & briser toute cette masse, d'autant plus que la profondeur infinie du lieu, & de l'espace est toujours preste pour en recevoir le debris, & les ruines.

At neque uti docui, solido cum corpore Mundi.

Naturâ st, quoniam admistum st in rebus
   Inane;
Nec tamen est ut Inane; neque autem cor-
   pora desunt
Ex infinito quæ possint fortè coorta
Proruere hanc rerum violento turbine sum-
   mam,
Aut aliam quamvis cladem importare pe-
   ricli,
Nec porrò natura loci, spatiumque pro-
   fundi
Deficit expergi quo possint mœnia Mundi
Aut alia quavis possint vi pulsa perire.

Les portes de la Mort, conclut-il, ne sont donc point fermées ni à la Terre, ni aux profondes eaux de la Mer, ni au Ciel, ni au Soleil, mais elles leur sont ouvertes, & les regardent comme de grands & vastes Goufres toujours prests pour les engloutir.

Haud igitur lethi præclusa st janua Cœlo,
Nec Soli, Terræque, nec altis Æquoris
   undis,
Sed patet immani, & vasto respectat
   hiatu.

Ce sont là les raisons d'Epicure, qui nous font voir que ce Philosophe a veritablement erré en ce qu'il a crû que l'assemblage du Monde s'estoit fait par la seule force de la Nature, & que sa dissolution se pourroit faire par la mesme force sans l'ordre, & sans l'action de la Toute-puissance de Dieu; mais il est du moins loüable en ce qu'il ne l'a point cru eternel, & perpetuel, & qu'il l'a fait suject à la corruption; car c'est un Dogme Orthodoxe tiré des saintes Ecritures, quoyque Philon le Iuif dise, ce qui ne se trouve point, *que Moyse a enseigné que le Ciel & la Terre, les Iours & les Nuits, les Heures & les Années, le Soleil & la Lune estoient veritablement des choses engendrées, mais toutefois incorruptibles.* C'est, dis-je, un Dogme Orthodoxe, & il est mesme à remarquer que ce que l'on apporte au contraire est ou de nulle importance, ou tres foible.

Ce qui se dit de principal est, que le Monde n'a aucune cause soit interne, soit externe par laquelle il puisse estre dissous ou detruit. Mais l'on peut repondre premierement que la cause interne ne manque pas; & quoy qu'ils disent que la discorde, & les changemens des parties ne font pas que le Monde selon toute sa masse soit sujet au changement, ce n'est neanmoins pas un mauvais Argument de dire que ce Tout est selon toute sa masse sujet à la dissolution, lequel n'a aucune partie qui prise separement n'y soit sujette : Autrement un Animal, ou quelque autre tout de la sorte ne pourroit pas estre censé sujet à la dissolution, encore qu'on fist voir qu'il n'y auroit aucune de ses parties qui n'y fust sujette.

L'on peut dire aussi que la Cause externe ne manque pas. Car quoy qu'ils objectent qu'il est de la bienseance de la Sagesse & de la bonté Divine de ne detruire pas un sien Ouvrage si grand, & si beau ; cela neanmoins n'a pas lieu dans un Ouvrier qui estant & tres puissant, & tres libre, se peut proposer des fins qui surpassent l'intelligence humaine, & qui regardent une Sagesse, & une Bonté incomprehensible.

Dieu se repentiroit, disent-ils, s'il detruisoit son ouvrage. Mais pourquoy se repentiroit-il, luy qui a pû faire qu'il durast tant de temps, & non pas davantage ?

Dieu seroit sujet au changement. Mais pourquoy, puisque tout le changement sera dans le Monde, & non pas dans la volonté de Dieu qui a pû constamment vouloir de toute Eternité que le Monde fuſt ſujet au changement ?

Mais pourquoy là-t'il voulu faire ſujet au changement ? Luy ſeul le ſcait, & cependant de cela meſme nous reconnoiſſons qu'il n'y a que Dieu ſeul d'invariable. C'eſt peuteſtre meſme une des fins que Dieu s'eſt propoſée, de peur que ſi nous tenions auſſi le Monde incorruptible, nous ne ſoupçonnaſſions, ce que quelques-uns ont cru, qu'il ne fuſt Dieu, mais nous pourrons toucher cecy ailleurs.

Ie dis ſeulement icy, que les meſmes choſes qu'on objectoit à Epicure ont eſté objectées aux ſaints Peres par les Payens leſquels ſe plaignoient des Chreſtiens qui fondez ſur ces paroles de la ſainte Ecriture, *les Cieux paſſeront avec un grand fracas, & les Elemens ſeront diſſous par la chaleur*, annonçoient la ruine future du Ciel, & des Aſtres ; ſur quoy le Bienheureux Minutius leur repliqua qu'ils ne devoient point trouver cela ſi etrange, & que l'Opinion des Stoïciens, & des Epicuriens eſtoit, que toute l'humidité eſtant conſommée, le Monde periroit par un Embraſement.

Remarquez neanmoins, que ce n'eſt pas

pas par le seul Embrasement qu'Epicure croyoit que le Monde pourroit perir, il vouloit qu'il pût estre detruit en plusieurs manieres, & non seulement par les Deluges, ou par les Embrasemens, par quelque tourbillon terrible, par quelque tremblement de terre, ou par le choc impetueux & fortuit de quelque autre Monde, comme il a esté dit, mais principalement encore par la vieillesse, & par la pourriture à la maniere d'un Animal, & d'une Plante, comme il a aussi esté insinué plus haut. Car de mesme qu'apres la desunion de l'Ame l'Animal est dissous en diverses parties lesquelles souffrent enfin elles mesmes une entiere dissolution, se dissipant, & s'evanoüissant en l'Air, ou servant à former d'autres Animaux ; ainsi, disoit-il, les murailles du Monde rongées & minées par le temps, & par la vieillesse venant à s'affaiser & à tomber en ruine, plusieurs de ses parties se dissoudront, & s'en iront enfin en Atomes, qui trouvants la liberté du Vuide se repandront de toutes parts, & reprenants leurs premiers mouvemens, s'enfuiront, & s'ecarteront bien loin, ou tomberont bientost en d'autres Mondes, ou concourront avec d'autres Atomes pour former de nouvelles masses ; les premiers principes trouvants des entrées, & des sorties, comme des especes de soûpiraux, entre les Mondes ou pour se dissoudre, ou pour se reprendre derechef, & se rejoindre.

Ut quasi per magni circum spiracula Mundi

Exitus, introitusque Elementis redditus exstet.

Il disoit de plus particulierement à l'egard de la vieillesse du Monde qu'on voyoit clairement que le Monde estoit deja sur son declin, que la Terre cassée & affoiblie par l'âge ne produisoit plus que de petis Animaux, au lieu qu'autrefois elle faisoit des Geans, & des Colosses ; qu'autrefois elle donnoit d'elle-mesme les grains, les fruits, & les pasturages que nous n'obtenons maintenant qu'avec beaucoup de peine, & en consommant les forces des Bœufs, & des Laboureurs.

Iamque caput quassans grandis suspirat Arator,

Crebrius incassum magnum cecidisse laborem ;

Et cùm tempora temporibus præsentia confert

Præteritis, laudat fortunam sæpe parentis,
Et crepat antiquum genus ut pietate re-
  pletum,
*Nec tenet omnia paulatim tabescere, & *
  ire
Ad scopulum spatio ætatis defessa vetusto.
Iamque adeò fracta st ætas, effoetáque
  Tellus
Vix animalia parva creat, qua cuncta
  creavit
Sæcla, deditque ferarum ingentia corpora
  partu.
Præterea nitidas fruges, arbustáque læta
Sponte sua primùm mortalibus ipsa crea-
  vit ;
Ipsa dedit dulces fœtus, & pabula læta,
Quæ nunc vix nostro grandescunt aucta
  labore ;
Conterimusque boves, & vires agricola-
  rum.

Qu'apresent le Laboureur souvent frustré de l'esperance de la Recolte, soupire apres ses travaux perdus, & que comparant le temps present avec le passé, il loüe la fortune de ses Ayeuls, comme ayant esté beaucoup plus gens de bien que ceux de son siecle ; ne sçachant pas que toutes choses vont s'affoiblissant peu à peu,& que la vieillesse les va insensiblement portant contre l'ecueil inevitable de la mort.

Il est vray que les raisons qui se tirent de la vieillesse du Monde ne sont pas fort convaincantes ; car c'est une vieille, & populaire plainte des Poëtes, que nous en sommes maintenant venus à l'Age de Fer, que les fils naissent plus meschants que leurs peres, & que nos neveux seront plus meschants que nous. *Ætas parentum pejor avis tulit nos nequiores, mox daturos progeniem vitiosiorem,* & cent autres choses de la sorte qui ont esté dites & redites depuis plusieurs siecles; les hommes ne prenants pas garde que la face du Monde demeure en general toujours la mesme. Quoy qu'il en soit, il faut du moins demeurer d'accord, comme nous avons deja insinué, que cette Opinion à l'egard de la fin prochaine du Monde, convient merveilleusement avec les Saintes Ecritures qui avertissent que le temps est proche ; & qu'elle s'accorde avec ce qu'en ont ecrit les Saints Peres, & nomement Lactance qui disoit de son temps, qu'il n'y avoit pas à attendre plus de deux cent ans, quoy que le Sauveur eust averty que l'homme ne doit pas pretendre de connoitre ces temps.

CHAPITRE VII.
Si le Monde est animé.

IL n'y a presque personne qui ne demeure d'accord que ce Monde ne soit un Tout dont les parties, la Terre, la Lune, le Soleil & autres ont quelque rapport entre-elles, & mesme quelque liaison, sympathie, communication ; mais on est en peine de sçavoir si c'est un Tout à la maniere d'une Plante, ou d'un Animal, c'est à dire s'il y a une certaine force repanduë dans le Monde qui en vivifie les parties, & en entretienne la liaison, comme il y a en nous & en nos membres une certaine force ou vigueur qui maintient toute l'Economie de nostre corps, & par laquelle nous vivons, nous sentons, nous imaginons, nous nous mouvons, &c.

Pythagore & Platon ont esté les principaux defenseurs de cette Opinion. Les Stoïciens n'en estoient pas aussi éloignez quand ils ont admis ce Feu qui penetre toutes choses; & il semble mesme qu'Aristote ait eu cette pensée lorsqu'il dit que les Cieux sont animez, & qu'il

E 3

admet un Intellect Agent universel, selon l'interpretation qu'en donnent les Grecs, & les Arabes.

Pour ce qui est des Cabalistes, & de leurs imitateurs les Chymistes, personne ne doute que ce ne soit leur sentiment : Ils pretendent mesme que tous ces Philosophes & Poëtes qui ont dit qu'il y avoit une Nature Divine par tout, ont esté de leur parti, en ce qu'ils ont crû que cette Divine Nature estoit une Ame generale dont les Ames particulieres des Animaux & des Hommes estoient des particules ; & l'on sçait que quelques Heretiques ont embrassé cette Opinion. Mais quoy qu'en ayent pensé les autres Philosophes ; puis que Pytagore, & Platon sont les principaux Autheurs de l'Ame du Monde, voyons si nous pourrons tirer de leurs Ecrits, quoy que tres-obscurs & difficiles, quelque lumiere pour mieux entendre quelle a esté leur pensée, & leur dessein.

Nous pouvons, ce semble, supposer qu'ils conçoivent l'Ame du Monde comme une Substance fort deliée, diffuse, & repanduë en toutes choses, & composée de deux parties, l'une desquelles est tres-pure, ne tenant rien de la masse du corps, l'autre moins pure, mais que l'on peut neanmoins appeller pure si on la compare avec les corps grossiers; de façon que la premiere & plus pure partie ne pouvant estre associée d'elle-mesme à la Nature corporelle, la moins pure qui tient comme le milieu entre-deux, en est le lieu commun; d'où vient que cette premiere & tres-pure partie estant appellée Entendement, & la seconde estant appellée Ame particulierement, Platon dit que l'Entendement est dans l'Ame, & l'Ame dans le Corps; comme si l'Entendement estant d'un costé, le Corps ou la Matiere de l'autre, l'Ame fust un certain milieu ou une Substance moyenne qui fit la liaison mutuelle des deux.

A l'égard de l'Ame generalement prise entant qu'elle comprend l'Entendement, & l'Ame particuliere, l'on sçait que Pytagore la definie *un Nombre se mouvant soy-mesme*, & Platon, *une Nature ou une Substance se mouvant elle-mesme par elle-mesme*; mais l'un & l'autre semblent avoir voulu dire la mesme chose; car lors que Pytagore l'a appellée un Nombre, il a entendu que c'estoit une Substance à laquelle appartenoit une

E 4

harmonie qui s'exprime ordinairement par les Nombres; & Platon a crû qu'elle se mouvoit par un Nombre harmonique.

Mais donnez-vous bien de garde de croire que ces Nombres, & cette Harmonie soient un accord corporel semblable à celuy qui resulte du meslange de quelques voix, ou de quelques instrumens; car cet accord consiste uniquement dans une certaine proportion ou temperature des deux susdites parties dont cette Ame est composée. Tout cecy est plein de difficultez, mais voicy en peu de mots de quelle façon Platon fait parler son Tymée Pytagoricien.

Il pose donc en premier lieu comme pour fondement, *que Dieu a engendré l'Ame du Monde avant le Corps, & qu'il l'à de telle maniere meslée & temperée, d'une Nature Individuelle, & d'une Nature Dividuelle alentour des Corps, qu'il s'est fait une troisiéme Nature temperée du Mesme, & du Divers*; & ce sont là ces termes qui ont causé une grande diversité d'Opinions entre les Interpretes.

Il est bien vray qu'ils demeurent tous d'accord que par le Mesme, & par la Nature Individuelle il a entédu l'Entendement, ou cette partie de l'Ame incorporelle, & la plus pure; mais quant au Divers, & à la Nature Dividuelle alentour des Corps, quelques-uns de ses Interpretes ont crû que cette Nature n'estoit autre chose que la Matiere qui est sujette à plusieurs mouvemens differens, & sans ordre; & tous les autres generalement ont jugé plus à propos de dire que la Matiere a eu une espece d'Ame, c'est à dire une forme brute, & sans ordre avant que le Monde eust esté fait, & que cette Ame qui est cette mesme partie susdite plus impure, ayant esté le principe de ces mouvemens desordonnez, merite plûtost le nom de Divers, que la Matiere.

Ils ajoûtent que cette Ame Brute & deraisonable est d'une nature qui tient le milieu entre celle qui est purement incorporelle que nous appellons l'Entendement, & celle qui est purement corporelle que nous disons estre la Matiere ou le Corps; & que cette Ame brute, & moins pure est celle que Dieu a jointe à la partie la plus pure, & qu'il les a temperées de maniere qu'il en a fait l'Ame du Monde.

Remarquez pourtant que lors que

vous leur entendez dire que la matiere, & la generation de l'Ame du Monde ont esté devant que le Monde ait esté fait, les plus celebres Interpretes n'entendent pas une Priorité de Temps, comme si le Monde n'avoit pas toûjours esté, mais seulement une Priorité de Nature, suivant laquelle les parties sont dites estre avant le Tout; comme aussi lors qu'il est dit que la matiere a eu des mouvemens desordonnez, ils veulent que cela ne signifie autre chose sinon que la matiere estant de sa nature une chose vague, & indeterminée, elle soit fixée & arrestée par l'Ame du Monde qui l'informe.

Remarquez pareillement que lors qu'ils assurent que l'Ame du Monde a esté faite du meslange du Mesme, & du Divers, c'est à dire de la partie pure & intelligente, & de la partie moins pure & deraisonnable, ils ne pretendent pas que ces deux Natures ayent esté quelque temps separées, & qu'elles ayent esté puis apres jointes & assemblées; mais ils veulent seulement nous faire comprendre que l'Ame du Monde a deux fonctions qui paroissent, & qui brillent par tout, l'Intelligence, & la Raison d'une part, la Vegetation, & le Mouvement de l'autre; & parceque l'Entendement ou la partie la plus pure est de soy tres-libre & delivrée de toute composition corporelle, ils luy attribuent la principauté sur la partie moins pure, & par le moyen de celle-cy sur tout le Monde.

Remarquez enfin que cette partie pure considerée en soy, & entant qu'elle est independante, est celle à laquelle ils donnent le nom de Dieu, par lequel la composition, & la contemperation de l'Ame du Monde a esté faite; qui conduit la partie déraisonnable & inferieure par Raison, & enfin que le Monde est dit avoir esté fait entant seulement que par le moyen de la partie inferieure le Monde est tel qu'il nous paroit. Car ils demeurent tous d'accord que Pytagore, & Platon n'ont point parlé affirmativement de la naissance du Monde, mais qu'ils ont seulement voulu etablir une Hypothese qui servist à faire entendre comme le Monde est formé, arrangé, & gouverné, ce qui seroit plus difficile à comprendre si l'on demeuroit dans la supposition de l'Eternité du Monde.

Voilà en peu de mots l'Idée que les

Ecrits de ces deux Philosophes donnent de l'Ame du Monde. Si vous voulez maintenant que je vous dise ce qui les a obligez à soutenir que le Monde estoit animé ; j'estime en premier lieu que ç'a principalement esté pour pouvoir indiquer la source d'où toutes les ames particulieres sont tirées : Comme nostre Corps, disoient-ils, est une partie du Corps du Monde, ainsi nostre Ame est une partie de l'Ame du Monde ; & c'est conformement à cette pensée que Virgile a dit qu'il y a au dedans de toutes choses un Esprit qui les nourrit, & un Entendement diffus & repandu qui les meut, & les anime, & que c'est-là la source de toutes les Ames soit des Hommes, soit des Brutes, des Oyseaux, ou des Poissons.

Spiritus intus alit, totámque infusa per artus

Mens agitat Molem, & magno se corpore miscet,

Inde hominum, pecudúmque genus, vitæque volantûm,

Et quæ marmoreo fert monstra sub Æquare Pontus.

Mais il est aisé de voir la foiblesse de cette raison, & qu'on leur peut dire que tout ce qui prend vie dans le Monde la prend veritablement de quelque chose qui est dans le monde, mais qu'il ne s'enfuit pas qu'il la prenne d'une chose qui soit diffuse de la façon qu'ils pretendent dans tout le monde. Car le Monde estant un Amas qui contient tous les genres des choses, il contient par consequent les inanimées, & les animées ; & quand ils s'engendre un Cheval, ou quelque autre animal purement sensitif de la sorte, il tire son Ame, non pas de l'Ame generale du Monde, mais d'une Ame qui preexiste dans les peres & les meres, & en est detachée avec la semence ; cette Ame estant contenuë dans ces semences qui se forment de la jonction, distinction, separation, & transposition des principes materiels, ou d'autres manieres que nous rapporterons ensuite ; comme une Pierre tire sa forme non pas d'une forme lapidifique qui soit diffuse par tout le monde, mais d'une semence lapidifique ou tirée d'ailleurs, ou nouvellement formée comme nous dirons aussi dans son lieu.

L'autre Raison pour laquelle ils ont introduit l'Ame du Monde, est pour pouvoir établir la fabrique ou production du Monde, & la Providence Divine; car comme ils croyoient que l'Ame estoit l'Architectrice de son Corps, & que c'estoit elle-mesme qui le conduisoit, & gouvernoit, ils se sont persuadez que s'ils posoient que le Monde fust animé, l'on concevroit que l'Ame qui seroit au dedans du corps l'auroit formé, qu'elle le gouverneroit ensuite, & qu'elle en auroit le soin qui seroit necessaire. Et il est visible de ce que nous avons dit que c'estoit là leur pensée, veu qu'ils croyoient, comme nous venons de dire, que l'Ame du Monde, ou du moins l'Entendement estoit Dieu mesme, & qu'ils n'ont point craint de dire que toutes les Ames particulieres estoient des particules de Dieu; ce qui a encore fait dire à Virgile que dans les Abeilles il y a une particule de l'Entendement Divin, & une particule de l'Esprit Etherée; en ce que Dieu penetre toutes choses, la Terre, la Mer, & la profondeur des Cieux, & que c'est de là que tout ce qui naist au monde tire sa vie, & son Ame particuliere,

Esse apibus partem Divinæ mentis & haustus
Æthereos dixere, Deum namque ire per omnes.

Terras, tractúsque Maris, Cælúmque profundum;
Hinc pecudes, armenta, viros, genus omne ferarum
Quemque sibi tenues nascentûm arcessere vitas.

Mais il n'estoit pas necessaire de recourir à l'Ame du Monde, puis qu'on leur peut dire que la Cause qui a construit & formé le Monde peut & doit estre distincte du Monde, & de ses parties.

Si vous me demandez maintenant ce que l'on peut croire de l'Ame du Monde, & si le Monde est effectivement animé. Ie vous diray en premier lieu, que si quelqu'un pretend que par le mot d'Ame du monde l'on doive entendre Dieu, en ce que Dieu estant comme repandu *intimè illapsus* en toutes choses par son Essence, par sa Presence, & par la Puissance, pour parler conformement aux Theologiens, il entretient toutes choses, gouverne toutes choses, & anime ainsi en quelque façon toutes choses; rien, ce me semble, n'empesche qu'on ne tienne cette opinion, & qu'on ne dise en ce sens que le Monde est animé, pourveu que l'on entende que Dieu soit une Ame assistante, & non pas informante, c'est à dire qu'il soit non pas partie composante du monde, mais le Modérateur, & le Gouverneur du Monde, comme celuy qui commande dans un Navire n'est pas partie, mais Directeur du Navire.

En second lieu, que tous les Philosophes demeurant d'accord qu'il y a une Chaleur diffuse & repanduë par tout le monde, soit que cette chaleur soit *innée* ou naturelle aux parties, comme celle qui est contenuë dans la Terre, soit qu'elle derive de ses parties principales, comme celle que le Soleil (qui peut estre consideré comme le cœur du monde) envoye & repand de tous costez; il n'y a point d'inconvenient à dire que cette Chaleur est un certain genre d'Ame.

Et certainement, c'est en ce sens que Democrite l'entend quand il dit, *qu'il n'y a rien dans le monde qui ne soit participant de quelque espece d'Ame*; car il veut dire qu'il y a des *Atomes Spheriques dans tous les corps de la nature qui sont des semences de chaleur, d'Ame, & de sentiment*; d'ou vient qu'il y a sujet de croire que Democrite a eu la mesme pensée qu'Hypocrate, qu'Aristote, &

plusieurs autres, lors qu'ils ont reconnu une certaine chaleur diffuse & repanduë par tout le monde, qui lors que toutes les dispositions requises sont presentes, est formée en Ame, & engendre des choses vivantes, en sorte qu'elle peut estre dite, non pas absolument, mais en quelque façon Ame.

En troisieme lieu, que s'il est permis de dire que le Monde est animé de ces deux manieres, ou de quelque autre maniere de la sorte ; s'il est, dis-je, permis d'accorder qu'il y a une Ame dans le Monde, c'est à dire improprement, en quelque façon, & par quelque Analogie, il ne paroit neanmoins pas que l'on puisse admettre qu'il y ait dans tout le Monde une Ame proprement prise, qui soit telle que celle que nous comprenons ordinairement sous ce mot d'Ame, & qui soit ou Vegetative, ou Sensitive, ou Raisonnable ; puisque ce Monde n'engendre point d'autre Monde que nous scachions, ni son semblable, comme font la Plante, & l'Animal ; puis qu'il ne se nourrit point, ni ne croist point comme font les Plantes, & les Animaux ; puis qu'enfin il ne voit, ni n'entend, & qu'on ne scauroit pas mesme feindre qu'il foit capable de ces fortes de fonctions.

Voila à peu prés comment il femble qu'il pourroit eftre permis de prendre l'Ame du Monde. Car de pretendre, comme nous avons deja infinué, qu'il puiffe y avoir une Ame univerfelle du monde qui foit Incorporelle, qui foit la mefme chofe que la fubftance Divine, qui foit une Forme non pas feulement affiftante, mais informante, ou qui entre comme partie dans la compofition du monde, & dont les Ames des Hommes & des Animaux foient des particules, c'eft une erreur, & mefme une impieté infupportable. Et certes, quel moyen de concevoir, ou de fouffrir qu'on puiffe dire, que Dieu qui eft une Nature tres fimple, foit compofé de parties, foit divifible en une infinité de parties, foit tranfporté avec le corps de lieu en lieu, entre en compofition d'un Tout qui eft le Monde, & foit par confequent moins parfait que le monde, comme la partie eft moins parfaite que le tout, & foit enfin de telle maniere repandu en toutes chofes qu'il n'y ait Creature qui ne participe à fon Effence, & ne foit par confequent un petit Dieu, & ainfi d'une

PRINCIPES. 115

infinité de semblables inconveniens ; c'est assurement ce qui n'entrera jamais dans l'Esprit d'un homme de bons sens, d'un veritable Physicien, & bien moins encore d'un Theologien ; aussi est-ce pour cela que Ciceron, Lucrece mesme, & en suite Lactance s'ecrient si fort contre cette Opinion, & s'en mocquent mesme comme d'une chose tout à fait ridicule.

Ie pourrois icy rapporter les passages de ces trois derniers Auteurs, mais voyons plutost ce que M. Gassendi avoüe luy estre venu autrefois en pensée sur cette Animation du Monde. Voicy en propres termes comme il en parle dans cette Piece scavante, & achevée qu'il a faite contre Flud qui estoit aussi entesté d'une Opinion particuliere de l'Ame du monde.

J'avois, dit-il, *autrefois de la peine à me persuader qu'il n'y eust pas une certaine force particuliere, & diffuse par tout le monde, qui, comme une espece d'Ame, en liast & attachast ensemble les parties, qui en empeschast la dissipation, qui les ramenast & les rejoignit chacune à leur Tout, les Terrestres à la Terre, les Lunaires à la Lune, & ainsi des autres, & qui causast* entre elles quelque rapport, correspondance, & sympathie mutuelle: Qu'il n'y eust pareillement de certaines facultez propres & speciales diffuses par le corps de la Terre, par celuy de la Lune, par celuy de Mercure, & des autres Globes, qui leur tenant lieu d'Ame, fissent en chacun d'eux ce que cette Ame plus generale faisoit en tout le monde.

Ie pensois, ajoûte-t'il, que cela ne derogeoit aucunement à la Foy, en ce que cette Ame seroit censée n'estre autre chose qu'une certaine force dependante de Dieu, & estre une Ame à sa maniere, c'est à dire d'une espece particuliere differente de la Vegetative, de la Sensitive, & de la Raisonnable, & nomement incapable des Dons Spirituels, de la Grace, & de la Beatitude.

Au reste, je tenois pour absurde, disoit-il encore, que plusieurs Philosophes accordassent qu'il y eust des formes particulieres d'Os, de Nerf, de Chair, de Cartilage & des autres parties, & une autre forme generale qui fust diffuse par tout le corps de l'Animal; & qu'il ne me fust pas permis d'accorder, outre les formes & ames des Corps ou Globes particuliers qui composent ce Monde, une certaine Ame *universelle, qui par son information, & influence causast, & entretint cette constante Disposition, Harmonie, Liaison, & Correspondance de ces Globes.*

Sed expergiscor, dit-il enfin, *il s'agit icy de l'Opinion de Flud qui faisant l'Ame du Monde une certaine substance corporelle tres-subtile & tres-active, comme il luy auroit peutestre esté permis s'il en avoit fait une forme creée, & dependante de Dieu, il la soutient cependant estre Dieu mesme qu'il fait par consequent corporel, & entrant dans la composition du monde.*

Or je rapporte expressément ce passage, afin que lors qu'on le lira, & qu'on verra ensuite en divers endroits de cet Ouvrage, que M. Gassendi a beaucoup de pente à croire non seulement que la Terre, la Lune, le Soleil, & tous ces autres Globes qui composent la Machine du Monde, ont chacun leur Ame à leur maniere, prenant à peu prés l'Ame à la maniere de Democrite, D'Hypocrate, & d'Aristote, mais qu'il n'y a presque rien en particulier qui ne soit animé, comme les Pierres pretieuses, l'Ayman, les Plantes, & les Semences, & qui n'ait son Ame à sa maniere, par le moyen de laquelle il connoit, pour ainsi dire, & suit ce qui luy est propre & qui fait pour sa conservation, ou fuit ce qui luy est nuisible & qui va à sa destruction ; afin, dis-je, que lors que l'on verra en plusieurs endroits de cet Ouvrage l'inclination que M. Gassendi a pour cette sorte d'Animation, par le moyen de laquelle il se tire de mille difficultez, l'on ne s'aille pas imaginer qu'il ait donné dans l'Opinion de ces anciens Pytagoriciens, & autres semblables, ou dans celle de Flud ; puisqu'il refute l'une & l'autre comme tres-ridicules, & indignes d'un Philosophe de bon sens, & encore moins d'un Theologien, & que d'ailleurs il semble, comme je viens d'insinuer, que l'Animation de la façon que Democrite, Hypocrate, Aristote, & plusieurs autres Anciens l'ont prise, ne luy deplaisoit pas.

Mais n'oserions-nous point icy ajoûter quelque chose du nostre, & admirer comme les Hommes, soit par un desir de s'élever au dessus de leur nature, & de se faire de petits Dieux, ou autrement, ont, nonobstant toutes ces raisons, je ne sçais quelle inclination pour cette opinion Pytagorique de l'Ame du Monde, en sorte qu'ils l'ont de tout temps affectée, & l'affectent mesme encore à present en mille endroits ? Car pour ne dire rien de nos Cabalistes, & Chymistes d'Europe qui la pluspart n'en sçauroient encore revenir; je me suis apperceu dans l'Asie que la plus grande partie des Derviches des Turcs, des Soufis, & Sçavans de Perse, & des Bragmanes des Indes en sont infectez, & j'apprens que cette doctrine a penetré jusques à la Chine, & au Jappon.

J'ay veu mesme plusieurs Bragmanes qui poussent la reverie bien plus avant, en ce qu'ils veulent que Dieu ait non seulement produit ou tiré les Ames de sa propre substance, mais generalement encore tout ce qu'il y a de materiel & de corporel dans l'Univers, s'imaginant d'ailleurs que cette production ne s'est pas faite simplement à la façon des Causes Efficientes, mais à la façon d'une Aragnée qui produit une toile qu'elle tire de son Nombril, & qu'elle reprend quand elle veut.

De là vient, disent-ils, que la Creation ou Generation des choses n'est qu'une extraction & extension que Dieu fait de sa propre substance, de ces Divins filets qu'il tire comme de ses entrailles; de mesme que la Destruction n'est autre chose qu'une reprise qu'il fait de cette Divine Substance dans luy-mesme ; de sorte que le dernier jour du monde, dans lequel ils croyent que tout doit estre detruit, ou plutost disparoitre, ne sera selon leur pensée qu'une reprise generale de tous ces filets que Dieu avoit ainsi tirez de luy-mesme.

Il n'est donc rien, concluent-ils, de Réel & d'Effectif de tout ce que nous croyons Voir, Oüir, ou Flairer, Gouster, ou Toucher : Tout ce Monde n'est qu'un Phantosme, qu'une Illusion; toute cette multiplicité, & diversité de choses qui se presentent à nos yeux n'estant qu'une seule, unique, & mesme chose qui est Dieu mesme, comme tous ces Nombres divers de dix, de vingt, de cent, de mille, & ainsi des autres, ne sont enfin qu'une mesme Unité repetée plusieurs fois.

Mais pressez-les de vous donner quelque raison de cette Imagination, ou de vous expliquer comment se fait cette sortie, & cette reprise de Substance, cette extension, cette diversité apparente; ou comment il se peut faire que Dieu n'estant n'estant pas corporel, mais une Substance simple comme ils avoüent, & incorruptible, soit neanmoins divisé en tant de portions de corps, & d'ames, & transporté çà & là; ils ne vous payeront jamais que de belles Comparaisons: Que Dieu est comme un Ocean immense dans lequel se mouvroient plusieurs Fioles pleines d'eau, que ces Fioles, quelque part où elles pussent estre portées, se trouveroient toujours dans le mesme Ocean, dans la mesme Eau, & que venant à se rompre, leurs Eaux se trouveroient en mesme temps unies à leur Tout, à ce grand Ocean dont elles estoient des portions.

Ou bien ils vous diront qu'il en est de Dieu comme de la Lumiere qui est la mesme par tout l'Univers, & qui ne laisse pas de paroitre de cent façons differentes selon la diversité des objets où elle tombe, ou selon les diverses couleurs, & figures des verres par où elle passe; ils ne vous payeront, dis-je, jamais que de ces sortes de Comparaisons qui n'ont aucune proportion avec la simplicité, & indivisibilité de Dieu; & si on leur dit que ces Fioles se trouveroient veritablement dans une eau semblable, mais non pas dans la mesme, & que c'est bien une semblable Lumiere par tout le monde, mais non pas la mesme, & ainsi du reste ; il ne faut pas esperer qu'ils vous donnent jamais aucune réponse solide; ils en reviennent toujours aux mesmes Comparaisons, ou, comme les Soufis, aux belles & magnifiques Poësies de leur grand Cabaliste qu'ils ont intitulé comme par excellence *Goul-tchen-raz*, c'est à dire *le Parterre des Mysteres*.

CHAPITRE VIII.

Si de Rien il se peut faire quelque chose, & si quelque chose peut retourner dans le Neant.

LA production des choses du neant, & leur reduction au neant, que nous appellons ordinairement Creation, & Annihilation, ont toujours paru si etranges & si inconcevables aux Philosophes anciens, qu'ils ont mieux aimé se reduire à soûtenir, que la premiere matiere des choses ou le Monde tel qu'il est, fuſt de toute Eternité, que de reconnoître une Cauſe aſſez puiſſante pour créer, ou pour reduire quelque choſe au neant.

Ces tenebres ayant eſté diſſipées par les lumieres de la Foy, qui nous enſeigne que Dieu dans le commencement a creé, & tiré du Rien le Ciel & la Terre, comme il les peut faire retourner dans le Rien; nous ſommes heureux de n'eſtre point aſſujettis à ces vains raiſonnemens, & nous devons rendre des graces immortelles à Dieu de ce qu'il luy a plû nous aſſurer par luy-meſme de ſon Exiſtence, auſſi bien que de ſa Toute-puiſſance.

Toutefois, parce qu'il ne s'agit icy que de ce qui ſe paſſe dans le cours ordinaire de la Nature, ſuivant lequel Dieu laiſſant agir les cauſes ſecondes, entretient cette ſuite continuelle de generations dont nous nous appercevons; il n'y a point, ce me ſemble, d'inconvenient de rapporter les principales raiſons qui peuvent convaincre de cet Axiome commun & celebre, *Que rien ne ſe fait de rien*; d'autant plus que ſuppoſant cette premiere Creation, nous ſommes obligez d'admettre, que preſentement Rien ne ſe fait de rien, & les preuves que nous en apporterons nous serviront en mesme temps à nous faire connoître en general d'ou viennent les choses dans leur generation, & ce qu'elles deviennent dans leur dissolution.

En premier lieu, si les choses se faisoient de rien, il est evident que toutes ces semences specifiques, si constantes, & invariables que nous voyons estre necessaires pour la production, & pour la couservation des Especes, seroient inutiles; l'on verroit mesme toutes sortes d'Animaux, & toutes sortes de Plantes naistre indifferemment de toutes sortes de semences, & sortir de toutes sortes de lieux; toutes choses se changeroient indifferemment en toutes choses; la production qu'on supposeroit se faire du neant ne demandant ni matiere, ni dispositions, ni lieux particuliers. Or puisqu'il n'arrive rien de tout ce que nous venons de dire, & que nous voyons au contraire que toutes choses demandent leurs semences, leur matiere, leurs meres, leurs lieux, & leurs dispositions specifiques, propres & convenables; c'est un signe manifeste que les choses ne se font pas de rien.

Ajoûtons avec Lucrece, que si le Printemps nous donne les Roses, l'Esté le Froment, & l'Automne les Raisins; si les Plantes, & les Animaux croissent peu à peu; si nous ne passons point tout d'un coup de l'Enfance à la Jeunesse, & si nous ne voyons point que les Arbres entiers & parfaits sortent tout d'un coup de la Terre; c'est encore une marque evidente que rien ne se fait de rien, ou plûtost que la Nature demande de certaines Saisons, & de certaines dispositions, & que chaque chose croist, & se nourrit de la matiere qui luy est propre & specifique.

Pour ce qui est de la reduction de la matiere au neant, il ne faut, ce me semble, que considerer qu'il doit y avoir autant de difficulté à reduire un Estre dans le Rien, qu'à l'en tirer; & que la production du Rien estant naturellement impossible, & reservée à la Toute-puissance de Dieu, il en doit estre le mesme de la reduction dans le Rien.

D'ailleurs si tout ce qu'il y a jamais eu d'animaux, d'arbres, & de plantes, de metaux, d'huile, de graisse, & de cire, de pierres, de terre, d'eau, qu'on a veu disparoître à nos yeux, & se resoudre en parties insensibles, soit par le feu, soit par le Soleil, par la vieillesse, ou par la pourriture, s'en estoit allé se perdre dans le neant, il se seroit deja tant perdu, & tant consumé de matiere depuis la Creation du Monde, que la Nature seroit epuisée, & ne trouveroit pas de matiere pour se reparer, ni pour faire toutes ses productions ordinaires. Rien donc ne se reduit à rien, rien ne se perd dans le Monde, la Matiere n'y fait que rouler, que circuler, que changer de place, & la generation, la nutrition, & la perfection d'une chose ne se fait que de la corruption, du debris, & des ruines d'une autre.

CHAPITRE IX.

De l'Essence de la Matiere.

SI nous considerons les Choses selon les Loix ordinaires de la Nature, l'Etenduë des Corps semble n'estre qu'un Mode ou une maniere d'estre de la matiere, ou plutost n'estre autre chose que la matiere mesme, entant que ses parties se resistant l'une à l'autre, & s'opposant mutuellement à ce que l'une ne s'introduise pas dans la place de l'autre, chacune occupe son lieu particulier, & proportionné à sa grandeur, d'où il resulte un certain arrangement de ces parties, & cette diffusion qu'on appelle Etenduë de la matiere.

De là je conclus qu'on devroit bien plutost faire consister l'Essence de la matiere dans la Solidité ou Dureté, que dans l'Etenduë ; puisque nous concevons que deux parties ne demeurent etenduës sans se penetrer, & sans se confondre en un seul & mesme lieu, que parce qu'elles se resistent l'une à l'autre, & qu'elles ne se resistent que parce qu'elles sont solides, dures, & massives, & qu'ainsi la Solidité doit estre consideree comme ce qui est de Premier dans la matiere, & comme la Cause primitive, & l'Origine de l'Etenduë, de mesme que le Raisonnable est consideré comme ce qu'il y a de premier dans l'Homme, & comme la Cause ou la Source du Risible, & des autres proprietez de l'Homme.

D'ailleurs nous comprenons bien mieux ce que c'est que d'estre Corps, & l'opposition qu'il y a entre le Corps, & l'Espace par la Solidité qui convient uniquement au Corps, que par l'Etenduë precisement prise comme une simple longueur, largeur, & profondeur, qui convient au Corps, & à l'Espace. D'ou je conclus pareillement que la Solidité estant ce qui distingue la Matiere de l'Espace, & non pas l'Etenduë, la Solidité doit bien plutost estre censée constituer l'Essence de la Matiere, que l'Etenduë.

L'on nous dira peutestre que nous voyons tous les jours des choses materielles qui sont sans dureté, & sans resistance ? Mais nous ferons voir dans la suite qu'il n'y a aucun Corps, quelque mol qu'il paroisse, qui n'ait toujours quelque peu de dureté ; & que si nous jugeons que quelques Corps soient mols, cette mollesse ne vient pas de ce que leurs parties, ou principes materiels soient mols, mais de ce qu'entre leurs parties, qui sont tres solides & tres dures de leur nature, il y a de petis Vuides interceptez qui font que le Corps cede au toucher, & paroit mol.

Il y en a aussi qui objectent que nous pouvons considerer la Matiere comme Etenduë sans la considerer distinctement & expressement comme Solide.

Mais alors l'on considereroit la Matiere selon ce qu'elle a de commun avec l'Espace, & non pas comme Matiere, ou selon sa propre difference constitutive.

Au reste, nous dirons ailleurs en parlant de la Quantité, que tout cecy se doit entendre selon le cours ordinaire de la Nature, ainsi que nous l'avons deja insinué, & l'on verra que tout ce que nous disons icy ne prejudicie nullement à la verité des sacrez Mysteres, dans lesquels Dieu agit par des voyes telles qu'il luy plait, sans estre astraint aux Loix de la Nature dont il est l'Autheur, & le Maistre.

CHAPITRE X.

De l'Existence des Atomes.

CE seroit en quelque façon derober la gloire qui est deüe à un certain Moschus Phenicien qui vivoit du temps de la Guerre de Troye, à Leucippe, & enfin à Democrite, que de ne pas reconnoitre qu'ils ont soûtenu avant Epicure, que les Atomes ou Indivisibles estoient la premiere Matiere des choses.

L'on doit mesme avoüer que plusieurs Philosophes ont professé cette doctrine, quoyque sous d'autres noms. Car sans parler de Pytagore, & des Pytagoriciens, il n'y a, ce semble, pas lieu de douter qu'Empedocle qui veut que ses quatre Elemens soient composez de certains *Fragmens tres petis*, qu'il dit estre comme les Elemens des Elemens ; qu'Heraclide qui admet *une Raclure, & une poussiere tres subtile, & indivisible* ; & que Platon mesme qui divise les quatre Elemens en Parcelles qu'il veut estre *invisibles pour leur petitesse, & comprehensibles seulement par l'Entendement*; il n'y a, dis-je, pas lieu de douter que tous ces Philosophes ne nous ayent voulu faire comprendre les Atomes sous ces noms differens, aussi bien qu'Heraclide de Pont, Asclepiade, & un nommé Diodorus Cronus, dont les deux premiers tiennent qu'il y a *des Masses simples* ou sans composition, & le dernier *des Corps tres petis, & incapables d'estre divisez*.

La Doctrine des Atomes est donc tres ancienne, & a toujours eu soit devant, soit apres Epicure de tres illustres Defenseurs ; mais comme elle a aussi toujours eu des Adverſaires tres conſiderables, aſçavoir tous ceux qui tiennent le Continu diviſible à l'infiny ; c'eſt à nous qui la croyons la plus probable de propoſer les raiſons principales qui ſemblent l'établir, & reſoudre les difficultez qui la combattent : Mais il faut premierement remarquer deux choſes.

L'une que les Atomes ne ſont pas dits Atomes ou Indiviſibles, parcequ'eſtant tres petits ils n'ayent point de parties, ou ſoient denüez de toute grandeur, & ne ſoient par conſequent autre choſe que des Poincts Mathematiques ; car ils ont leur longueur, leur largeur, & leur profondeur ; mais ils ſont indiviſibles, parce qu'ils ſont tellement ſolides, & tellement durs, & impenetrables, qu'ils ne donnent point de lieu à la diviſion.

Auſſi definit-on l'Atome *Vne certaine Nature pleine ; & par conſequent ſolide.* Comme ſi tous les corps qui ſont diviſibles eſtoient tels, & ſujects à la diſſolution, acauſe du Vuide intercepté, qui deſaſociant les parties, donne entrée à quelque force etrangere qui les ſepare ; & que ceux qui ſont indiſſolubles, & indiviſibles fuſſent tels, parcequ'ils ſont pleins, & solides. C'est ainsi qu'en parlent Leucippe, Democrite, & Epicure, si nous-nous en rapportons au temoignage de Philoponus. *Les Atomes, disent-ils, sont veritablement invisibles pour leur extreme petitesse, mais ils sont indivisibles acause de leur solidité.* Et voicy de quelle maniere Lucrece s'en explique.

Hæc nec dissolvi plagis extrinsecùs icta
Possunt, nec porrò penitùs penetrata retexi,
Nec ratione queunt alia tentata labare.
Nam neque conlidi sine inani posse videtur
Quidquam, nec frangi, nec findi in bina
   secando;
Nec capere humorem, neque item manabile frigus,
Nec penetrare ignem quibus omnia conficiuntur.

L'autre chose qu'il faut remarquer est, que l'on ne doit pas nier les Atomes quoy qu'estant pris separement ils ne tombent pas sous les Sens, & que leur extreme petitesse les derobe à la veüe la plus subtile ; parce qu'encore que les Vents, les Odeurs, les corpuscules de froideur, ceux de chaleur & autres, ne se laissent point voir, l'on ne sçauroit neanmoins nier que ce ne soit de veritables corps, puis qu'ils peuvent frapper les Sens, & que rien ne peut ni toucher, ni estre touché que le corps.

Principio Venti vis verberat incita Pontum,
Ingentesque ruit naves, & nubila differt.
Interdum rapido percurrens turbine campos,
Arboribus sternit magnis —
Sunt igitur Venti nimirum corpora cœca.
Tum porrò varios rerum sentimus odores,
Nec tamen ad nares venientes cernimus unquam.
Nec calidos æstus tuimur, nec frigora quimus.
Usurpare oculis, nec voces cernere suemus;
Quæ tamen omnia corporeâ constare necesse'st
Naturâ, quoniam sensus impellere possunt,
Tangere enim & tangi, nisi corpus nulla potest res.
Corporibus cæcis igitur Natura gerit res.

Cecy supposé, la premiere Raison qu'on apporte pour prouver l'existence des Atomes ou Indivisibles se tire de cette constance admirable de la Nature, qui conduit toujours les Animaux jusques à un certain degré de vigueur, de grandeur, & de durée, & qui imprime toujours en chaque espece les mesmes marques; ce qu'elle ne feroit assurement point avec tant de regularité, si elle ne se servoit de Principes fermes, invariables, indissolubles, & incapables de changement.

La seconde est la mesme que celle d'Aristote, lors qu'il dit que la Nature ne produisant rien de rien, & ne reduisant aucune chose au neant, il doit y avoir une Matiere premiere ou préexistante, ingenerable, & incorruptible de laquelle toutes choses soient engendrées, & dans laquelle toutes choses se resolvent en dernier lieu : Car nous pretendons que cette premiere Matiere n'est ingenerable, & incorruptible, que parcequ'elle est, comme nous venons de dire en definissant l'Atome, absolument solide, pleine, & continüe, ou sans aucuns vuides par où elle ait sujet de craindre l'entrée d'une force estrangere, & la separation, ou dissolution de ses parties. Il y a seulement cette difference, qu'Aristote ne nous dit, ni ne nous explique point quelle est cette Matiere à laquelle aboutit la resolution; au lieu que nous la faisons terminer à de petits Corps dont nous expliquons la nature.

Pour ce qui est de la troisieme, j'ose presque dire qu'elle est Demonstrative, voicy la maniere dont on la propose. Il est constant qu'il y a des corps durs, & des corps mols dans la Nature; or si l'on suppose que les Principes soient durs & solides, il s'en pourra non seulement faire des choses dures, mais encore de molles; parceque ce qui se formera de ces principes pourra devenir mol par le meslange des petits Vuides: Mais si au contraire l'on suppose que les principes soient mols, sans resistance, & toujours divisibles, il s'en pourra veritablement faire des choses molles, mais jamais de dures; puisqu'alors il n'y aura dans les principes aucune dureté, laquelle seule neanmoins peut estre le fondement de la dureté des Composez.

Je sçais bien qu'on dit que ce qui fait de la peine dans nostre sentiment, c'est de concevoir qu'une chose etenduë soit indivisible. Mais je pretens que cette difficulté provient seulement de la prevention que nous avons, & de ce que nous confondons les corps simples avec les tas ou amas de plusieurs corps: Comme nos Sens sont trop grossiers pour atteindre à la petitesse d'un Atome, & que nos yeux n'ont jamais apperceu que des tas que nous avons toujours veu estre divisibles, nous ne faisons aucune difference, & il nous semble toujours que tout ce qui est etendu peut estre divisé; mais si nous penetrons plus avant, & si nous considerons les premiers Principes comme parfaitement solides, durs, & simples, nous concevrons facilement qu'il n'est pas possible que ces premiers principes soient jamais divisez ou separez.

Hæc quæ sunt rerum primordia nulla potest vis
Stringere, nam solido vincunt ea corpore demùm.

Il n'y a point de force, dit Lucrece, qui puisse faire ceder les premiers principes, ou les faire rentrer en eux-mesmes en les pressant, ni qui les puisse par consequent faire plier, les rompre, ou les percer; leur solidité les rendant invulnerables, & victorieux des coups, & des atteintes de tous les Agents corporels.

En effet, quel moyen qu'un corps, quelque dur & impenetrable qu'on le fasse, puisse s'introduire, & penetrer dans la solidité d'un autre corps pour le diviser? Ce second corps qui doit estre divisé, n'est-il pas de mesme nature que celuy qui doit diviser? N'est-il pas corps, & par consequent solide, dur, resistant & impenetrable comme luy?

Disons davantage, qu'il n'est pas mesme possible de concevoir qu'il puisse estre divisé, comme il n'est pas possible de concevoir qu'il puisse estre penetré; enforte que si Dieu separoit la partie Orientale d'un Atôme d'avec l'Occidentale (comme rien ne s'oppose à sa Toute-puissance) il le feroit par une voye qui seroit toute particuliere, qui seroit autant inconcevable à l'Esprit humain que la penetration, & qui seroit par consequent hors de la consideration du Physicien.

Mais il est à propos de faire icy une remarque qui ne sera pas de petite consequence. Les Autheurs des Atomes nous disent que ces premiers principes n'admettants aucuns vuides, ne peuvent par consequent jamais estre divisez, au lieu que les tas sont divisibles à raison des petits vuides dont ils sont parsemez; si bien qu'il semble que ces Autheurs ne reconnoissent point d'autre cause de ce qu'une masse est divisible, ou indivisible, que la presence, ou l'absence du Vuide; & c'est ce qui donne lieu de former une grande difficulté contre nous. Car on dit, que si plusieurs petits Cubes egaux, & tres polis estoient bien arrangez les uns sur les autres, ils feroient une masse au dedans de laquelle il n'y auroit aucuns vuides interceptez, & que neanmoins on la pourroit aisement diviser soit en la secoüant, soit en luy donnant quelque petit coup par le costé.

Pour resoudre cette difficulté, il n'y a qu'à prendre garde que lors que les Autheurs des Atomes s'expriment de la sorte, ils veulent seulement nous donner à entendre que les petits vuides qui sont repandus dans les tas ou amas, donnent entrée aux forces etrangeres, & ainsi facilitent la separation ou division de ces mesmes tas; mais ils pretendent d'ailleurs que la raison primitive de ce qu'un Atome est indivisible n'est pas tant l'absence du vuide, que la solidité, la dureté, & l'unité de corps ou la continuité, *Nam solido vincunt ea corpore demùm*; & qu'au contraire la raison primitive de ce qu'une masse est divisible n'est point tant la presence des petis vuides interceptez, que la pluralité de corps, ou l'amas, la discontinuité, s'il est permis de parler de la sorte, ou la simple contiguité de parties.

Ainsi nous repondons qu'encore qu'il n'y ait aucuns vuides dans cette masse qu'on suppose estre composée de plusieurs petis cubes, elle est neahmoins divisible en autant de parties qu'il y a de cubes; parce que ce n'est pas un tout continu, mais un amas de plusieurs touts qui ne sont entre-eux que contigus. Nous pourrions mesme repondre que cette masse, à proprement parler, n'est pas divisible, ou que cette espece de division en cubes n'est pas, à proprement parler, une division, mais une simple separation, ou un simple ecartement de parties qui n'estant entre-elles que contigues, sont deja separées. Car la division propre, ou celle dont il est icy question, se devroit faire par l'intromission d'un corps au dedans des cubes qui cedassent dans l'endroit mesme où se fait le contact.

Or il y a cette difference entre un Tout Continu, ou dont les parties sont continuës entre-elles, & un Amas dont les parties ne sont que contiguës, que le premier est un corps simple, uniforme, sans interruption, & que toutes ses parties (si on les peut appeller parties) sont contenuës sous une seule & unique superficie ou figure ; au lieu que le second n'est pas tant un Tout qu'un Amas de plusieurs Touts, ou de parties qui n'estant que contiguës entre-elles, sont non seulement distinctes, mais separées actuellement les unes des autres, & contenuës sous plusieurs superficies actuellement distinguées, & separées; chaque cube ayant la sienne propre, particuliere, & determinée outre la generale du Tout.

Democrite dit en trois mots, *Atomum ita esse ex conjunctis, ut nunquam fuerit ex disjunctis, unde non est mirum si nunquam possit abire in disjuncta ; Molecula verò ita est ex disjunctis, ut numquam fuerit ex conjunctis.* C'est à dire qu'un Atome, ou ce Tout qu'on appelle Vn, Simple, & Continu, est tellement de choses continuës qu'il n'a jamais esté de disjointes, & qu'ainsi ce n'est pas merveille s'il ne peut jamais estre separé ou dissous en choses disjointes ; au lieu qu'une Molecule, ou un

Amas, est tellement de choses disjointes qu'il n'a jamais esté de conjointes ou continües, & qu'ainsi ce n'est pas aussi merveille s'il ne peut jamais devenir continu; comme si le corps qui de sa premiere origine est tel, estoit tel de sa nature, & deust par consequent toujours demeurer tel.

Pour ce qui est de la derniere raison par laquelle l'on etablit l'existence des Atomes ou Indivisibles, elle regarde principalement la difficulté de la division à l'infiny, & voicy de quelle maniere les Autheurs des Atomes la proposent. *Du moment*, disent-ils, *qu'on est demeuré d'accord que dans quelque chose il y a des parties, ou infinies, ou autant qu'on veut; il n'y a plus de moyen de concevoir comment cette grandeur soit finie;* car soit qu'on suppose ces parties Aliquotes ou toutes egales à une certaine determinée, ou Proportionelles, c'est à dire toujours plus petites, & plus petites, il est evident que la grandeur qui en resulte doit estre infinie.

Cette derniere raison est d'un tel poids, pourveu que l'on se veuille donner la peine de la bien examiner, que l'opinion contraire paroîtra enfin tellement eloignée du bon Sens, & de la raison, que l'on s'etonnera qu'il y ait des Philosophes qui puissent soutenir un tel Paradoxe. Car, je vous prie, peut-il tomber dans la pensée d'un homme raisonnable, qu'une certaine grandeur bornée, & limitée de tous costez que nous tenons en nos mains, puisse contenir entre ses bornes que nous voyons, une infinité de parties, & qu'en mesme temps elle soit divisible en toutes ces parties ? Quoy, n'est-ce pas une contradiction evidente qu'un Tout soit finy, & borné de tous costez, & que cependant il contienne des parties infinies ? Comme si le Tout estoit autre chose que l'Amas mesme des parties, & comme si toutes les parties prises ensemble pouvoient estre plus grandes que le Tout !

Certes, quand mesme il y auroit des Argumens qui sembleroient prouver cette infinie divisibilité de parties, & qui donneroient de la peine à resoudre, ne devroit-on pas soupçonner que dans ces raisonnemens il y auroit quelque Sophisme caché, aussi bien que dans ceux par lesquels Zenon, cette divisibilité du continu à l'infiny estant supposée, entreprenoit de prouver qu'il n'y avoit point de mouvement ?

D'ailleurs, quel est l'Homme qui puisse comprendre que l'extremité du pied de ce petit Animal que l'on nomme un Ciron, soit tellement feconde en parties, qu'elle puisse estre divisée en mille millions de parties, dont chacune puisse ensuite estre divisée de mesme en autant de parties, & une de celle-cy en autant d'autres, sans qu'on puisse jamais parvenir aux plus petites ou dernieres, quoyque cette division se fasse consecutivement à tous les momens qui se peuvent distinguer dans des millions de millions d'années ?

De mesme, quel moyen y a-t'il de comprendre que tout le Monde ne soit pas divisible en plus de parties qu'un Ciron, puis qu'ayant divisé le Monde en autant de parties, & autant petites qu'on voudra, l'on en peut autant prendre dans le pied du Ciron ; le nombre en estant autant inepuisable, & ne pouvant jamais de mesme que le Monde estre terminé par aucune division ?

Nous sçavons qu'Archimede trouva par son calcul que si tout le Monde estoit divisé en parcelles si petites qu'un grain de pavot en contient dix mille, soixante & quatre Chiffres mis de suite de cette maniere 10000. &c. rendroient le nombre de ces parties : Et cependant l'on pourra demeurer d'accord que l'extremité du pied d'un Ciron puisse non seulement estre divisée en autant de parties à proportion, mais mesme en autant d'autres, & toujours en autant d'autres; en sorte que le nombre des parties soit si grand, que bien loin que soixante & quatre Chiffres le puissent rendre, des Chiffres innombrables n'y suffiroient pas?

Et nous-nous etonnerons apres cela si Arcesilas insultant aux Stoïciens, fit eclater de rire toute l'Ecole sur le sujet de cette Cuisse coupée, pourrie, & jettée dans la Mer, qu'ils pretendoient pouvoir estre separée en tant de parties, & pouvoir estre tellement meslée par toute la Mer, que non seulement l'Armée navale d'Antigonus navigeroit sur cette cuisse, mais que les douze cent Navires de Xerxes avec les trois cent Galeres des Grecs y pourroient mesme donner un Combat naval!

Et nous-nous etonnerons encore que Plutarque se mocque de Chrysippe, qui
pour

pour soûtenir cette division à l'infiny, estoit obligé d'admettre qu'une seule goutte de vin pouvoit estre meslée avec toute la Mer, & mesme se repandre par tout le Monde! Etonnons-nous plutost de la Consequence que l'on doit tirer de cette Doctrine, qui est que le pied d'un Ciron est aussi grand que tout l'Vnivers, & que quelque petit qu'il soit, il ne laisse pas d'estre infiny.

Aristote pour eluder la force de cet Argument, dit que ces parties n'estant pas actuellement infinies, elles le sont en puissance seulement, en sorte qu'elles ne sont pas un Infiny actuel, mais un infiny en puissance, lequel est actuellement finy. Mais il est visible que c'est une pure Echapatoire; car si vous appellez parties actuelles celles qui sont actuellement divisées, il est certain que le continu n'en a pas mesme deux, ni trois, puis qu'elles ne sont pas actuellement divisées; & si en supposant, ce qui est de constant, que la division ne fait pas les parties dans le continu, mais qu'elle les y suppose, vous dites seulement qu'il en a deux actuellement parce qu'il peut estre divisé en deux actuellement, il faut de necessité que vous demeuriez d'accord qu'il en a actuellement d'infinies, puisque selon vous il peut estre divisé en parties infinies.

Et ne dites pas que cette Division ne se fait, ou ne s'acheve jamais actuellement, & qu'on n'entend autre chose par là, sinon que jamais le continu n'est divisé en tant de parties qu'il ne puisse l'estre en un plus grand nombre; car de mesme que nous ne nions pas qu'il y ait deux parties dans le continu, quoy qu'il ne soit peutestre jamais divisé en ces deux parties; de mesme aussi il ne faut pas nier qu'il n'y en ait d'infinies, quoy qu'il ne doive jamais estre divisé en parties infinies.

D'ailleurs puisque par ces divisions, & sousdivisions l'on decouvre toujours un plus grand nombre de parties actuellement, je vous demande si vous croyez que celles qui se peuvent decouvrir sont en un certain nombre determiné, ou non? Si vous dites qu'elles sont dans un certain nombre determiné, elles n'auront pas de quoy suffire à la division à l'infiny; si vous dites que non, elles sont donc actuellement infinies.

En effet, comment seroit-il possible qu'un continu ne s'epuisast pas enfin s'il ne possedoit actuellement des parties infinies, ou qui le rendissent inepuisable par leur infinité ? Ioint que comme les parties qu'on en a tirées ont deu y estre actuellement pour pouvoir en estre tirées, ainsi celles qui en peuvent estre tirées à l'avenir y doivent estre actuellement, puis qu'autrement elles ne pourroient pas en estre tirées, or celles qu'on en peut tirer sont infinies, puisque l'on accorde qu'on en peut toujours tirer davantage sans qu'on puisse les epuiser, & sans qu'on puisse jamais parvenir à la fin ; celles qui y sont y sont donc actuellement, ou sont actuellement infinies.

Crisippe s'est avisé d'une autre defaite ; car apres que l'on eut objecté aux Stoïciens qu'il n'y auroit pas plus de parties dans le Monde que dans l'Homme, il repondit ; lors qu'on nous interroge sur le nombre des parties dont nous sommes formez, il faut faire le denombrement de quelques-unes des plus grandes, comme de la Teste, de la Poitrine, des Cuisses ; mais si l'on nous presse jusques aux dernieres, il faut dire que nous ne sommes point faits de certaines parties, ni de tant, ou de tant, ni definies, ni d'infinies, *Nos neque ex quibusdam, neque ex tot, vel tot, neque ex finitis, neque ex infinitis constare.*

Mais certes l'on ne sçait presque ce que tout cela veut dire, & Plutarque a bien eu raison de soûtenir que cela repugne à la notion commune, & qu'il en est de mesme que si quelqu'un disoit que le Raisonnement n'est fait ni de propositions vrayes, ni de propositions fausses, &c. d'où vient que la Reponse de M. Descartes estant semblable à celle de Crisippe, quand il dit que les parties dans lesquelles la Matiere, ou les parties de matiere peuvent estre divisées, ne sont ni finies, ni infinies, mais Indefinies; l'on peut luy repondre de mesme, Premierement que cela repugne à la notion commune; parceque par la Loy des Contradictoires un membre estant nié l'on doit affirmer l'autre, & cependant quoyque finy, & infiny, ou non-finy (car c'est la mesme chose) soient contradictoires; neanmoins apres avoir nié le premier membre, à sçavoir que les parties sont finies, l'on n'affirme pas aussitost le dernier, à sçavoir qu'elles soient infinies; au contraire, l'on nie de mesme qu'elles soient infinies.

Deplus, il est constant que de dire qu'elles sont Indefinies, ou ce qui est le mesme, que nous n'en sçaurions definir le nombre, ce n'est point repondre à la Question. Car il ne s'agit pas icy de sçavoir en quel nombre sont les parties d'un continu eu egard à nostre connoissance, ou à nostre ignorance ; mais la difficulté consiste à sçavoir comment elles sont en elles mesmes, & absolument, c'est à dire si elles sont finies, ou infinies ; veu qu'il faut de necessité qu'elles soient l'un ou l'autre, & que nostre connoissance, ou nostre ignorance n'empesche, ni ne fait qu'elles ne soient actuellement finies, ou infinies.

Il en est de mesme que si ayant demandé à quelqu'un, si les Ecus qui sont dans un certain coffre sont en nombre pair, ou impair, il nous repondoit qu'ils ne sont ni en nombre pair, ni en nombre impair, mais en nombre Indepair. Car certes de mesme que ce ne seroit qu'un jeu de paroles qui n'empescheroit pas que le nombre de ces Ecus ne fust pair, ou impair ; il semble aussi que ce soit se mocquer de nous quand on nous dit que les parties ne sont ni finies, ni infinies, mais Indefinies ; puis qu'il est certain qu'elles n'en sont pas moins finies, ou infinies, & que le mot d'Indefiny ne peut pas estre plutost un milieu entre deux Contradictoires, que celuy d'Indepair.

L'on objecte que dans quelque petite quantité que ce soit, la partie qui regarde l'Orient n'est pas celle qui regarde l'Occident, mais que ce sont deux parties effectivement, & reellement distinctes; l'on ajoûte qu'il en est de mesme de celle du milieu qui regarde le Zenith, & ainsi d'une infinité d'autres qui regardent differens poincts, & qui peuvent estre ou touchées, ou designées. Et de là l'on conclud ordinairement qu'il n'y a quantité, quelque petite qu'elle puisse estre, dans laquelle il n'y ait des parties distinctes à l'infiny, & qui ne soit par consequent divisible à l'infiny.

Nous repondons premierement qu'encore qu'on supposast par impossible que dans une quantité finie il y eust des parties distinctes à l'infiny, il ne s'ensuivroit pas pour cela que cette quantité fust divisible à l'infiny, ni pas mesme en deux parties seulement ; parcequ'elle pourroit estre comme un Atome, solide, dure, & continüe, & par consequent indivisible ; si bien que cet Argument dont on fait tant de bruit ne regarde aucunement la divisibilité.

De plus nous repondons qu'encore que cet Argument eust quelque difficulté, l'on ne sçauroit neanmoins douter que ce ne soit un Sophisme ; parcequ'il prouve qu'une quantité qui sera finie, en ce qu'elle aura des bornes visibles & manifestes, sera neanmoins infinie, en ce qu'elle contiendra des parties à l'infiny, ou, ce qui est le mesme, des parties infinies, ce qui est une conttradiction evidente.

De sorte qu'il en est de cet Argument comme de celuy par lequel Zenon pretendoit que de cette infinité, ou divisibilité de parties à l'infiny supposée, il s'ensuivoit que rien ne se mouvoit, comme nous avons deja indiqué, & mesme que le mouvement ne pouvoit pas commencer; parce qu'un mobile mis au commencement d'un espace finy ne sçauroit jamais le parcourir, ni mesme avancer dans cet espace. Car l'espace, disoit-il, estant divisé en deux moitiez, le mobile doit premierement parcourir la moitié la plus proche avant la plus eloignée ; & parceque cette moitié a derechef deux moitiez, pour cette raison il faudra derechef parcourir premierement la plus proche avant la plus eloignée; & comme il se rencontrera toujours de mesme des moitiez à l'infiny, jamais en divisant il ne se donnera une moitié qui puisse estre de telle maniere parcourüe qu'il n'y en ait auparavant une infinité à parcourir, quoy qu'un infiny, comme on dit vulgairement, ne puisse pas estre parcouru.

Or quoyque l'on n'ait jamais pû repondre clairement à cet Argument, pas mesme Aristote qui y a assez tasché, l'on ne l'a neanmoins jamais cru veritable, & sans qu'on se soit mis en peine d'aucune autre reponse, l'on s'est contenté de dire que c'estoit un Sophisme, & de se lever, & marcher, comme fit Diogene, pour le resoudre; parce qu'estant supposé vray, il en suivoit une chose evidemment fausse, asçavoir que rien ne se mouvoit. Ainsi quoyque l'on ne puisse pas clairement repondre à la difficulté, que la partie Orientale d'un Atome n'est pas l'Occidentale, & ainsi des autres, l'on ne doit pas pour cela ajouter foy a l'Argument, & il suffit pour estre persuadé que c'est un Sophisme, de voir qu'estant supposé vray, il en suivroit une contradiction manifeste, asçavoir qu'une chose seroit finie, & infinie.

D'ailleurs, s'il est de l'essence du Corps, quelque petit qu'il puisse estre, ou quelque petit que Dieu le pust faire, de n'estre pas un poinct Mathematique, mais d'avoir de l'etenduë, & par consequent des endroits (si l'on ne veut pas dire parties) dont l'un ne soit pas l'autre, & dont l'un regarde un certain poinct du Ciel que l'autre ne regarde pas ; il ne s'ensuit pas pour cela qu'il en doive avoir une infinité, puisque ce seroit luy donner une etenduë infinie; il ne s'ensuit pas aussi qu'il doive estre divisible, puisque ces endroits ou parties luy estant essentielles, ou estant son essence mesme, elles doivent estre inseparables ; joint qu'il pourroit estre absolument plein, sans aucuns vuides, tres-solide, & par consequent d'une dureté invincible.

L'on fait encore quelques autres Objections. La I. que si toutes choses estoient composées d'Indivisibles, il s'ensuivroit qu'une ligne de poincts impairs en nombre, par exemple, de cinq, ou de sept, ne pourroit pas estre divisée en deux parties egales; ce qui est contraire à la Geometrie qui demontre que cela se peut à l'egard de quelque ligne que ce soit. La II. Que la Diagonale d'un quarré seroit commensurable en longueur avec ses costez; en ce qu'un poinct seroit la mesure commune de l'une & l'autre ligne. La III. Que de deux Cercles concentriques, l'exterieur ne seroit pas plus grand que l'interieur, parceque toutes les lignes tirées de tous les poincts du grand cercle au centre, devroient passer par autant de poincts distincts du petit cercle. La quatrieme Objection est proposée par cette Figure, par laquelle on pretend demontrer qu'en toute quantité il y a des parties infinies, & qu'ainsi il n'y a point de corps pour petit qu'il puisse estre, qu'il ne soit divisible à l'infiny.

Considerez, dit-on, deux lignes paralleles & infinies AB, CD, & distantes d'un pouce l'une de l'autre, & concevez que du poinct A il part des lignes droites qui aboutissent aux poincts GHD. Cela estant il est evident que la ligne AG passera par le poinct I de la ligne EF, que la ligne AH passera par le poinct L qui est plus haut, & que la ligne AD passera par le poinct M qui est encore un peu plus haut, & ainsi de suite, & d'autant que la ligne CD est infinie, & qu'on y peut prendre un nombre infiny de poincts semblables à G, H, D, il s'ensuit que les lignes qu'on menera du poinct A à tous ces poincts, marqueront dans la ligne EF qui n'est que d'un pouce, un nombre infiny de poincts diferens les uns des autres, & qui approcheront de plus en plus de l'extremité E sans que de toutes ces lignes il y en puisse jamais avoir une qui passe par le poinct E, acause que la ligne CD est supposée parallele à AB. Il faut donc avoüer qu'on peut assigner un nombre infiny de poincts dans quelque portion determinée de matiere que ce soit, & par consequent que toute Matiere est divisible à l'infiny.

Pour resoudre ces difficultez, & plusieurs autres de la sorte qu'on a coutume de faire, il n'y a, ce me semble, qu'à considerer que les Geometres ayant fait abstraction, ou consideré la quantité sans matiere, ils se sont fait un champ libre, & ouvert, & degagé de la grossiereté, & tenacité de la matiere ; c'est pourquoy leur quantité ainsi abstraite estant etablie, ils ont supposé en premier lieu des dimensions de telle nature, que le poinct estant absolument sans parties, formoit en coulant la ligne, c'est à dire une longueur sans largeur, la ligne la superficie, ou une largeur sans profondeur, & enfin la superficie le corps (non pas Physique, mais Mathematique) qui a de la profondeur. Mais parce qu'il sembloit suivre de là que la ligne estoit composée de poincts, la superficie de lignes, & le corps de superficies, d'où suivroient ces inconveniens qu'on a objectez ; pour cette raison ils n'ont receu cette supposition de la generation des dimensions que comme estant seulement necessaire pour concevoir leur existence : Et parce qu'ayant fait abstraction de la matiere, ils estoient encore libres d'imaginer tout ce qu'ils voudroient ; ils ont supposé en second lieu qu'il n'y avoit pas pour cela aucune

PRINCIPES. 157

dimension qui fust composée d'Indivisibles ou poincts, mais que chacune estoit formée de parties plus petites & plus petites de sa mesme espece ; c'est à dire que le corps estoit composé de corps, la superficie de superficies, & la ligne de lignes, & partant que chacune estoit divisible en parties toujours divisibles, ou ce qui est le mesme, divisible à l'infiny.

Telles sont les Suppositions par le moyen desquelles les Mathematiciens, se tenant dans les bornes, ou pour ainsi parler, dans l'Empire de la pure, & abstraite Geometrie, font toutes ces excellentes, & surprenātes Demonstratiós. C'est pourquoy ils se donnent sur tout bien de garde, pour conserver ce champ libre dans lequel ils trouvent tant de choses si admirables & si agreables, d'y mesler la matiere ; d'où vient que Platon reprit Eudoxe, Architas, Menechœus, & les autres qui rapportoient les Speculations de la Geometrie aux choses sensibles, *parce que cela, disoit-il, corrompoit la bonté de la Geometrie.*

En un mot ce sont les Mathematiciens qui dans leur Empire d'Abstraction supposent des Indivisibles sans parties, & sans longueur, largeur, ni profondeur, & une multitude, & division de parties qui ne parvient jamais à la fin; ce sont, dis-je, les Mathematiciens, & non pas les Physiciens, ausquels il n'est pas permis de sortir des bornes de la Matiere, ni de faire de ces abstractions; car nous ne nous occupons que sur les choses sensibles, & qui sont effectivement en nature, & lorsque nous sommes obligez d'en venir aux dernieres parties, parce que la Nature s'arreste enfin à quelque chose dans la resolution des corps, & ne va pas à l'infiny; nous considerons ces parties comme autant de poincts Physiques, c'est à dire comme de petis corps qui ont leurs dimensions & leur etenduë, & qui ont leurs parties quoy qu'inseparables.

Partant il est evident que nous ne devons pas nous arrester à resoudre toutes ces Objections, puis qu'elles ne regardent que les Geometres, qui pour faire leurs Demonstrations & leurs Figures, considerent les Indivisibles comme des poincts Mathematiques, & que la difficulté consistant icy à sçavoir si dans toute quantité il y a des parties infinies, ou à l'infiny Physiques, réelles, & effectives, & si toute quantité est effe-

&ctivement, & Physiquement divisible à l'infiny, ces Demonstrations cependant ne prouvent autre chose, sinon qu'il y a des parties infinies Mathematiques semblables à leurs poincts & lignes qui ne sont point en nature ; & que toute quantité est divisible à l'infiny Mathematiquement, & mentalement, ou par une espece de designation confuse, ce qui ne conclud rien pour la divisibilité réelle, & Physique.

Ce n'est pas que nous n'avoüions qu'il est permis de transporter à l'usage, & dans la Physique ces suppositions des Geometres, pourveu neanmoins qu'on avoüe aussi qu'il n'y a en effect aucune semblable divisibilité de dimensions, ou infinité de parties, & que ce ne soit qu'en veüe de parvenir par cette divisibilité & infinité supposeé à une plus grande justesse.

Ainsi Archimede supposa le diametre d'un grain de Pavot composé de dix mille parties ; non que l'industrie humaine pûst dans une si petite masse distinguer tant de parties ; mais afin que transportant son Raisonnement sur une plus grande Masse dont il supposast ce grain de Pavot estre une partie, il pûst estimer la grandeur de cette Masse avec une plus grande justesse ; car dans une pareille supposition le plus ou le moins d'une, ou de quelques-unes de semblables parties, ne peut pas causer une grande erreur.

Et pour montrer qu'il faut toujours avoir ces egards, & que hors de cela il n'est pas toujours permis de transporter en Physique tout ce que les Geometres demontrent en faisant des Abstractions ; il ne faut que considerer que les Geometres mesmes, lors qu'ils traittent ces parties de Mathematique qui ont quelque liaison avec la Physique, sont le plus souvent contraints de demander des suppositions entierement opposées. Car Euclide entre autres demande qu'on luy accorde dans l'Optique le dernier, ou le plus petit Angle ; & Vitellio pareillement demande la plus petite de toutes les Lumieres ; qui ne seroit plus lumiere du moment qu'on la concevroit divisée ; d'où il est visible que les Mathematiciens qui supposent dans l'Optique que la division se fait jusques à la plus petite, ou derniere partie, veulent qu'en Geometrie l'on suppose qu'elle y a jusques à l'infiny.

Mais pour dire enfin quelque chose de vray sur la divisibilité d'une ligne ordinaire. Lorsque le Geometre demontre la maniere de couper une ligne en deux comme une chose bien aisée, croyez-vous que ce Probleme soit autant facile à executer qu'il est facile à demontrer? Representez-vous premierement (ce que nous ferons voir dans la suite) qu'il n'y a aucune superficie qui soit parfaitement polie, ni aucune ligne par consequent si unie, & si egale, qui ne soit toute raboteuse par une infinité de petites montagnes, & de petites vallées. Representez-vous encore qu'il n'y a Trenchant si fin, & si subtil, qu'il n'ait toujours quelque lageur, & qui ne soit comme une Scie tres inegale, acausé des innombrables petites fosses que les petites dents de la Lime, ou de la Meule y ont faites & laissées en l'aiguissant, comme nous dirons aussi apres. Representez-vous de mesme qu'il n'y a Burin si subtil avec lequel on puisse tirer une ligne sans largeur, & qu'il n'y a Compas si pointu qui estant appliqué sur cette ligne, n'en touche, au lieu d'un poinct indivisible, une partie qui dans son circuit en comprend, pour ainsi dire, une infinité d'autres. Representez-vous enfin que le pied d'un Ciron est composé & tissu de plusieurs millions de petites parties ou Atomes, comme nous ferons voir plus au long.

Or apres toutes ces considerations ne doit-on pas juger qu'il est comme impossible de couper ou diviser une ligne en deux parties qui soient exactement, & parfaitement egales ? Il est certain que cette partie qui fait le milieu, quelque petite, & imperceptible qu'elle puisse estre, est composée de tant de millions de parties, que quand on se tromperoit d'un million tout entier, l'on ne s'en appercevroit pas ; d'où il est aisé de voir qu'on ne coupe jamais une ligne en deux qu'il ne reste toujours un nombre innombrable de parties d'un costé plus que de l'autre, encore que les Sens ne le puissent pas appercevoir. Et ainsi il ne faut pas craindre que si un Ciseau tombe sur un Atome, il le coupe en deux ; puis qu'au regard de la subtilité ou petitesse d'un Atome, le Trenchant le plus subtil est toujours tellement grossier qu'il ne sçauroit qu'il ne tombe, non pas sur un seul Atome, mais sur plusieurs, ensorte que ce qu'il peut, faire, n'est pas d'en couper un, mais d'en remüer, & ecarter plusieurs de part & d'autre.

CHAPITRE. XI.
De la Petitesse des Atomes.

L'Espace, & l'Atome obligent à former deux Idées bien differentes ; le premier pour sa grandeur que la raison nous force à croire Immense & Infinie; l'autre pour sa Petitesse qui est telle que si nous prenons bien garde à cette admirable subtilité, & delicatesse de la Nature dans ses ouvrages, nous serons aussi forcez de la croire comme infinie, estant comme infiniment au dessous de toute la portée de nos Sens : Nous avons consideré celle-là en discourant de la nature de l'Espace, & nous reconnoitrons celle-cy en faisant par nostre Imagination l'Anatomie d'un Ciron.

Ce fut par le moyen des Microscopes que nostre Autheur reconnut que ce petit Animal, que nos yeux n'apperçoivent que comme un poinct indivisible, a non seulement dans le devant un petit Museau avec une espece de petite

Trompe pour percer la peau, & succer le sang, mais qu'il a aussi dans le derriere un petit trou par où il le vit rejetter en marchant au Soleil quelques excremens qui luy parurét estre de la couleur, & de la grandeur d'une Puce quand on la regarde sans Lunettes. Il decouvrit encore, outre plusieurs & differentes Inégalitez qui sont sur sa peau, qu'il a dans le devant deux petites cornes rameuses, & qu'il a six pieds qui sont à peu prés disposez comme ceux des Ecrevisses, deux en devant, & quatre sur le derriere avec des Cuisses & des Iambes, mais les Cuisses plus courtes, plus rouges, & un peu plus grosses, & les Iambes plus longues, plus blanches, & comme des poils tres subtils. Cela estant, considerons non seulement combien de parties sont necessaires pour la contexture de la peau, mais encore quelle innombrable quantité de parties doivent estre renfermées sous cette peau; car il faut qu'il y en ait de destinées pour sa nourriture, & pour ses autres fonctions; il faut de necessité qu'il ait un Estomac, & des Boyaux, un Foye, un Cœur, un Cerveau, ou du moins quelque chose qui ait du rapport avec ces parties; il faut mesme qu'il ait des Veines, des Arteres, & des Nerfs pour porter la nourriture, & les esprits par tout le corps; il doit aussi avoir des Muscles avec leurs Fibres, & leurs Tendons, & des parties plus solides comme sont les Os avec leurs Articulations propres & convenables : Il faut, en un mot, qu'il ait un nombre innombrable d'autres choses sans lesquelles on ne sçauroit comprendre qu'un Animal puisse se nourrir, sentir, se mouvoir. Mais passons plus avant, & considerons de combien de petites parties chacune de ces parties doit estre composée, à quelle petitesse cela se reduit, & sur tout de quelle extreme petitesse doivent estre les esprits qui meuvent, qui vivifient, & qui animent ce petit Corps, ces petis Nerfs, ces petites parties. Considerons enfin combien subtile, & industrieuse est la main de la Nature, qui pour former un Animal si petit, a distingué, separé, choisy, & assemblé en ordre, & sans confusion une si innombrable multitude de parties.

Si l'on vouloit s'arrester davantage sur cette pensée, il ne faudroit que prendre garde qu'un petit grain de poussiere tres subtile nous paroit par le moyen des Microscopes plus gros qu'un Pois, & avec de petites facettes tres distinctes, & de petis Angles qu'on n'auroit jamais soupçonné pouvoir estre contenus dans une si petite etenduë ; en sorte que le Diametre de ce petit corps veu avec le Microscope, estant à peu prés cent fois plus grand que le Diametre du mesme corps veu sans Microscope, l'on peut dire qu'il est au moins composé d'un million de parties : Ie dis au moins, car imaginez-vous un Microscope plus parfait que tous ceux que nous avons eu jusques à present, & que la veüe la plus subtile est toujours au dessous de l'industrie de la Nature, & vous reconnoîtrez que cela s'en va presque à l'Infiny.

Il en est de mesme de la quantité d'Eau qui se trouve teinte d'un petit morceau de couleur rouge ; combien de Pages en peut-on colorer, & combien y a t'il de poincts dans chaque Page qu'on peut designer avec la pointe d'une aiguille ?

De quelle petitesse doit aussi estre ce qui se separe d'un Tison verd pendant un demi-quart d'heure ? la fumée qui s'en fait seroit capable, si on la pouvoit conserver, de remplir non seulement plusieurs Chambres, mais plusieurs Maisons entieres.

La petitesse de ce qui se dissipe d'huile dans un quart d'heure qu'une Lampe est allumée n'est-elle pas aussi quelque chose d'etonnant ? Car il n'y a moment qu'il ne se fasse de nouvelle & de nouvelle flamme, en sorte que si on pouvoit aussi la conserver, elle rempliroit non seulement des Maisons, mais des Villes entieres.

L'on pourroit ainsi faire plusieurs autres reflections de la sorte ; mais cecy peut suffire pour nous faire conclure qu'il faut que ces dernieres, & indivisibles parties soient, pour ainsi dire, d'une petitesse infinie, & infiniment au dessous de nos Sens, nous accoûtumant cependant peu à peu à reconnoître que nos Sens sont extremement grossiers & obtus, & à ne nous pas etonner de l'industrie, & de la subtilité admirable de la Nature ; car assurement les choses qui paroissent tres petites à nos yeux sont tres grandes à son egard, & l'on peut dire que là où nostre industrie, & nostre subtilité finit, c'est là que la sienne commence ; puisque la raison nous oblige à croire, ce qui semble neanmoins tout à fait Paradoxe, que la plus petite de toutes les choses qui tombent sous nos Sens, comme pourroit estre un de ces petis corps que le rayon du Soleil qui passe par une Fenestre dans une Chambre nous fait appercevoir, doit estre composée de plusieurs millions d'Atomes.

Ce n'est pas neanmoins qu'on doive imaginer les Atomes comme des poincts Mathematiques qu'on appelle Indivisibles acause qu'ils sont censez n'avoir ni parties, ni grandeur ; mais comme des poincts Physiques, c'est à dire comme de tres petits corps qui ont leur grandeur, laquelle est la source & l'origine de la grandeur de tout ce qu'il y a de corps sensibles dans l'Univers; la grandeur de chaque corps sensible, quelque grand qu'il soit, n'estant en effet qu'un amas de plusieurs grandeurs, c'est à dire des grandeurs particulieres de tous ces petits corps dont il est composé.

Et il ne faut pas inferer que ces corps, parce qu'ils ont des parties, soient pour cela divisibles ; puisqu'ils sont tres-solides, comme nous avons dit plus haut,

&

& ces parties n'estant distinguées ou disjointes que par la designation qu'on fait l'Entendement, elles ne sont pas tant en effet plusieurs parties, qu'une seule, unique, & tres-simple Entité, pour parler de la sorte.

D'où vient qu'il y a cette difference entre les parties d'un corps sensible, & celles d'un de ces premiers corps ou premiers principes, que celles-là ayant autrefois esté disjointes & separées, elles ont pû devenir unies & conjointes, & qu'ayant esté unies & conjointes, elles peuvent par la mesme raison devenir disjointes & separées; au lieu qu'il en est tout le contraire des parties de l'Atome qui n'ayant jamais esté fait de parties disjointes, ne peut par consequent pas estre dissous en parties disjointes, comme nous avons insinué conformement au sentiment de Democrite.

Au reste, nous verrons ensuite qu'encore que tous les Atomes soient generalement d'une prodigieuse petitesse, il est neanmoins à croire qu'il y en a de plus petits les uns que les autres; parceque cette varieté de grandeurs supposée, l'on explique aisément plusieurs effects de la Nature dont il seroit autrement difficile de rendre raison.

CHAPITRE XII.

De la Figure des Atomes.

A l'egard de la Figure qui est le Terme, & le Mode, ou la façon d'estre de la grandeur, remarquez que rien n'empesche de croire que les Atomes, pour petits qu'ils soient, ne puissent estre diversement figurez entre-eux; puisque s'ils retiennent quelque grandeur, l'on y peut concevoir des Figures Plates, Spheriques, Angulaires, Regulieres, & Irregulieres.

Et ne dites point qu'on les doive tous imaginer Spheriques, de mesme qu'on imagine ordinairement tous les petis grains d'une poussiere tres subtile comme autant de petis poincts ronds; car si l'on regarde ces petis grains avec des Microscopes, l'on decouvre incontinent que bien loin d'estre ronds, & polis, ils sont de figures angulaires, &

tres differentes entre-elles, les uns representant des Pyramides, les autres des Pentahedres, ou des Cubes, des Trapezes, des Heptahedres, ou des Octahedres; en un mot, l'on remarque un si grand nombre de figures differentes, qu'il y a sujet de s'en etonner.

Il en est de mesme du Ciron dont nous venons de faire la description; car qui n'auroit cru à le voir sans Microscope, qu'il eust esté de figure ronde, & tres polie? Cependant on ne sçauroit plus douter qu'il ne soit tres inegal; & il y a mesme sujet de croire que comme dans les grands Animaux tous les Individus de chaque Espece sont differents non seulement à l'egard de la peau ou de la superficie, mais encore à l'egard des parties interieures, puisque nous ne voyons jamais deux hommes avoir les mesmes lineamens, soit du visage, soit de la main, soit des autres parties du corps; il y a, dis-je, sujet de croire qu'il en est le mesme des Animaux les plus petis, ensorte qu'il y a aussi difference de Ciron à Ciron, non seulement quant à la peau, mais encore à l'egard de la moindre de ses parties.

C'estoit là la pensée des Stoïciens, &

de Lucrece, ceux là soûtenant qu'il n'y eut jamais deux poils semblables, & celuy-cy, qu'il y avoit une certaine difference speciale non seulement entre les choses de differente espece, mais aussi entre les individus d'une mesme espece, d'où vient cette connoissance que les Meres ont de leurs petits, & les petis de leurs Mères, entre les fueilles d'un mesme Arbre, entre les Coquilles, & autres choses semblables, & entre les grains d'une mesme Plante, quelques petis qu'ils puissent estre; desorte que s'il se trouve des choses où cette diversité semble ne se rencontrer pas il est à croire que cela vient de leur extreme petitesse, & de la grossiereté de nos Sens.

Or ces Philosophes qui connoissoient par la raison ce dont les Microscospes ne nous permettent plus de douter, nous vouloient enseigner que de cette grande diversité qui se rencontre dans la contexture de toutes les choses naturelles, & de la moindre de leurs parties, l'on doit inferer qu'entre les Atomes ou premiers Principes dont ces choses sont composées, il y en a non seulement de figures differentes, mais de plus que les differentes especes de figures doivent estre comme innombrables, pour pouvoir suffire à cette prodigieuse diversité de contextures des Composez.

Je ne vous diray point la raison pour laquelle Lucrece demontre la necessité de ce nombre incomprehensible d'Especes differentes de figures des Atomes, parce que nous la pourrons rapporter plus commodement cy apres; & cette raison est prise de ce que supposant cette diverse figuration d'Atomes, l'on peut expliquer certains effects singuliers de la Nature, comme, par exemple, pourquoy certains corps passent plus aisement que les autres au travers des corps denses, & pourquoy certains objects frappent nos Sens tantost avec plaisir, & tantost avec douleur; je toucheray seulement deux choses qu'avance ce mesme Autheur assez obscurement.

La premiere, *que bien que le nombre des Especes de Figures differentes d'Atomes soit incomprehensible, elles ne peuvent neanmoins pas estre infinies;* c'est à dire que ces Especes de Figures differentes sont veritablement en si grand nombre que l'Entendement ne sçauroit parvenir à le comprendre, ni à les distinguer; veu qu'il y en a de Rondes, d'Oblongues, d'Enfoncées, de Plates, de Bossuës, de Crochuës, de Pointuës, de Polies, Raboteuses, Rameuses, Veluës, Tetrahedriques, Pentahedriques, Hexahedriques, &c. tant regulieres, qu'irregulieres, sans qu'il soit possible à l'Esprit de les determiner, si principalement on veut mesler les formes d'irregularité; mais que cette diversité n'est toutefois pas pour cela absolument infinie.

La raison qu'il apporte de cecy assez obscurement, comme j'ay dit, est que les Atomes estant d'une grandeur limitée, il est, dit-il, impossible que sur cette grandeur il se fasse des figurations infinies; car chaque figuration demande une position particuliere de parties, & cependant les parties d'une grandeur finie peuvent estre transposées, & composées, ou jointes & arrangées en tant de manieres, qu'il ne reste plus aucune maniere de position possible.

La seconde chose qu'avance Lucrece est, *que les Atomes sous chaque figure sont simplement Infinis en nombre*; c'est à dire qu'il y en a une infinité de Ronds, une infinité de figure Ovale, une infinité de Pyramidaux, & ainsi des autres. Mais comme il n'apporte aucune preuve convaincante de cette infinité, & qu'il est certain d'ailleurs que la masse de ce Monde qui comprend tous ces Atomes est finie, il suffit à un Physicien qui veut defendre les Atomes, d'admettre qu'ils sont figurez, & que non seulement le nombre des figures, mais de plus que le nombre des Atomes contenus sous chaque figure est incomprehensible.

Si on luy objecte, que si les Atomes estoient figurez, ils seroient sujets à estre rompus ; il luy sera facile de repondre, que les Atomes estant de petits corps pleins & solides, & que leurs Crochets, & Angles estant de mesme nature qu'eux ou egalement solides, & adherants au corps de l'Atome par une continuité parfaite, ou qui n'est interrompüe par aucun vuide, les Crochets, & les Angles doivent autant resister aux coups ou aux impressions etrangeres, que le milieu mesme de l'Atome, & de la mesme façon que si l'Atome estoit toutrond.

Et c'est à raison de cette solidité, plenitude, & continuité parfaite que nous avons dit plus haut,

Hæc quæ sunt rerum primordia, nulla potest vis
Stringere, nam solido vincunt ea corpore demùm,

Qu'il n'y a force qui puisse resserrer un Atome, le faire ceder, ou faire rentrer ses parties les vnes dans les autres, ni qui puisse par consequent plier ou rompre ses Anses, ses Pointes, & ses Crochets; leur solidité les rendant victorieux de toutes les atteintes etrangeres. Mais finissons par une Experience qui est autant facile à faire qu'elle a de force pour prouver l'innombrable diuersité des figures dans les Atomes.

Si vous laissez evaporer au Soleil de l'eau salée, & de l'eau alumineuse, chacune à part, tout le Sel restera formé en figures cubiques, & l'Alun en octahedriques, or comme le mesme se peut dire à proportion du Sucre, & des autres Sels, & qu'il semble qu'on peut etendre la conjecture à toutes les autres choses, & principalement à celles qui conservent toujours inviolablement leur configuration naturelle; l'on ne doit point douter que le nombre des figures differentes des Atomes ne soit incomprehensible.

Remarquez cependant que les Cubes qui seront formez du Sel, seront d'autant plus ou moins grands qu'il y aura plus ou moins d'eau, & qu'elle aura plus ou moins de profondeur ; en sorte que si d'un grand chaudron vous en tirez des Cubes egaux à des Dez ordinaires, ceux qui se formeront dans un petit verre n'auront qu'une ligne de grandeur, & ceux d'une eau superficielle, comme si vous laissez couler une petite goutte d'eau sur du verre, seront presque insensibles, & ne se pourront distinguer qu'avec le Microscope.

Remarquez aussi, ce qui paroit admirable, qu'entre ces Cubes on voit que les plus grands sont faits d'autres cubes plus petits, & ces derniers d'autres encore plus petits, ou bien de triangles Isocelles, quatre desquels forment une surface cubique ; d'où l'on doit certes comprendre que ces petits cubes insensibles dont j'ay parlé, sont encore formez d'autres cubes, & ces derniers encore d'autres, jusques à ce qu'on en vienne, sinon à la petitesse des Atomes, au moins à celle des petites masses séminales qui constituent la nature du Sel, & qui vray-semblablement doivent

H 5

estre ou quarrées, ou de triangles Isocelles.

CHAPITRE XIII.

Du Mouvement des Atomes.

JE ne m'arresteray pas à dire qu'Epicure supposant que la surface de la Terre fust toute plate, s'imaginoit que les Atomes dans l'Immensité de l'Espace, où il ne reconnoissoit ni Centre, ni Circonference, ni Haut, ni Bas, tomboient perpendiculairement eu egard à cette surface ; & que taschant de prevenir les difficultez qu'on luy pouvoit justement faire sur la possibilité du concours, il s'avisa de dire que chaque Atome se detournoit tant soit peu, ou le moins du monde (c'est ce que Lucrece appelle *Clinamen Principiorum*) & qu'ainsi les Atomes se pouvoient rencontrer, se joindre, & s'attacher, ou s'accrocher les uns aux autres pour faire les masses de l'Univers.

Je diray seulement que Democrite, qui ne reconnoissoit point d'autre Mouvement que le Local qu'il a defini *Le*

Passage d'un lieu à un autre, a cru que les Atomes estoient doüez d'une certaine faculté, force, vigueur, ou Energie interieure par laquelle ils se pouvoient d'eux-mesmes exciter, & mouvoir ; ou si vous aimez mieux, qu'ils estoient doüez d'une certaine propension, & inclination naturelle, & inamissible au mouvement qu'il a appellée Pesanteur ; de sorte qu'il soûtenoit que les Atomes par cette Energie interieure estoient excitez, & meûs d'une telle maniere dans cet Espace infiny, que leur mouvement ne cessoit jamais, comme leur estant naturel ; qu'ils ne changeoient jamais de route s'ils ne rencontroient ou d'autres Atomes, ou des masses qui les detournassent vers un autre endroit, & qu'estant detournez, & obligez de rebondir ou reflechir çà ou là, ils continuoient perpetuellement dans cette autre nouvelle route, jusqu'à ce qu'ils se rencontrast derechef quelque autre obstacle qui les fit detourner ; si bien qu'il concluoit que les Atomes n'estoient jamais en repos, & qu'ils se mouvoient presentement de la mesme maniere qu'ils avoient jamais fait & feroient.

— *Nam cita supernè*

Obvia cum flixere fit ut diversa repente
Dissiliant; neque enim mirum, durissima
  que sint,
Nilque sit imum in summa ubi corpora
  prima
Consistant; quoniam Spatium sine fine,
  modóque;
Quapropter quo nunc in motu principio-
  rum
Corpora sunt, in eadem anteacta ætate
  fuere,
Et posthac simili ratione ferentur.

Ce qui l'obligeoit à accorder un mouvement continuel aux Atomes, c'est ce changement perpetuel qui s'observe dans les choses, & qui ne peut provenir que du depart continuel des Atomes dont elles sont formées, & de l'abord continuel de ceux qui leur viennent des autres corps circonvoisins d'où ils se detachent. Et à l'egard de la difficulté qu'on luy faisoit sur ces compositions solides au dedans desquelles toutes choses semblent estre en tres grand repos, il soûtenoit que dans ces mesmes compositions il y a des mouvemens interieurs, qui bien qu'ils ne paroissent point au Sens, peuvent estre neanmoins prouvez, de ce qu'il n'y a aucun corps,

PRINCIPES.

quelque compacte qu'il puisse estre, qui sans considerer les causes externes, n'ait en luy mesme le principe de sa ruine, & de sa dissolution ; ce qui ne pouvoit pareillement provenir que de ce que tous les corps sont tissus, & formez de Principes qui ne demeurent jamais en repos, mais qui sont comme dans un perpetuel effort pour sortir (les petis espaces vuides dont les corps les plus solides sont parsemez, favorisant cette agitation) si bien que ne cessant jamais de se tourner, & retourner, & de chercher, pour ainsi dire, leur liberté, ils l'emportent enfin, dissolvent le corps, & le reduisent comme à rien.

Nam certè non inter se stipata cohæret
Materies ; quoniam minui rem quamque
  videmus,
Et quasi longinquo fluere omnia cernimus
  ævo,
Ex oculisque vetustatem subducere nostris ;
Cùm tamen incolumis videatur Summa
  manere,
Propterea, quia quæ decedunt corpora quoi-
  que,
Vnde abeunt, minuunt ; quò venere, aug-
  mine donant ;
Illa senescere, at hæc contrà florescere co-
  gunt ;

Nec remorantur ibi. Sic rerum Summa novatur
Semper, & inter se mortales mutua vivunt.
Augescunt aliæ gentes, aliæ minuuntur,
Inque brevi spatio mutantur Sæcla animantum,
Et quasi cursores vitaï lampada tradunt.

Pour nous representer comme par une espece de ressemblance cette agitation perpetuelle qui exerce, pour ainsi dire, les Atomes dans le Vuide hors des compositions, il a comparé les Atomes à ces Fragmens ou petis corps qu'on apperçoit dans un rayon de Soleil qui passe par une fenestre; car on les voit dans un trouble, & dans une agitation continuelle, se mouvoir deça, delà, haut, & bas, de tous costez, s'entre-choquer, changer de route, & se reflechir de cent façons differentes: Ce Philosophe par le moyen d'une tres petite chose elevoit son Esprit à une tres grande, & pretendoit que ce trouble, & ces mouvemens divers que nous appercevons dans ces petis tas, nous devoient estre des signes des mouvemens obscurs & clandestins des premiers Principes, & nous faire conjecturer qu'ils sont la source & l'origine de tous les mouvemens que nous voyons dans les corps sensibles, comme nous dirons ensuite en parlant des causes, & du mouvement des choses composées.

S'il avoit eu la connoissance que nous a donné la Chimie, il se seroit bien plutost servi de l'Exemple de l'esprit de Salpetre, ou de celuy qui se tire du Mercure, de l'Estain, & du Sublimé preparez; car ces petis corps ou esprits ne sont jamais en repos, & quand ils sont enfermez dans des vaisseaux de Verre bien bouchez, on les voit dans un trouble continuel, & se mouvoir perpetuellement haut, & bas, sans cesse, & sans repos.

At tales turbæ, motus quoque materiaï
Significant clandestinos, cœcosque subesse,
Scilicet à Principiis est omnibus error.

Pour ce qui est de la Vitesse des Atomes, *il faut*, disoit-il, *prendre & considerer le mouvement de l'Atome dans l'Espace vuide, dans lequel il ne se rencontre rien qui le fasse rebondir, ni qui le detourne, & s'imaginer qu'il est tellement rapide qu'il parcourt quelque espace imaginable que ce soit dans une brieveté de temps inimaginable.* Remarquez qu'il dit *dans un Espace vuide*; parceque lorsque l'Espace n'est pas libre, la frequente reflection paroit comme une espece de retardement; quoyque la longueur de quelque petit espace vuide qui se rencontre entre les reflections, soit toujours parcouruë d'une egale vitesse.

Or il attribuë cette grande vitesse aux Atomes par plusieurs considerations, & principalement afin de pouvoir rendre raison de cette rapidité incroyable avec laquelle les Images ou Especes visibles, & la lumiere du Soleil, & des Etoiles parcourent des Espaces si prodigieusement grands dans un temps imperceptible. Ie dis dans un temps imperceptible, car quoyque le mouvement de la lumiere soit successif, comme nous demontrerons ensuite, il est neanmoins d'une telle rapidité que pour une distance de trois mille lieües, telle qu'est à peu prés la grandeur du Diametre de la Terre, la lumiere n'a pas besoin d'une Seconde de temps.

Il montre ensuite que les Atomes doivent tous estre d'une egale vitesse; parceque si on les considere, dit-il, comme estant libres dans l'Immensité de l'Espace vuide, & hors de toute composition, il est constant que le Vuide cedant egalement à tous, & les laissant tous passer avec une egale liberté, ils doivent se mouvoir egalement viste: Que si on les considere comme estant pris, joints, & embarassez les uns avec les autres au dedans des Composez, ils se meuvent encore tous alors d'une egale vitesse; parce qu'encore que les petis espaces du Vuide soient d'une petitesse extreme, les Atomes exercent neanmoins toujours cette mesme vitesse, ou impetuosité naturelle, & inamissible qu'ils ont pour le mouvement le plus rapide de tous les mouvemens, selon la petitesse, ou la grandeur de chaque petit Vuide.

—Neque enim mirum durissima quæ sint,
Nilque fit imum in summa ubi corpora prima
Consistant, quoniam Spatium sine fine modoque ft
Immensum ——

Comme s'il nous vouloit donner à entendre que dans les Compositions mesmes les Atomes se meuvent continuellement d'une rapidité inconcevable à cause des petis espaces vuides qui bien qu'insensibles, ne laissent pas d'y estre,

& de favoriser leur mouvement, en sorte que leurs allées, & venües se font veritablement entre des termes, & des bornes tres etroites, mais que cela n'empesche pas que selon la condition & l'etendüe du petit espace, ils ne soient toujours & tres vistes, & egalement vistes, tout de mesme que si les allées & venües se faisoient entre des bornes & des limites tres eloignées les unes des autres. Car bien qu'ils soient emportez avec toute une masse, toutefois ce mouvement particulier de la masse ne retarde point leurs allées & venües par sa lenteur, ni ne les haste point par sa vitesse; si bien que s'il arrive que le mouvement de la masse se fasse dans un moment de temps insensible, il se fait en ce mesme temps des allées & venües innombrables.

Voicy un exemple qui quoyque grossier, peut en quelque façon faire concevoir la chose. Considerez du Plomb fondu, ou quelque autre Metail de la sorte; encore qu'en apparence il n'y ait rien de plus en repos, & de plus immobile, pensez-vous qu'il ne se fasse pas au dedans de ce plomb des mouvemens, ou des allées & venües d'une vitesse incomprehensible en des espaces tres etroits, & tres serrez ? Pour moy voicy de la façon que je concois que cela se fait.

Lorsque par un feu continué les corpuscules de feu ont penetré au travers du Creuzet, & de là jusques dans le plomb, & qu'ils se sont insinuez dans ses pores, comme il ne leur est pas permis alors de retourner sur leurs pas, à cause qu'ils sont continuellement pressez, & poussez par ceux qui se suivent immediatement les uns apres les autres; cela fait qu'ils sont contraints d'avancer plus avant, & que s'insinuant de tous costez, ils desassocient jusques aux moindres petites parcelles de plomb, & empeschent par leur motion continüe qu'elles ne se reprennent l'une l'autre; ce qui fait que le plomb de compacte devient fluide, demeurant dans cette fluidité tant que le feu demeure dans sa vigueur, & fournit des petis corps qui estant substituez dans la place de ceux qui s'echappent, & s'exhalent, continuent la motion, & ne permettent pas qu'elle cesse.

Cela estant, comme il semble qu'on le peut expliquer avec quelque vraysemblance; de quelle rapidité pensez-vous que les petis corps de feu vont, & viennent entre deux petites parcelles de plomb les plus proches l'une de l'autre qui puissent estre, & de quelle vitesse ils doivent estre agitez pour les pouvoir tenir desassociées, & empescher qu'elles ne s'affaissent, & ne se reprenent?

D'ailleurs, n'y ayant aucune petite partie de plomb qui ne soit fortement battüe, choquée & rechoquée de tous costez par les petis corps de feu; de quelle maniere, je vous prie, doivent-elles toutes estre tourmentées, & agitées, & en quelle etrange agitation faut-il que soit toute cette bruslante masse? Et cependant, comme j'ay dit, il n'y a rien en apparence de plus tranquille. Ainsi, peutestre que cet exemple pourra servir à nous faire connoitre qu'il n'est pas tout à fait improbable, que bien que les corps composez paroissent tranquilles & sans mouvement, les Atomes puissent toutefois conserver au dedans d'eux des agitations ou des allées & venües tres rapides, & tres frequentes.

Il suffit, disent quelques-uns, de leur attribüer une force, ou une certaine Energie interieure par laquelle ils se remettent d'eux mesmes en mouvement, sans qu'il soit besoin de leur donner ce mouvement perpetuel si difficile à imaginer dans ces compositions solides telles que sont les Cailloux, l'Or, les Diamans, & autres semblables. Mais je demanderois volontiers ce que c'est que cette Energie, ou, comme ils disent, cet effort continuel des Atomes dans les Compositions ? Est-ce un mouvement, ou un repos ? Car je pretends qu'il n'y a point de milieu entre estre en mouvement, ou estre en repos ; si c'est un veritable mouvement, nous voila d'accord ; si c'est un repos, je demande comment ils pourront donc ensuite se remettre en mouvement ; puis qu'il faut demeurer d'accord que tout corps semble estre de soy indifferent au repos, où au mouvement, & qu'estant une fois en repos, il doit demeurer eternellement dans cet estat là jusques à ce qu'il survienne quelque mobile qui l'en tire, & qui le mette en mouvement.

D'autres disent que la doctrine des Atomes ne demande pas absolument qu'on soutienne qu'ils soient tous generalement dans un mouvement continuel & inamissible ; mais qu'il suffit de dire que ceux qui sont ronds, tres polis, & tres subtils, par exemple, se meuvent continuellement, & que ceux-cy meuvent tous les autres, asçavoir ceux dont les figures sont angulaires, & moins propres au mouvement. Il est vray que ce n'est pas une necessité absoluë que tous les Atomes soient dans une agitation continuelle, puis qu'il dependoit de Dieu d'imprimer le mouvement aux uns, & de laisser les autres en repos; & que d'ailleurs l'on peut dire afin de sauver toujours la mesme quantité de mouvement dans le Monde, qu'autant qu'un corps perd de son mouvement, autant en communique-t'il au corps qu'il rencontre.

Cependant il y a sujet de croire qu'ils sont tous dans une agitation continuelle, non seulement parce qu'ils sont tous de mesme nature, tous durs, & solides tous propres à se faire reflechir les uns les autres quand ils se rencontrent, & qu'ils se meuvent dans un espace qui n'a aucune resistance, aucun Centre, aucun endroit où ils puissent s'arrester; mais aussi parce qu'il pourroit arriver que ceux qui sont les plus propres au mouvement, & principalement destinez à agir, deviendroient lents, & paresseux en rencontrant ceux qui seroient en repos, & leur communiquant de leur mouvement, & qu'au contraire ceux qui seroient ineptes au mouvement pourroient enfin devenir tres actifs, ce qui feroit une merveilleuse confusion dans les differentes generations.

Joint que si les corpuscules dont la Poudre, par exemple, est composée, n'estoient en mouvement, il seroit tres difficile d'expliquer comment un petit nombre de corpuscules de feu dont une etincelle est formée, pûssent en un moment communiquer leur mouvement, c'est à dire un mouvement aussi rapide que le leur, à une infinité de corpuscules qui font un gros tas de poudre, comme il arrive tous les jours dans les Mines : Et il en est de mesme à proportion d'un amas de paille, de bois, de cire, de graisse, de soufre, de caillous mesme, & & de pierres à fusil, & de cent autres choses inflammables de la sorte dont les parties semblent estre fort en repos.

Mais cecy doit suffire touchant le mouvement des Atomes, si ce n'est qu'il faut ajoûter en un mot ce que ceux qui les veulent soûtenir en doivent prendre, ou rejetter. Il semble donc I. qu'il faut non seulement rejetter cette Pesanteur ou chûte perpendiculaire des Atomes, mais encore ce pretendu *Clinamen* ou petit detour que Ciceron refute avec tant de raison comme une chose feinte & controuvée. II. qu'il est permis de defendre qu'ils sont dans un certain continuel ou perpetuel, & inamissible mouvement, & que se rencontrant diversement, ils peuvent ou se prendre les uns les autres, & s'embarasser mutuellement, ou se detourner les uns des autres, & se repousser vers le haut, vers le bas, obliquement, de tous costez. III. que ce mouvement leur vient de la main toute-puissante de Dieu qui le leur a imprimé dans le moment de leur creation pour durer depuis le commencement du Monde jusques à la fin. Car cela suffit pour expliquer les Causes, & les Effets naturels; sans qu'il soit besoin d'avoir recours à un mouvement qui soit Essentiel aux Atomes.

Je dis Essentiel, car, comme nous avons deja dit, la Raison ne nous dicte-t'elle pas que le Mouvement, & le Repos sont des modes, ou façons d'estre des Corps, que tout corps de soy est indifferent au mouve mouvement, ou au repos, & qu'ainsi le mouvement ne peut point estre essentiel à un corps, ou, ce qui est le mesme, qu'un corps n'est point de soy, & de sa nature, ou essentiellement dans le mouvement ? Aussi faut-il remarquer que lorsque nous disons ensuite en plusieurs endroits que les Atomes se meuvent d'eux-mesmes, & qu'ils sont naturellement dans le mouvement, & dans un effort, ou une agitation continuelle & inamissible, nous n'entendons autre chose sinon qu'ils se meuvent par une vertu interieure que le premier Moteur, & souverain Autheur de la Nature leur a imprimée pour estre, comme nous avons dit, la source, & l'origine de tous les mouvemens que nous voyons dans les corps sensibles.

CHAPITRE XIV.
De la necessité des petits vuides entre les Corps.

APres avoir parlé de l'Espace en general, nous sommes obligez de traitter cette celebre Question, qui consi-

I

ste à sçavoir si l'Espace qui est occupé par le Monde est entierement plein, en sorte qu'il n'y ait aucune partie, si petite qu'elle puisse estre, qui soit vuide. Et l'on n'est presque pas en peine s'il y a quelques espaces vuides d'une grandeur sensible, comme pourroit estre celle qu'occupe une Noisette, ou si vous voulez mesme un grain de Millet; car bien que nous esperions faire voir qu'il s'en peut faire de sensibles en faisant quelque violence aux corps fluides, neanmoins, parceque cela est contre nature, c'est à dire contre la constitution naturelle des corps fluides, l'on demande simplement & precisement icy s'il y en a d'insensibles, ou qui soient extremement petits, & repandus entre les parties des corps les plus subtils, & mesme de ceux qui sont fluides comme l'Air, & l'Eau.

Heron tasche de nous faire comprendre la chose par l'exemple d'un monceau de Sable, mais celuy d'un tas de Bled la rendra un peu plus sensible. Car de mesme qu'ayant enfoncé la main dans un tas de bled, l'espace sensible qu'elle y occupe ne peut demeurer vuide quand on l'en retire, parce qu'il est en mesme temps occupé par les petits grains fluides & coulans qui se portent comme d'eux-mesmes à le remplir : De mesme aussi, lors qu'un corps entre dans l'Air, ou dans l'Eau, cet espace sensible qu'il y occupe ne peut pas demeurer vuide du moment que le corps avance, ou en est retiré, acause de la fluidité des parties de l'Air, ou de l'Eau qui se portent aussi-tost dans cet espace, & le remplissent : Mais on est en peine de sçavoir, si de mesme qu'entre les grains de bled il y a plusieurs petits espaces vuides de grain, ainsi entre les parties de l'Air, ou de l'Eau il y a aussi de certains petits espaces vuides d'air, & d'eau, & de quelque autre matiere que ce soit.

La premiere & principale raison qu'on apporte pour montrer qu'entre tous les corps il y a de ces sortes de petits espaces vuides se tire du Mouvement, & Empiricus nous la propose en ces termes generaux, *S'il y a*, dit-il, *du mouvement, il y a du vuide ; or il y a du mouvement, donc il y a du vuide* : Voicy aussi comme Lucrece la propose. S'il n'y avoit aucun vuide, les choses ne pourroient aucunement estre meües ; parceque toutes les fois qu'une chose seroit sur le poinct, ou voudroit commencer de se mouvoir, il se rencontreroit toujours des corps qui resisteroient de sorte qu'aucune chose ne commencant de ceder, rien ne pourroit aucunement avancer, ou commencer d'avancer.

Quod si non esset (supple Inane) *nulla ratione moveri*

Res possent ; namque officium quod corporis exstat

Officere, atque obstare, id in omni tempore adesset

Omnibus. Haud igitur quicquam procedere posset ;

Principium quoniam cedendi nulla daret res.

Pour bien entendre cecy, representez-vous que tout cet Univers, s'il n'y a aucun vuide repandu entre ses parties, est une grande, & vaste Masse très serrée, & qui n'est pas capable de recevoir le moindre petit corps ; parceque n'y ayant rien qui ne soit plein, il ne reste aucun lieu à remplir, ce qui fait qu'aucun corps n'y sçauroit estre admis, à moins qu'on accorde qu'il soit mis dans un lieu où il y en a deja un autre placé, & qu'ainsi un mesme lieu soit capable de contenir deux corps qui se penetrent, ce qu'on ne dira pas estre possible par les forces de la Nature: Prenez, dis-je, cette Idée de l'Univers, & vous connoitrez sans doute par là qu'il est impossible qu'aucun de ces corps qui sont rangez & disposez dans cette Masse, se meuve du lieu où il est pour aller occuper celuy d'un autre.

Et certes comme le corps A, par exemple, trouvera le lieu où il pretend aller plein & occupé, il faudra de necessité qu'il en chasse le corps B qui l'occupe ; mais où est-ce que pourra ceder & se retirer le corps B si tout est plein? En chassera-t'il encore luy-mesme un autre ? Mais la mesme difficulté reviendra, & sera continuée à l'Infiny. C'est pourquoy si le corps B ne peut pas ceder sa place, il n'y aura aucun commencement de mouvement, & ainsi rien ne se mouvra ; si bien que chaque chose sera d'une telle maniere resserrée, & enchassée entre les autres, qu'elle n'aura pas plus de pouvoir de sortir de son lieu, qu'en ont ces petites Coquilles qui naissent dans le milieu des Cailloux, ou ces Fourmis qui se rencontrent quelquefois prises dans le milieu d'un morceau d'Ambre.

Et il est inutile de dire qu'il y a dans le Monde des corps rares & fluides qui peuvent bien plus facilement ceder que les cailloux ; car si ces corps ne sont rendus rares, & vuides par le meslange des petits vuides, & qu'au contraire ils soient contigus entre-eux de tous costez, ou selon tous les endroits de leurs superficies, ils feront une espece de corps continu qui sera tel qu'il n'y aura aucune difference de le faire ou de caillou, ou d'air ; veu que l'air sera autant compacte & serré, & occupera avec autant de parties un pareil lieu que le caillou, n'y ayant aucune partie du lieu qu'il n'y ait de l'air, comme il n'y en a aucune qu'il n'y ait du caillou.

Cependant la réponse la plus ordinaire se tire des corps fluides, de l'Air, de l'Eau, & autres semblables ; car l'on dit qu'encore que tout soit plein, & qu'il n'y ait aucuns Vuides repandus dans l'Eau, un Poisson, par exemple, peut avancer ; parce qu'en mesme temps, & à mesure qu'il avance, il laisse de la place par derriere, où l'eau coule & se retire par une espece de mouvement circulaire. C'est l'Objection que se fait Lucrece.

Cedere squammigeris latices nitentibus aiunt,
Et liquidas aperire vias, quod post loca pisces
Linquãt, quò possint cedētes confluere undæ:

Mais il a certes bien raison d'ajoûter que tout cela est fondé sur une fausse supposition.

Nam quò squammigeri poterunt procedere tandem
Ni spatium dederint latices? Concedere porrò
Quò poterunt undæ, cùm pisces ire nequibunt?

Car où, & comment les Poissons pourront-ils avancer, si les eaux ne cedent & ne font place? Et où les Eaux pourront-elles ceder & se retirer, si les Poissons ne pourront commencer d'aller? Car il s'agit icy du commencement du mouvement; or comment le poisson pourra-t-il commencer de se mouvoir au milieu d'une masse infinie, qui est egalement resistante de toutes parts, & dans laquelle il n'y a pas le moindre petit pore, pas le moindre petit vuide qui cede, & qui en cedant laisse commencer le mouvement.

Aut igitur motu privandum est corpora quæque,

Aut esse admistum dicendum in rebus Inane,

Vnde Initium primum capiat res quæque movendi.

Ou il faut donc priver tous les corps de mouvement, ou il faut dire qu'entre les choses il y a des vuides repandus, qui en cedant donnent moyen aux mobiles de commencer de se mouvoir.

Pour expliquer cecy un peu plus amplement, supposez qu'un corps soit sur le poinct de se mouvoir dans l'air; ne faut-il pas que pour pousser l'air contigu il avance tant soit peu vers luy, quand ce ne seroit que de l'epaisseur d'un cheveu, ou de la centieme, ou millieme partie de celle d'une toile d'Aragnée? Mais cet espace, quelque petit qu'il soit, est occupé, & partant il ne peut s'y placer si auparavant il n'en a chassé l'Air. Or où pourra-t'il, je vous prie, chasser cet air? Par les costez, direz-vous, au lieu qui est en derriere; mais souvenez-vous qu'il n'y a point encore de lieu derriere, puis qu'il n'a point encore avancé; & partant puisqu'il ne peut aucunement avancer, pas mesme de l'epaisseur d'un poil, parce qu'il n'y a point de lieu où il puisse pousser ou faire avancer l'air qui l'occupe, il ne pourra par consequent point aussi pousser l'Air anterieur; mais il demeurera toujours comme attaché dans le mesme lieu par une necessité invincible, &, ce qui est digne d'estre remarqué, sans pouvoir mesme faire le moindre effort, n'y ayant aucun effort sans mouvement.

Mais si vous concevez qu'il y ait dans l'Air (& le mesme se dira de l'Eau) de petis vuides interceptez, semblables par proportion à ceux qui sont entre les grains de bled, par le moyen desquels les grains estant pressez ou secoüez rentrent en dedans, & se reduisent à un moindre espace, vous conceûrez pareillement que le corps peut presser par sa superficie les corpuscules d'Air contigus, lesquels estant receus dans les petis espaces voisins touchent d'autres corpuscules, qui estant encore eux-mesmes poussez, soient pareillement receus dans les petis espaces voisins anterieurs, & ainsi de suite, jusques à ce que s'estant fait de la compression, & qu'ayant esté laissé du lieu en derriere, les parties laterales de l'Air comprimées par les anterieures, qui rebondissent comme un

Reſſort, s'y repandent;enſorte qu'autant qu'il eſt pouſſé & reſerré d'Air en avant, autant il en paſſe par les coſtez en arriere.

Pour ajoûter ce mot ſur ce pretendu mouvement circulaire dans le Plein, il eſt conſtant qu'un Mobile ne peut ſe mouvoir, ni avancer aucunement qu'il ne pouſſe le premier corps qui luy eſt contigu; or comme ce corps eſt pouſſé par le mobile en droite ligne, je demande pourquoy le mouvement n'eſt pas continué en droite ligne, ou pourquoy il ſe fait circulaire? Parceque, direz-vous, le premier corps deplacant le ſecond, le ſecond le troiſieme, le troiſieme le quatrieme, & ainſi de ſuite ſur la meſme ligne, il faudroit que le deplacement des corps allaſt à l'infiny, ce qui eſt impoſſible, & ridicule. Je ſcay bien certes, que cela eſt impoſſible & ridicule, & c'eſt pour cela meſme que nous ne nous engageons pas à ſoutenir une choſe d'ou il devroit ſuivre un tel inconvenient; mais cette reponſe ne reſout pas la queſtion; elle ne nous fait point voir pourquoy A pouſſant en droite ligne, il doive s'enſuivre un mouvement circulaire, ou pourquoy estant impossible que ce mouvement droit soit continué, il doive gauchir, & se faire en cercle ; cela nous fait bien plûtost voir qu'y ayant de tous costez une resistance infinie à surmonter, le corps demeureroit là arresté sans se pouvoir le moins du monde mouvoir, ou remüer.

Et certes les parties d'une masse ne sont determinées à se mouvoir en cercle, comme il arrive dans un cercle de fer qu'on apporte ordinairement pour exemple, que parce qu'estant jointes, serrées, & liées ensemble, elles font un veritable cercle, & effectivement detaché des corps qui l'environnent, ce qui ne se trouve point au milieu de l'Air, ni au milieu de l'Eau, ou vous ne direz pas qu'il y ait de ces sortes de Cercles taillez & detachez du reste de la masse, comme seroient des cercles de fer, ou de bois.

Ioint qu'il seroit impossible que dans cette infinité de Cercles qui se feroient de tous costez il ne s'en trouvast quelques-uns qui s'entrecoupassent, en sorte qu'une mesme partie fust commune à deux ou à plusieurs Cercles, ce qui non seulement embaraßeroit, mais qui pourroit empescher entierement le mouvement.

Ce que l'on objecte d'ordinaire est, que dans le Systeme vulgaire du Monde l'on entend tres bien qu'un Ciel peut tourner au dedans d'un autre, quoyque la superficie convexe de l'un soit parfaitement contigue avec la concave de l'autre, & qu'ainsi il n'y ait point de Vuide entre-deux, ou que tout soit plein. Mais premierement il faudroit que ces deux superficies fussent parfaitement polies, ce qui n'est point en Nature; car il n'y a point de corps sensible, quelque poli qu'il puisse estre, qui ne soit extremement raboteux, & inegal. D'ailleurs il ne s'agit pas icy du mouvement circulaire d'un Cercle, ou d'une Sphere qui soit detachée du reste de la masse, & dont les parties, comme j'ay deja dit, soient liées, & adherentes les unes aux autres; il s'agit icy d'un mouvement progressif, & du mouvement d'un mobile qui ne soit point partie d'un Cercle, d'un Homme, par exemple, d'un Oyseau, d'un Poisson; il s'agit, dis-je, de faire mouvoir un corps mobile de la sorte au milieu d'une masse solide, & infiniment etenduë de toutes parts, telle que seroit celle de l'Vnivers si tout estoit plein, ce que je pretends estre impossible, & inconcevable.

La seconde Raison se tire de la Rarefaction, & de la Condensation, & semble resoudre la chose encore plus clairement. Prenez une Eolipile dont la capacité soit en partie remplie d'Eau, & en partie d'Air ; si vous croyez qu'il ne se puisse faire au dedans de cette capacité aucuns espaces vuides par la Rarefaction, dites-moy, je vous prie, comment il est possible que lorsque l'on met l'Eolipile dans le feu, & que l'eau en s'échauffant, & se rarefiant en vapeur sort avec impetuosité par le petit orifice, cette mesme capacité demeure toujours pleine ? Car si avant que l'Eolipile fust echaufée, le nombre des parties de l'Air, & de l'Eau egaloit celuy des parties de la capacité, je vous demande encore, si quand il sort un si grand nombre de parties d'Eau, & d'Air, chacune de celles qui demeure ne doit pas occuper en mesme temps plusieurs parties de la capacité, & ainsi estre en plusieurs lieux ? Que si cela n'est pas, il y avoit donc auparavant plusieurs parties dans un mesme lieu ?

Partant, il est plus vray-semblable, que de mesme qu'un petit amas de poussiere qui est excité par le Vent se rarefie en forme de nuée, & occupe beaucoup plus de place, parce qu'entre les grains de poussiere il y a de plus grands espaces d'Air interceptez ; ainsi les parties d'Air, & d'Eau qui demeurent dans l'Eolipile occupent tout cet espace, parce qu'elles ont entre-elles de plus grands espaces vuides interceptez ; ce qui se fait par l'action des petis corps de feu qui estant entrez, vont & viennent avec une tres grande rapidité entre les costez de l'Eolipile, & ne laissent pas reposer les parties d'Air un seul moment, mais plutost les contraignent de telle maniere d'estre ça & là, que l'espace par cette rapidité de mouvement semble estre toujours tout occupé. Et c'est ce que le bout d'un Tison ardent qu'on tourne en cercle avec une grande vitesse nous fait voir sensiblement; en ce qu'il nous paroit toujours remplir tout le cercle, quoy qu'il ne soit neanmoins jamais que dans un certain endroit particulier du cercle.

J'apporte exprés l'exemple de cette Rarefaction, afin qu'il n'y ait pas lieu de dire comme on fait d'ordinaire à l'egard de celle qui se fait en mettant sur le feu un chaudron plein d'Eau, ou d'Air seulement, à sçavoir que l'Air exterieur s'infinue au dedans pour occuper le lieu des parties qui s'envolent; car on ne sçauroit raisonnablement feindre la mesme chose dans l'Eolipile; puisque son orifice est extremement etroit, & que l'Air qui est dedans en sort avec une tres grande rapidité. Et d'ailleurs s'il est besoin que l'Air de dehors entre afin que celuy qui est dans le chaudron se rarefie, je ne voy pas l'avantage qu'on en pust tirer, ou comment il pourroit devenir plus rare; & il y a bien plus d'apparence qu'il demeureroit toujours egalement dense par la compensation continuelle qui se feroit de celuy qui y entreroit à mesure que l'autre en sortiroit.

Pour ce qui est de la Condensation, imaginez-vous une Arquebuze à vent, dont la partie du canon qui contient l'Air qui doit estre resserré soit de la longueur de deux doigts. S'il n'y a aucuns petis espaces vuides entre-meslez & repandus dans cet Air, il est constant que la masse de l'Air est aussi grande que la capacité du canon qui le contient ; & de plus, qu'il n'y a aucune partie de lieu, quelque petite qu'elle soit, dans laquelle il n'y ait une partie d'Air qui luy soit egale & proportionnée, & partant il faut de necessité que le nombre des parties de l'air soit egal au nombre des parties du lieu : Demeurons donc d'accord qu'il y ait dans ce canon mille parties d'Air ; & faisons en sorte de presser cet Air de maniere qu'il soit reduit à l'espace d'un doigt. Dites-moy, je vous prie, comment se comporteront alors les mille parties d'Air dans cet espace, puis qu'il n'y a plus que cinq cent parties de lieu ? N'y en a-t'il point deux dans chaque lieu, & ainsi deux corps ne sont-ils point dans un mesme lieu ? Et si vous dites qu'il n'y en a pas maintenant deux dans le mesme lieu, ne serez-vous pas contraint de dire qu'il y en avoit donc auparavant une en deux lieux ? Car si presentement il n'y a pas plus de parties qu'il en faut pour remplir cet espace qui est reduit à un doigt, comment se pouvoit-il faire auparavant que ce mesme nombre de parties pust remplir le double de cet espace ?

Le mesme se pourroit dire d'un vaisseau d'Airain plein d'eau qu'on auroit enfoncé çà & là à coups de marteau; mais il suffit de toucher cecy legerement, & de donner à entendre en mesme temps, que de mesme que les grains de bled qu'on a negligemment versez dans un Boisseau qui en est rempli, peuvent, le Boisseau estant remué, & secoüé, estre reduits dans un moindre espace, & par consequent faire une masse bien plus serrée qu'elle n'estoit avant ce secoüement, ce qui fait que ces grains s'estant mieux arrangez, & ajustez entre-eux par leurs pointes, & leurs costez, ils n'ont plus de si grands espaces interceptez : De mesme aussi les petis corps d'Air qui sont dans le canon peuvent estre reduits par la compression à un espace plus etroit, leurs petis angles, & leurs petis costez s'ajustant mieux entre-eux, & remplissant plus exactement les petis vuides interceptez. Mais finissons par cette belle Experience.

Ie sçavois depuis long temps, dit nostre Autheur, que l'Eau ne pouvant pas dissoudre quelque quantité de Sel que l'on y voudroit mettre, elle n'en pouvoit dissoudre, & ne s'en pouvoit charger & remplir que jusques à une certaine mesure; de sorte qu'estant comme rassasiée, tout ce qui estoit au dessus de cette mesure demeuroit indissous, sans qu'il se fist davantage de dissolution. Cette Experience m'ayant surpris, & en ayant recherché la cause, il me vint en pensée que cette quantité de Sel ayant esté separée en de tres petites parties, il n'y avoit pas lieu de douter qu'il n'y eust dans l'Eau de petis espaces vuides semblables, & capables de contenir ces petites parties ainsi separées, lesquels vuides estant remplis, la dissolution, & la conception cessoit comme dans un vaisseau qui ne scauroit admettre plus de liqueur que celle qu'il est capable de contenir.

Deplus, puisque les petis corps de Sel commun, disois-je, sont de figure cubique, ils pourront veritablement remplir les espaces qui sont de mesme figure; mais puis qu'outre le Sel commun, l'Eau peut encore dissoudre de l'Alun, du Nitre, du sel Ammoniac, du Sucre, & autres qui sont tous de differentes figures, il y aura donc encore dans l'Eau, concluois-je, des espaces de toutes ces figures differentes, en sorte que bien que l'Eau soit rassasiée de Sel commun, elle pourra pareillement dissoudre & concevoir en soy tous les autres Sels.

En effet ma conjecture reüssit ; car ayant jetté un morceau d'Alun dans de l'Eau qui depuis quelques jours estoit rassasiée de Sel commun, il fut dissous de la mesme façon qu'il l'eust esté s'il n'y eust point eu de Sel commun, & non seulement l'Alun fut dissous, mais encore quelques autres Sels que j'y jettay ; & par là je compris qu'il doit y avoir dans l'Eau un grand nombre de petis espaces quoy qu'insensibles de differentes figures : Ie compris mesme encore que l'Eau estant rassasiée des Teintures de Rubarbe, & de Sené qu'on tire ou exprime d'ordinaire par infusion, elle ne demeuroit pas tellement rassasiée de l'une de ces teintures, qu'elle ne fust encore capable d'en recevoir d'autres.

L'on pourroit ajoûter à cecy d'autres Experiences, & particulierement celle de la Lumiere, qui estant corporelle, ne passe au travers de l'Eau, du verre mesme, & des autres corps que l'on appelle transparens, que parce qu'elle renconcontre dans ces corps de petis espaces, ou plutost de petis pores, & passages vuides; car si une partie des rayons passe au travers, & l'autre partie est reflechie, c'est parce que les rayons estant de petis corps, les uns tombent dans ces petis vuides ou pores & passages, & les autres sur les petis corps de la contexture qui les empeschent de passer outre, & les font rejaillir : Mais nous examinerons cecy plus particulierement en parlant de la Lumiere.

L'on pourroit encore ajoûter que toute la pesanteur, & la legereté ; je veux dire que le plus grand ou le moindre poids des choses ne vient que de ce qu'entre leurs parties il y a moins, ou plus de vuides repandus; mais nous renvoyerons pareillement cecy à son lieu.

Enfin nous pourrions icy rapporter quelques Experiences & quelques raisons par lesquelles l'on pretend prouver que la Nature abhorre le Vuide, ou que c'est par la crainte du Vuide qu'elle fait toutes ces choses qui se disent d'ordinaire, mais il n'y a autre chose à repondre, sinon que s'il est vray que la Nature ait quelque horreur, ce ne peut

PRINCIPES. 213

estre pour ces petis vuides semez & interceptez dont il est icy question, puis qu'au contraire elle en est toute parsemée; & qu'elle ne peut non plus estre sans eux, que le tas de grains de bled pourroit demeurer sans ces petis intervalles dont nous avons parlé, ce qui se verra plus clairement dans la suite.

Je sçay bien qu'un de nos Modernes, plutost que d'admettre des petis Vuides comme nous, pretend que Dieu dans le commencement divisa l'Infinie, ou, comme il se joüe, l'Indefinie masse de l'Univers en petis Quarrez, qu'il fît tourner tous ces quarrez sur leur centre, & que les faisant frotter les uns contre les autres, il les reduisit en poussiere; de telle maniere neanmoins que plusieurs grains de cette poussiere demeurerent Ronds, les autres Cannelez, & les autres tellement subtils qu'ils n'eurent plus de figure determinée; & ce sont, ajoûte-t'il, ces derniers grains qui estant tres subtils, & de figure indeterminée, & par consequent tres mobiles, & tres fluides, penetrent les corps les plus solides, remplissent tous leurs pores, & tous les interstices qui auroient pû demeurer vuides entre les parties les plus grossieres, comme sont les rondes, ou les globules, & les cannelées, & font cette matiere que nous nommons la Matiere Subtile.

Mais je ne sçay Premierement si cet Autheur a pris garde que la Contiguité selon ses Principes estant la cole, ou l'union la plus forte qui soit, la division de la masse en quarrez auroit esté inutile, parceque les quarrez demeurant contigus auroient demeuré autant inhabiles au mouvement qu'ils estoient avant la division.

Secondement, la raison de l'impossibilité du mouvement dans le Plein revient toujours, & il est toujours inconcevable qu'aucun de ces quarrez puisse commencer à se mouvoir, estant pris, serré, & enchassé au milieu d'une masse infinie, tres dure, & tres solide, d'autant plus que parlant selon ses Principes, il n'y auroit encore pour lors aucune Matiere qui estant plus subtile, & plus en mouvement que l'autre, pûst, comme il dit, ceder à la plus grosse, & faciliter son mouvement.

Troisiemement, quand mesme on supposeroit que tous ces quarrez eussent commencé à se mouvoir, il seroit toujours inconcevable qu'en les frottant les uns aux autres ils se pûssent ecorner, ou briser ; parce que comme tout seroit plein de corps egalement solides, d'egale grosseur, & egalement en mouvement, les coins des quarrez ne pourroient pas recevoir plus d'impression d'un costé que d'autre, & seroient egalement soutenus de tous costez, & par consequent incapables d'estre brisez; & c'est une difficulté si grande dans l'Opinion de cet Autheur, que plusieurs de ses Sectateurs se trouvent obligez de l'abandonner en ce poinct.

Quatriemement, il est impossible que tous ces quarrez venant à tourner tout d'un coup sur leurs centres n'ayent pas occupé plus de place que lors qu'ils estoient en repos, d'ou il s'ensuit qu'au delà de cette pretendüe masse infinie, ou indefinie, il y avoit des espaces vuides, ou qui n'estoient pas occupez, ce qui est contre la supposition du Plein.

Cinquiemement, quel moyen de concevoir qu'une matiere soit plus rare, ou plus dense, plus au large, ou plus serrée, plus subtile, ou plus grossiere, & plus ou moins mobile ou fluide qu'une autre, qu'on ne conçoive en mesme temps qu'elle a des parties plus petites, ou plus grosses ; que ces parties ne sont que contigües, qu'elles ont chacune leur figure particuliere ; que si elle est fluide, ces figures doivent mesme estre polies, approcher de la figure ronde, & avoir entre-elles de petits vuides interceptez qui facilitent leur fluidité & ecoulement, & à l'occasion desquels elles puissent devenir plus ou moins pressées en les remplissant, & s'y arrangeant plus ou moins exactement ?

Sixiememement, qui est celuy qui puisse concevoir qu'une matiere, quelque subtile qu'elle soit, soit de figure indeterminée, à moins qu'on ne la conçoive comme une masse continüe, & sans fluidité ? Les globules, & les parties cannelées sont bien de figure determinée ; pourquoy les parties de la Matiere subtile ne le seront-elles pas, puisqu'elles sont de mesme nature ? La Matiere subtile est comme de l'eau ; mais il faudroit auparavant nous faire concevoir comment il est possible que l'eau soit fluide si ce n'est entant que ses parties sont seulement contigües, qu'elles ont leurs figures particulieres & determinées telles que je viens de dire, & qu'elles ont

de

de petits vuides interceptez qui facilitent leur fluidité, comme si la matiere d'un grais reduit en poussiere fluide estoit de figure indeterminée? Vous n'avez certes qu'a prendre de bons Microscopes, & vous en jugerez.

CHAPITRE XV.
Des Moyens de faire un grand Vuide & sensible.

SI aprés avoir rempli de vif-argent un tuyau de verre ouvert par un bout dont on ferme l'ouverture avec le doigt, l'on dispose ce tuyau perpendiculairement à l'horison, ensorte que l'ouverture bouchée soit en bas, & plongée deux ou trois doigts dans d'autre vif-argent contenu dans un vaisseau ; du moment qu'on retire le doigt de l'ouverture, le vif-argent du tuyau descend de maniere qu'il s'arreste, & cesse de couler dans ledit vaisseau quand il est parvenu à la hauteur de deux pieds trois pouces & demi, ou environ.

Si aprés avoir de mesme rempli d'eau un tuyau qui ait plus de trente & deux pieds de longueur, & dont on tienne l'ouverture bouchée avec le doigt, l'on dispose encore ce tuyau perpendiculairement à l'horison, ensorte que l'ouverture bouchée soit plongée dans d'autre eau contenuë dans un vaisseau; l'on n'a pas plutost retiré le doigt de l'ouverture, que l'eau descend de mesme que le vif-argent, avec cette difference neanmoins qu'elle s'arreste à la hauteur de trente & deux pieds ou environ.

Si de plus on dispose une espece de cloche de verre sur cette machine ordinaire par le moyen de laquelle on tire l'air de la cloche en pompant plusieurs fois; l'on n'a pas plûtost commencé de pomper, que la cloche s'afaisse sensiblement, & s'enfonce dans le ciment.

Or parce qu'il n'y a personne aujourd'huy qui ne demande Premierement si cet espace qui demeure apres la descente du vif-argent, & de l'eau, ou celuy qui reste dans la cloche de verre aprés qu'on en a pompé l'air, est entierement vuide. Secondement quelle est cette force qui empesche le vif-argent, & l'eau de couler & sortir du tuyau, qui l'arreste à une certaine hauteur, & qui fait ainsi enfoncer sensiblement la cloche dans le ciment, en sorte qu'on ne sçauroit qu'avec beaucoup de peine le tirer, ou separer de la machine à moins que d'y laisser rentrer de l'air ; voyons si nous pourrons dire quelque chose de probable là dessus, & qui soit conforme aux principes que nous avons établis.

A l'égard de la premiere demande, je n'oserois pas asseurer que cet espace fust absolument vuide ; puis qu'en premier lieu, la lumiere que nous montrerons n'estre qu'un tissu de petits corps tres-subtils, penetre au travers du verre, & se répand dans cette capacité.

De plus parceque si l'on faisoit l'experience au fond d'une cave tres obscure, soit avec un tuyau de metail, ou de quelque autre matiere opacque, soit avec un tuyau de verre ; les petits corps de chaleur, & de froideur ne laisseroient pas d'y penetrer, & de s'y répandre comme ils font dans les Thermometres.

Enfin parcequ'il est vray-semblable qu'il sort perpetuellement de la Terre de petits corps insensibles, comme nous montrerons ensuite, par le moyen desquels les choses qu'on appelle pesantes sont attirées en bas, de mesme qu'il en sort de l'Aiman qui attirent le fer : Et comme il est certain que ceux qui sortent de l'Aiman passent au travers du marbre, & des autres corps qui paroissent les plus solides ; puis qu'ils meuvent le fer au delà de ces corps, nous devons croire aussi que ceux qui sortent du corps de la Terre passeront au delà du vif-argent qui sera dans le vaisseau, & dans le tuyau, & passeront mesme plus haut au delà de cette capacité, & du fond du verre, pour y attirer pareillement tout ce qui s'y trouvera de terrestre.

Ces raisons & autres semblables nous empeschent donc d'assurer que cette capacité soit tellement vuide de tout corps qu'aucun ne la traverse ; neanmoins parce que les petits corps de lumiere, ou autres qui passent au travers, sont tellement rares & subtils, que si on les imaginoit ramassez ensemble ils n'occuperoient pas un espace, ou une partie de cette capacité qui fust sensible ; pour cette raison toute cette capacité semble estre vuide, ou devoir estre censée vuide.

Ce qu'il y a de plus evident icy est, que cette capacité n'est pas pleine d'un air semblable à celuy qui environne le tuyau par dehors, lequel air ait penetré au travers du verre, & du vif-argent; car il est certain que si elle estoit remplie d'air, ny l'air, ni l'eau ne se jetteroient pas avec tant d'effort dans le tuyau, ni ne passeroient pas au travers, & au dessus du vif-argent avec tant d'empressement du moment qu'on retire l'orifice du tuyau du vif-argent où il trempoit, & les Animaux qu'on met dedans ne mourroient pas incontinent comme ils font.

Il y a mesme sujet de croire qu'elle n'est pas remplie de la partie la plus subtile de l'air ; parceque le son, ou le vehicule du son, qui n'est à mon avis que quelque portion tres-subtile de la substance de l'air, ne trouve pas passage au travers du verre ; l'experience nous faisant voir que si nous sommes enfermez dans quelque Cabinet qui n'ait qu'une petite ouverture avec une simple lame de verre bien enduite tout autour, nous n'entendrons point celui qui nous parlera de dehors à haute voix, comme il ne nous entendra point de son costé, quoy que nous soyons tous deux fort proche du verre, & que nous voyions le mouvement mutuel de nos levres : Et il en est apparemment de l'eau comme du verre ; puisque ceux qui nagent sous l'eau n'entendent rien du bruit qui se fait hors de l'eau : Aussi nous efforçons-nous ailleurs d'établir ce Paradoxe, que les Poissons n'entendent point.

A l'égard de la seconde demande, vous remarquerez que ce n'est pas sans raison que plusieurs Anciens ont crû avec Aristote que l'air estoit pesant de sa nature, & qu'il n'estoit dit leger que par comparaison, ou entant qu'il est moins pesant que l'eau & que les autres corps qui estant portez en bas le contraignent de remonter en haut, puisqu'il est constant par l'experience mesme qu'en a fait Aristote, qu'un Bâlon est plus pesant quand il est enflé, ou rempli d'air condensé & resserré, que quand il est vuide.

Et il n'y a pas lieu de s'etonner qu'on dise que l'air est pesant ; puisque s'il est vray que l'air ne soit autre chose qu'un certain amas, ou une contexture d'exhalaisons, ou de certains petits corps qui sortant & s'élevant de la terre, & de l'eau, composent ce que nous appellons l'Atmosphere, qu'on sçait ne s'élever que jusques à quelques peu de mille ; il est visible que tous ces petits corps estant de nature terrestre, pesent & font effort vers la terre qui les attire ; &

qu'ainsi toute la masse de l'air est pesante ; cette masse d'air estant d'ailleurs repanduë alentour du Globe solide de la terre comme une espece de coton alentour d'un Coin.

Or cette pesanteur & hauteur determinée de l'air estant supposée, il est aisé de concevoir que cette espece de colomne d'air qui s'étend depuis la surface de la terre, jusques à l'extremité de l'Atmosphere, faisant effort à proportion de sa longueur, & de sa pesanteur sur le vif-argent du vaisseau, doit arrester ou tenir suspenduë une certaine quantité de vif-argent qui soit proportionné à sa pesanteur, en sorte qu'il se fasse un parfait equilibre entre la pesanteur de l'air, & la pesanteur du vif-argent. Et cela est si vray, que si on fait l'experience sur le sommet d'une montagne, le vif-argent descendra davantage qu'au pied de la montagne ; la colomne d'air n'y estant pas si longue, ni par consequent si pesante, ni capable de soûtenir tant de vif-argent dans le tuyau comme elle feroit au bas dans la campagne.

C'est cette mesme pesanteur de l'air qui fait ainsi enfoncer sensiblement la cloche de verre sitost qu'on commence d'en tirer l'air par la pompe; car cet air de la cloche qui auparavant qu'on eust pompé estoit aussi dense, & faisoit autant d'effort contre les costez interieurs du verre, que celuy de dehors contre les exterieurs, estoit comme une espece de voute & de ressort qui soûtenoit le verre par dedans; d'où vient que quand on a tiré de cet air par la pompe, & qu'il est devenu plus rare & plus foible que l'exterieur, ce n'est pas merveille qu'il ne puisse plus autant soûtenir en dedans que l'air exterieur presse & pese en dehors, & qu'ainsi la cloche soit enfoncée par le poids de l'air exterieur.

Et c'est par cette mesme raison qu'une Ventouse au dedans de laquelle l'air est plus rare, ou moins dense, & par consequent plus foible que celuy qui est au dehors, pese si fort sur les épaules, s'enfonce dans la chair, & ne se retire qu'avec difficulté.

C'est encore cette mesme pesanteur qui contraint l'eau de monter, & de suivre le piston dans les Pompes, & qui dans la seconde experience la soûtient à la hauteur de trente deux pieds. Et une marque evidente que cela se doit attribuer à la pesanteur de l'air, c'est que tout quadre merveilleusement avec cette supposition, & que l'experience nous fait voir que le Cylindre de trente deux pieds d'eau est justement aussi pesant que celuy de deux pieds trois pouces de vif-argent de mesme grosseur.

La mesme pesanteur fait encore que la chair se gonfle au dedans d'une ventouse ; en ce que toute la peau & consequemment toutes les autres parties du corps estant pressées avec plus de force par l'air exterieur que cette partie qui est sous la ventouse ne l'est par l'interieur qui la touche, cet air estant fort rare ou rarefié, le sang & les humeurs sont necessairement poussées vers cet endroit qui est comme vuide & sans resistance, & y font par consequent gonfler la chair.

Enfin c'est par cette hypothese que toutes ces belles & curieuses experiences qui s'inventent tous les jours sur le sujet du Vuide sont expliquées ; & cela si naturellement, & si aisement qu'il suffit de les voir une seule fois pour les comprendre, & en trouver de soy-mesme la raison.

Et qu'on n'objecte point que le vif-argent demeure quelquefois tellement adherant au haut du tuyau de verre, qu'il ne descend point du tout, & qu'ainsi il se tient à la hauteur de plus de deux pieds trois poûces. Car cela ne vient apparemment que de ce que les parties du vif-argent gardent toujours entre elles, aussi bien que les parties de l'Eau, quelque liaison ou connexion, & que penetrant cependant, comme elles sont tres subtiles, dans les pores circonvoisins du verre, & se fourrant entre ses petites inegalitez, la masse du vif-argent demeure là suspenduë comme par une espece de petite voute. Et une marque de cecy est, que cela n'arrive que tres rarement, & lorsque l'on fait l'Experience tres doucement, lorsque le Cylindre est fort etroit, & que le vif-argent est tres epuré; car au moindre petit tremblement il tombe, comme aussi lorsque le Cylindre a quelque largeur considerable, ou que le vif-argent n'estant pas bien epuré de sa crasse, ses parties ne se trouvent pas assez subtiles pour penetrer dans les pores, & entre les petites inegalitez du verre.

La Nature, disent quelques-uns, a tant d'horreur du Vuide que ne le pouvant souffrir elle fait que l'eau monte, & suit le piston dans les pompes : Mais qui ne sçait maintenant que ces termes d'horreur ou d'aversion sont purement Metaphoriques ? Certes si l'eau suit le piston d'une pompe, il est evident de ce que nous venons de dire, que ce n'est qu'à cause de la fluidité de l'eau, & de la pesanteur de l'air ; puis qu'elle ne monte que jusques à 32. pieds, comme nous avons dit ; la Nature souffrant ensuite qu'il se fasse un espace vuide entre la superficie de l'eau & le piston quand on le tire plus haut.

Qu'on ne dise point aussi qu'à mesure que le vif-argent descend, ou que l'on pompe l'air grossier de la cloche il entre par les pores du verre une certaine Matiere subtile qui va exactement remplir tout l'espace, qui autrement demeureroit vuide. Car cette pretenduë matiere subtile, & sa penetration au travers des pores du verre est une pure supposition qui n'est fondée que sur cette prevention vulgaire, que dans la Nature il ne se peut donner aucun vuide soit grand, soit petit.

Qu'on ne dise point enfin que la Lumiere, & les autres Influences celestes ne pourroient pas traverser un espace vuide, que selon Aristote les choses d'icy bas doivent estre contiguës à celles d'enhaut, afin qu'il y ait un vehicule par où elles puissent estre portées du Ciel en Terre, & que n'y ayant aucune proportion du plein au vuide, & qu'estant d'ailleurs evident que les choses qui sont meuës dans le plein sont portées d'autant plus viste que l'espace est plus libre, & a moins de resistance (d'où vient qu'un mobile passe plus viste au travers de l'air qu'au travers de l'eau) il faudroit que le mouvement dans le vuide où il n'y a aucune resistance, se fît en un moment, ce que l'on prouve neanmoins estre impossible par la succession des parties de l'espace qui doivent estre parcouruës les unes apres les autres. Car à l'egard des influences celestes, nous repondons que plus l'espace est vuide plus il est aisé de le traverser; n'y ayant rien qui resiste, & les influences n'ayant point besoin d'autre vehicule que d'elles-mesmes; veu que ce ne sont pas de purs accidens, comme l'on veut d'ordinaire, mais des corps, comme nous dirons en son lieu, ou que du moins elles ne passent point sans l'aide de quelques corps. Et au regard de ce qu'on ajoûte que le mouvement se devroit faire dans le vuide en un instant, nous disons qu'il est certain que la lenteur, ou la rapidité d'un mobile ne vient pas uniquement de ce que le milieu soit plein, ou libre, mais principalement encore de la vigueur du mobile, ou de l'impulsion du moteur.

CHAPITRE XVI.

Qu'il semble que l'on peut prendre les Atomes pour le Principe Materiel, ou la Premiere Matiere des Choses.

Dans le dessein que nous avons d'inferer enfin de tout ce qui a esté dit jusques icy, que l'Opinion de ceux qui soutienent que les Atomes sont la premiere & generale matiere des choses semble estre la plus probable de toutes, il est à propos de commencer par ces paroles d'Aneponime. *Il n'y a*, dit cet Autheur, *Opinion si fausse, qui ne soit meslée de quelque verité ; mais cette verité est toutefois offusquée par le meslange de quelque fausseté. Car en ce que les Epicuriens ont dit que le Monde estoit formé d'Atomes, il ont dit vray ; mais en ce qu'ils ont dit que les atomes sont sans principe, qu'ils ont erré çà & là dans le grand vuide, & qu'ils se sont ensuite rassemblez en quatre grands corps, c'est ce qu'on peut dire estre une pure fable. Il est dis-je, à propos de commencer par ces paroles, parce qu'elles nous montrent le discernement qu'il faut faire, & que rien n'empesche de soutenir l'Opinion qui établit que les atomes sont la matiere du Monde, & de toutes les choses qu'il contient, pourveu qu'on en retranche tout ce qu'elle a de faux entre-meslé.*

C'est pourquoy, pour ne laisser aucun scrupule, nous disons que cette Opinion doit estre principalement rejettée en ce qu'elle veut que les Atomes soient Eternels, Incréez, & qu'ils soient mesme Infinis en nombre sous chaque espece de figure : Mais que l'on peut aussi ensuite admettre que les Atomes sont la premiere Matiere que Dieu a créé au commencement ; de laquelle il a formé ce Monde visible ; à laquelle il a commandé & permis de faire desormais ses fonctions ; & de laquelle enfin tous les corps qui sont dans la Nature sont formez.

Ainsi il est constant que cette Opinion n'a point d'inconvenient qui ne puisse estre aussi bien corrigé que tous ceux qu'il a esté necessaire de corriger dans celle d'Aristote, & de plusieurs autres qui font aussi la Matiere Eternelle, Increée, & quelques-uns mesme Infinie. Et cependant elle a cela de commode qu'elle nous donne moyen d'expliquer assez probablement comment se fait la composition des choses, & leur resolution jusques aux premiers Principes : Comment une chose est corporelle & solide : Comment elle devient grande, ou petite, rare, ou dense, molle, ou dure ; aigüe, ou obtuse, & autres semblables choses qui ne s'expliquent assurement pas si clairement dans les autres Opinions qui posent pour Principe que la Matiere est divisible à l'infini, & qu'elle est une pure puissance : S'il y a mesme quelque Opinion qui accorde une figure déterminée à la Matiere, ou qui la fasse doüée des premieres & des secondes qualitez, elle ne diversifie pas assez les figures, & ces qualitez ne sont pas propres, ou ne sçauroient suffire à une si prodigieuse varieté de choses.

Nous avoüons aussi que cette Opinion doit encore estre rejettée en ce qu'elle soûtient que les Atomes ont d'eux-mesmes la vertu motrice ou impetuosité, & consequemment le mouvement qui de toute Eternité les ait fait errer, & les pousse mesme encore à present ça & là : Mais on la peut aussi soûtenir avec cette restriction, que les Atomes soient mobiles & actifs par une force ou vertu d'agir, & de mouvoir que Dieu leur ait imprimée dans leur Creation, & à laquelle il coopere, entant que comme il conserve toutes les choses du monde, il concourt de mesme à toutes leurs actions : Et par ce moyen cette Opinion sera corrigée de la mesme façon qu'il a fallu corriger celles qui attribuent le mouvement & l'action à la matiere, telle qu'est entre autres celle de Platon, lors qu'il veut que la matiere ait erré de toute Eternité en trouble & en confusion, jusques à ce que le grand Ouvrier de la Nature ait reduit & ordonné ses mouvemens.

Cependant cette Opinion a encore cela de commode qu'elle fait voir l'origine & le principe interieur de tout le mouvement, & de toute l'action qui est dans les Causes qu'on appelle Secondes; tous les autres Philosophes estant privez de cet avantage, & principalement à l'egard de cette Forme qu'ils veulent estre le Principe de tout mouvement, & de toute action, & qu'ils veulent cependant estre tirée avec ce qu'elle a d'Entité du Sein de la matiere qu'ils font d'ailleurs sans action, & privée de toute vertu motrice & active.

L'on peut donc apres ces precautions, & en consequence de tout cecy supposer I. Que Dieu dans le commencement ait autant creé d'Atomes qu'il en estoit necessaire pour former tout ce Monde; non qu'il ait esté obligé de créer les Atomes à part pour les rassembler ensuite en de plus grandes & plus grandes Masses dont le Monde fust enfin formé; mais parce que creant la masse de la matiere qui pust estre dissoute en petis corps, & qui fust par consequent composée de petis corps comme des plus petites & dernieres parties, il est censé avoir creé avec elle ces petis corps.

II. Que comme les Atomes ont receu de Dieu qui les a creez leur petite corpulence ou grandeur, & leur figure avec une diversité inconcevable, ils ayent receu la force convenable de se mouvoir, de se remuër, de se tourner, de se debarasser, & sortir en liberté; de jaillir, choquer, repousser, retourner; de se prendre les uns les autres, s'embrasser, se retenir, s'acrocher, &c. autant qu'il a preveu estre necessaire pour toutes les fins, & tous les effets qu'il destinoit pour lors.

III. Que lors que Dieu dans le commencement commanda à la Terre, & à l'Eau de fructifier, & de produire les Plantes, & les Animaux, il fit comme une pepiniere, ou un amas de semences de toutes les choses qui pouvoient estre engendrées; c'est à dire qu'il choisit les Atomes dont il fit les semences de toutes choses, pour servir ensuite à la generation, & à la propagation des Composez.

IV. Que ces semences furent répandües dans toutes les Regions propres à la generation, non pas neanmoins egalement, ou les mesmes par tout, mais selon qu'il se trouva estre convenable à chaque lieu.

V. Que comme les semences mesmes

se peuvent resoudre en leurs Atomes, les Atomes peuvent aussi en se rencontrant les uns les autres se joindre & s'assembler en sorte qu'il s'en forme des semences; ces Atomes ayant du rapport entre-eux, & estant de mesme nature, & propres à s'associer mutuellement par leurs embrassemens, & tournemens.

L'on peut enfin supposer que c'est de là qu'a commencé cette suite de generations & de corruptions qui persevere encore jusques à present, & perseverera de mesme tant qu'il plaira à Dieu; le mesme amas des Atomes demeurant inepuisable, & fournissant toujours la matiere dont se forment les corps, & le mouvement par le moyen duquel ils sont formez.

Ce qui reste à examiner est, si les Autheurs des Atomes ont non seulement posé les Atomes pour Principes des choses, mais encore le Vuide, comme le vulgaire se le persuade; parce qu'on leur objecte comme une chose absurde qu'ils composent les choses non seulement d'Atomes, mais encore de Rien. Or il est vray qu'on trouve en plusieurs endroits que tantost ils ont dit *qu'il y a deux Principes, à sçavoir le Corps & le Vuide*; & tantost, *que l'infinité & le vui-*

de, *le plein & le vuide, le solide & le vuide sont les Principes ou Elemens.* Mais il ne s'ensuit pas qu'ils ayent crû que les choses soient formées des Atomes, & du Vuide, comme de deux Principes. Car quoy qu'on puisse dire en quelque sens qu'ils sont les Principes ou les Elemens de l'Vnivers, entant qu'après des Corps il suit du Vuide, & après du Vuide des Corps, on ne doit pas dire pour cela qu'ils soient les Principes ou les Elemens des choses qui s'engendrent, le nom de Principe estant deu aux seuls Atomes, & le Vuide n'estant propre qu'à servir de lieu, & à distinguer, & separer les corps les uns des autres.

CHAPITRE XVII.

Quelles sont les Causes dont les Physiciens recherchent la connoissance.

LEs Physiciens ont esté, pour ainsi dire, contraints selon le temoignage d'Aristote de reconnoitre après la Matiere, un Principe Efficient; parce qu'il ne paroit pas que la Matiere se puisse changer elle-mesme, & qu'il semble qu'elle a besoin d'une Cause par laquelle elle soit meüe; & ce Principe Efficient est de telle importance, qu'au sentiment de Platon il est la seule, & veritable Cause ; la Matiere, la Forme, & l'Idée n'estant appellées Causes qu'improprement, & que par rapport à l'Efficiente: C'est pourquoy nous-nous attacherons principalement à la recherche de cette Cause qui est celle dont entend parler le Poëte lors qu'il dit, *Heureux celuy qui a pû connoître les causes des choses.*

Neanmoins nous ne laisserons pas, afin de suivre la coûtume ordinaire, de faire remarquer comme en passant ce que les Physiciens souhaiteroient principalement de connoitre dans chacune de ces causes : Ie dis principalement ; car lors qu'on demande, par exemple, quelle est la Cause de l'Homme, celuy qui repond avec Aristote que c'est le Soleil & l'Homme, ne nous dit rien d'extraordinaire, ni de surprenant; puisque le Soleil est seulement la cause generale qui par sa chaleur entretient indifferemment l'Homme, & toutes les autres choses, & qu'il n'est pas necessaire d'estre Philosophe pour dire ce qui est connu de tout le monde, à sçavoir que le Pere est la Cause du Fils : Mais ce qui seroit à souhaiter est, qu'on nous pust decouvrir quelle est cette Cause interne qui travaille à la formation du corps de ce Fils, & qui distingue & arrange ce nombre innombrable de parties differentes dans un ordre si admirable.

Ie sçay bien qu'on dit ordinairement que c'est la vertu seminale que le Pere a transmise ; mais la difficulté consiste à sçavoir quelle est la vertu intrinseque, & la condition particuliere de cette vertu seminale ; de quelle façon elle est tirée de la semence ; quel est le Maître qui l'a si parfaitement instruite, & renduë si sage ; quand, où comment cela s'est fait ; de quelle maniere elle nous fait paroître tant de subtilité, & d'industrie ; de quels doigts, pour ainsi dire, & de quels instrumens elle se sert pour manier la matiere qu'on luy donne, pour en faire le choix, l'appliquer, la joindre, la distinguer, & en un mot, pour executer toutes choses avec tant d'industrie.

Il en est de mesme de la Vertu, ou

Cause efficiente qui est renfermée dans un grain de semence d'où il sort une plante avec une diversité, beauté & perfection de parties si surprénante : Et le mesme se doit considerer dans la vertu qui produit l'Or ; dans celle qui forme le Crystal, & ainsi des autres ; car c'est proprement ce que nous devroient faire connoître ceux qui pretendent de nous donner les vrayes, & naturelles causes de ces choses.

Il n'y a pas moins de sujet de faire les mesmes demandes à l'egard de la Matiere : Car comme il y a pareillement des causes éloignées, & generales, & des causes prochaines & particulieres; celuy qui nous diroit que le corps humain, la Plante, le Crystal, ou tout ce qu'il vous plaira, est composé de Terre, d'Eau, d'Air, & de Feu ; qu'il est formé de Sel, de Soufre, de Mercure, de Flegme, & de Terre qu'ils appellent damnée; qu'il est composé de parties similaires, d'Atomes, ou de quelque autre matiere de la sorte selon la diversité des Opinions; celuy-là, dis-je, qui se contenteroit de nous apporter ces differentes causes materielles, nous diroit-il quelque chose de nouveau ? Non certes, puisque toutes ces reponses ne sont que generales & communes, & que si cela suffisoit, il ne seroit pas necessaire de consommer tant d'années dans la recherche de la Nature.

C'estpourquoy, cette Matiere estant trop commune, trop éloignée, & prise de trop loin, il est constant que nous devons bien plûtost demander la matiere particuliere, propre, & prochaine de chaque chose ; je veux dire la matiere qui se trouve affectée de ces *dispositions qui la rendent capable* de former plûtost cette chose qu'une autre; puisque si l'on dit que toute Terre ne porte pas toutes choses ; que toute chose n'est pas engendrée de toute chose ; que certains alimens sont propres à certaines plantes, ou à certains animaux, & que pour peu qu'ils soient tournez, & transposez, ils leur sont contraires; ce sont des choses qui regardent la diversité de la matiere dont si quelqu'un ne connoit pas la condition, il n'est certes pas en droit de dire qu'il connoit la condition de la chose qui en est composée.

Ce n'est donc pas assez de connoitre en general quels sont les Elemens ou Principes materiels de toutes les choses;

ses; mais si quelqu'un desire de connoitre exactement quelqu'une de ces choses, il faut qu'outre cela il recherche quelle est cette temperature particuliere que ces principes doivent avoir entre-eux pour qu'il n'y en ait precisement qu'une certaine quantité de chacun & non pas davantage; pour que ce qui y est d'un seul soit dans cet ordre, & dans cette situation à l'égard des autres, & non dans un autre; pour qu'il perde, ou retienne precisement tant & ni plus ni moins de ses qualitez; pour que de ce melange mutuel, & general de tous il s'ensuive cette conformation, union, & temperature sensible de ces parties, & non pas d'autres; pour qu'il en resulte encore cette subordination, soûmission, & servitude de telles & telles proprietez & vertus, & non pas d'autres, & ainsi de mille autres choses que si quelqu'un ne peut expliquer, & n'est pas assuré qu'elles soient de cette maniere, il se vantera inutilement d'estre parvenu à la connoissance de la vraye, naturelle, & legitime Matiere, & d'en pouvoir donner des réponses qui puissent satisfaire.

À l'egard de la Forme qui survient à la

matiere, qui la determine à constituer plûtost une chose qu'une autre, & la fait differer de toutes les autres, & qui est dans cette chose comme la source & l'origine de toutes ses proprietez, & de toute action; il ne suffit certainement pas de dire qu'elle sort du Sein de la matiere, ou qu'elle naist d'une certaine contemperation de la matiere, & de ses parties; cette reponse est generale, & inartificielle, & se peut appliquer à toutes les formes; mais il seroit necessaire de dire outre cela, comment une telle Forme sort & naist d'un tel mélange; par quel moyen elle devient incontinent comme la Maistresse de sa matiere; d'où vient qu'elle acquiert en mesme temps un si grand nombre de facultez qui luy sont subordonnées & obeïssantes, comment elle leur commande, & de quelle façon elle s'en sert pour agir, où est son siege principal, & pourquoy elle y demeure attachée; d'où elle tire sa force, & sa vigueur; d'où vient qu'elle s'affoiblit, & perit, & plusieurs autres choses qu'on pourroit ajoûter.

Pour ce qui est de la Cause Exemplaire, & de la Cause Finale, il y a veritablement eu quelques Philosophes qui les ont bannies de la Physique, persuadez que le Physicien devoit estre entierement occupé à la recherche de la Cause efficiente, & que les agens naturels agissent par une certaine impetuosité aveugle, & necessité de la matiere, sans avoir aucune Idée, & sans se proposer aucune fin. Mais il y en a aussi eu d'autres comme Platon & Aristote, qui ont eu de plus raisonnables pensées. Nous montrerons en plusieurs endroits, & principalement en traittant de l'Usage des parties dans les Animaux, que la Nature agit toujours pour quelque fin.

Remarquez cependant qu'il semble qu'il n'y a aucun Agent Naturel qui ne soit porté par quelque Idée qui est comme empreinte au dedans de luy, quoy que nous ignorions quelle est cette Idée. Et ce qu'insinuë ce sentiment, c'est l'inspection des ouvrages de la Nature que nous voyons toujours constamment les mesmes, & estre tellement parfaits & achevez, qu'il est impossible de concevoir qu'ils puissent avoir esté formez à l'avanture, & sans qu'il y ait eu quelque Idée qui en ait esté la regle. Je ne diray point icy par avance ce que nous expliquerons plus amplement quand nous traitterons de la Conformation soit de tout le corps, soit de chacune de ces parties qui se voyent dans les Animaux, dans les Plantes, & dans les autres choses ; je vous prieray seulement icy de considerer ces Ouvrages qui semblent avoir du rapport avec l'art & l'industrie.

Quand une Aragnée tend premierement ses filets en long comme une Trame ; qu'elle les entre-lasse ensuite comme le Tisseran fait l'Enflure, de telle orte neanmoins qu'elle y laisse des intervalles assez grands ; quand elle re-passe d'autres filets qui rendent la tissure plus serrée, les ajustant, & les disposant chacun dans leur ordre ; enfin quand elle se bastit proche du centre un petit domicile qu'elle tourne en rond, dans lequel elle se peut commodement cacher, d'où elle sort facilement, & où elle se retire en seureté ; pensez-vous que cette Aragnée ne sçache nullement ce qu'elle fait, & qu'elle n'ait point en soy l'Idée de son ouvrage, parceque vous ne pouvez pas comprendre qu'elle en puisse avoir l'intelligence ? Supposons si vous voulez, ou feignons qu'elle ait cette intelligence ; travailleroit-elle avec plus de perfection? Certes si vous la privez de l'Idée sur laquelle elle se regle & s'applique, vous pourriez donc aussi en priver nos Artisans ; puisqu'ils semblent ne donner point d'une autre maniere la perfection à leurs ouvrages.

Je sçay bien que l'on rapporte tout cecy à l'Instinct ; mais ou cet instinct par lequel les Animaux sont poussez à agir est une veritable connoissance, ou si ce n'est autre chose qu'une certaine impetuosité aveugle, la mesme difficulté subsiste toujours, & on est toujours en peine de sçavoir comment il se peut faire qu'une cause aveugle, & qui n'a aucune intelligence de son ouvrage, travaille neanmoins avec autant de perfection que pourroit faire la cause la plus intelligente, & la plus clair-voyante.

Le mesme enfin se doit dire de la Cause Finale. Car tout Agent Naturel tend de telle maniere à un certain but qu'il y parvient toujours, ou s'il intervient quelque chose qui l'en empesche, il en approche du moins le plus prés qu'il est possible. Il est bien vray que les choses naturelles ne nous font point connoitre leurs desseins ; mais elles n'en agis-

L 3

sent' pas moins pour une fin qu'elles se proposent ; puisque nous voyons qu'elles la recherchent, & qu'elles y parviennent. Nous voyons mesme que toutes les parties de l'animal, de la plante, & des autres choses, s'accommodent avec tant de justesse, & de convenance pour de certaines fins, que nous en demeurons etonnez lorsque nous y faisons reflection ; si bien qu'encore qu'il ne soit pas en nostre pouvoir de voir la contexture interieure de la matiere, & l'action particuliere de la cause, nous devons toutefois tenir à bonheur qu'il soit au moins permis d'en rechercher, & d'en trouver les fins.

Certes, si lorsque vous contemplez la machine d'une Horloge artistement faite, il ne vous est pas possible de penser que l'Ouvrier ne se soit proposé ni forme, ni differens usages des parties, parce qu'il ne vous aura pas fait participant de son dessein ; lorsque vous considererez avec quelle perfection toutes les parties d'un animal sont formées & arrangées, & que ces parties ont des usages si differens, & si justes qu'on ne se sçauroit rien imaginer de plus propre & de plus convenable ; sera-t'il possible que vous puissiez croire que la cause qui les a ordonnées ait esté aveugle, & ait ignoré ce qu'elle faisoit, parceque vous n'aurez pas eu la connoissance d'une si grande sagesse, & d'une si grande industrie?

Quoy, faudra-t'il donc, direz-vous, attribuer quelque connoissance aux Semences, non seulement à celles des animaux, mais encore à celles des plantes, des pierres, & des autres choses? Si vous voulez que je les en prive, expliquez-moy donc comment il est possible qu'ils achevent leurs ouvrages avec tant de perfection & d'exactitude, & qu'ils accommodent avec tant de constance chacune des parties à certaines fins? Je ne connois veritablement pas quelle est cette connoissance & sagesse ; mais il ne s'ensuit pas pour cela qu'il n'y en ait aucune ; toute connoissance pouvant estre connoissance à sa façon, & d'une espece toute particuliere. Et certes, pourquoy s'étonner si l'Entendement humain qui ne se connoit pas luy-mesme, ni la façon dont il connoit, ignore la force & la maniere de connoitre des autres choses ; puisque toute autre connoissance est differente de la connoissance humaine, & qu'elle est mesme tellement attachée à son ouvrage determiné, qu'elle n'est pas capable de s'étendre à aucun autre ?

Vous direz que c'est plutost Dieu qui se propose des fins, & qui y accommode, & dirige les choses naturelles, & que c'est en ce sens que les Phisophes ont dit que *l'Ouvrage de la Nature est l'Ouvrage d'une Intelligence.* Certes, il est constant, & je pretends bien que Dieu est l'Autheur de toute cette industrie & sagesse. Mais cependant je voudrois sçavoir pourquoy Dieu ne peut pas imprimer à chaque chose la connoissance de son ouvrage, de crainte que nous ne soyons obligez de dire que les choses naturelles ne sont rien que de certains & purs instrumens, & que Dieu les fait agir d'une telle maniere qu'elles ne font rien elles-mesmes ?

Vous repondrez que c'est parce qu'elles sont incapables de toute connoissance humaine, d'où vient qu'elles n'entreprennent point d'ouvrages humains. Mais pourquoy ne pourroient-elles pas avoir une connoissance qui leur fust propre & particuliere, & par le moyen de laquelle elles missent à fin des ouvrages que l'homme ne connoit point, & ne peut entreprendre?

Ainsi, bien que l'œil soit capable de connoitre les Couleurs, il est neanmoins entierement incapable de connoitre les Sons, les Odeurs, & les autres qualitez, & s'il ne voit, & ne connoit pas la force, ou la maniere dont elles sont connuës, il n'est pas neanmoins en droit de s'en orgueillir comme s'il estoit luy seul capable de connoitre; & il ne doit pas prononcer que les oreilles, les narines, le palais, la langue, & les autres parties du corps soient incapables de connoissance; puis qu'il est certain que chacune de ces parties peut connoitre à sa maniere, quoy qu'il n'y en ait pas une qui connoisse à la sienne.

Au reste, quoy que les causes que les Physiciens desirent de connoitre soient telles que nous les avons décrites jusques icy, cela ne nous doit pas empescher de les rechercher; parce qu'encore qu'il ne nous soit pas permis d'atteindre à celles qui sont intimes, principales, prochaines, & speciales, il y a neanmoins divers degrez entre elles, & entre d'autres tout à fait éloignées, organiques, externes, & communes; & non seulement nous ne devons pas nous repentir, mais nous avons tres-grand sujet de souhaiter d'atteindre à quelques degrez qui approchent autant qu'il est possible de ce souverain degré; & il y a toûjours beaucoup de plaisir de dissiper & chasser de nostre Esprit cette obscurité grossiere, & ces tenebres épaisses & profondes; en sorte que si nous ne pouvons pas connoitre les causes qui sont entierement certaines & indubitables, nous en puissions trouver qui ayent quelque espece de probabilité.

Il est mesme important de sçavoir toutes ces choses, afin que nous ne nous trompions pas aisement nous-mesmes, & que nous ne nous laissions pas tromper par les autres, comme il arriveroit sans doute si nous n'avions pas sur quoy nous regler pour juger d'une chose qu'on nous voudroit faire passer pour veritable & naturelle, qui ne seroit neanmoins que vray-semblable, ou qui seroit peutestre fausse; & si nous ne sommes pas assez heureux pour parvenir à la cause veritable, il y a toûjours quelque plaisir de ne se pas laisser tromper par une fausse apparence de verité, & de pouvoir attribuer, & assigner à quelque cause que ce soit son prix legitime.

Ajoûtons ce mot qui regarde principalement nostre sujet. La Cause Efficiente estant celle que nous appellons proprement Cause, il faut sçavoir que c'est proprement elle qu'on a coutume de diviser en Cause premiere, & Cause seconde; il est vray que l'on fait encore plusieurs autres divisions, mais elles sont presque toutes des sous-divisions de la Cause seconde, celle qui est veritablement premiere estant unique & simple. Ie dis veritablement premiere; car entre le causes secondes celle qui dans chaque ordre n'en a point d'autre devant soy est dite premiere, mais au dessus de toutes les premieres causes des causes secondes il y en a une qui excelle, de laquelle toutes les precedentes dependent, & qui est par consequent la Cause des causes, que Platon, Aristote, Pytagore & les Stoïciens ont appellé Dieu.

Mais pour dire en peu de mots; le dessein de tous les Philosophes qui distinguent deux sortes de Principes, a esté de nous faire comprendre que comme il y a une Premiere & tres-generale Matiere des choses, il y a de mesme une Premiere & tres-generale Cause qui est appellée Dieu. Et partant, comme nous devons deſormais traitter des Cauſes ſuivant cette diviſion de Premiere, & de Seconde, il eſt bien juſte que nous commencions par la Premiere qui eſt le Dieu Tout-puiſſant, dans lequel comme l'Ecriture Sainte parle, *nous ſommes, nous vivons, & nous ſommes meûs.*

CHAPITRE XVIII.

De l'Existence, & Providence de Dieu.

Tous les Philoſophes anciens, à la reſerve de quelques-uns qui ſont en tres petit nombre, faiſants une refleſtion meure & ſolide ſur l'Etenduë, & la Varieté, la Beauté, Conſtance, Conſpiration & Harmonie des parties de l'Univers, ſoupçonnerent premierement, & furent enfin perſuadez qu'il falloit qu'il y euſt quelque Moderateur qui fuſt l'Autheur de toute cette grande Maſſe, & de cette belle diſpoſition. Car comme il faut, diſoient-ils, que dans l'Animal il y ait une certaine cauſe qui preſide, à ſcavoir l'Ame, qui en prémier lieu bâtisse sa propre maison, & qui en entretienne toutes les parties pendant qu'elle y demeure, qui les maintienne dans leur ordre, & dans leur fonction, & qui leur donne la vertu d'agir, & agisse mesme conjointement avec elles; il faut aussi que dans ce Monde qui est comme une espece de grand Animal, il y ait quelque Cause tres excellente qui en soit comme l'Ame, qui l'ait formé, qui le gouverne, qui l'entretienne, & qui l'anime.

Tel a esté le sentiment d'Anaxagore, & de plusieurs autres Philosophes, qui l'avoient precedé; car ils reconnoissoient une Intelligence comme Cause premiere qui avoit debrouillé, & embelli le Cahos. Hermotime, & Clozomene furent encore de ce sentiment; & longtemps avant eux Thales Milesien avoit dit *que l'Eau estoit le Principe des choses, & que Dieu estoit cette Intelligence qui formoit toutes choses d'Eau.* Pytagore mesme, & Platon eurent aussi cette pensée, & il est certain que Virgile dans ces deux Vers,

Spiritus intus, alit, totamque infusa per artus,

Mens agitat Molem, & magno se corpore miscet.

a parlé selon leur doctrine, & comme estant persuadé qu'il doit y avoir un Esprit & une Intelligence qui penetre toutes choses, qui soit meslée par tout, & qui entretienne, meuve, & anime la grande Masse de l'Univers.

Il est vray que ces derniers ont lourdement erré, en ce qu'ils ont cru que les formes particulieres n'estoient autre chose que des parcelles de cette Intelligence generale, ou Ame du Monde; mais du moins ils ont approché de nous, en ce qu'ils ont reconnu un premier Principe, & une source Divine d'où toutes choses tirent leur force & leur vertu d'agir; puis que nous professons qu'il y a une Nature Divine qui par son Essence, par sa Presence, & par sa Puissance est par tout, & qui est de telle maniere comme repanduë interieurement dans toutes choses, que les ayant toutes produites, elle les conserve, & concourt avec elles.

De plus, il est constant que les Stoïciens qui ont admis un Feu qui penetre par tout, & qui ayant tout engendré dans le commencement, doit enfin tout consommer, & remettre ensuite toutes choses dans leur premier estat. Il est dis-je, constant qu'ils ont voulu que ce Feu, ou cette vertu Ignée, comme parle Ciceron, fust l'Ame du Monde, & qu'ils luy ont donné le nom d'Intelligence, de Dieu, de Jupiter, & autres.

Pour ce qui est d'Aristote, il dit clairement dans les Livres de la Generation des Animaux, *qu'une certaine Chaleur Animale est de telle maniere repanduë dans l'Univers, que toutes choses sont en quelque façon remplies d'Ame*: Et dans le Livre des Parties, il louë ce beau mot qu'Heraclite dit à certaines gens qui avoient honte d'entrer dans la petite maison d'un Boulanger. *Et icy mesme il y a des Dieux*. Outre qu'Alexandre Aphrodisée en parlant de cet Intellect Agent qui est repandu par tout, & qui illumine tous les Entendemens particuliers, dit *qu'Aristote a demontré que c'est proprement, & sans doute, la premiere Cause*.

A l'egard d'Epicure, il ne faut que l'entendre dans Seneque, & dans Ciceron, lors qu'il enseigne *qu'il faut honorer Dieu comme Pere, non pas par l'esperance de la recompense, mais à cause de sa Majesté excellente, & souveraine Nature*. Ou dans l'Epistre à Menecœus, où il parle ainsi. *Lors que vous pensez entre autres choses que Dieu est un Animal, immortel & bien-heureux* (c'est aussi dans ces mesmes termes qu'ont parlé Aristote, Platon, & quelques autres que nous citerons ensuite) *selon que l'inspire la Notion generale qu'on a de Dieu; prenez garde sur tout que vous ne luy attribuiez quelque chose qui soit opposée à l'Immortalité, ou qui contrarie à la Beatitude; car il y a effectivement des Dieux; puis qu'il est evident qu'on en a la connoissance; mais ils ne sont point tels que les hommes se les figurent d'ordinaire; puis qu'au lieu de les establir, ils les nient par les proprietez contradictoires qu'ils leur attribuent; d'où vient que l'Impie n'est pas celuy qui rejette les Dieux vulgaires, mais celuy qui impute aux Dieux les opinions du vulgaire, qui ne sont pas de vrayes Prenotions, mais de faux supçons.*

Je sçay bien qu'on dit qu'Epicure n'établissoit pas les Dieux en effet, mais seulement de parole, de crainte des décrets de l'Areopage, & de peur qu'il ne luy en arrivast autant qu'à Protagoras qui fut exilé par le commandement des Atheniens, pour avoir dit au commencement de son Livre qu'il n'avoit rien à dire sur le sujet des Dieux, s'ils estoient, ou s'ils n'estoient point ; mais à considerer la chose serieusement, il semble qu'on luy fait tort, & que s'il a rejetté Jupiter, comme il est sans doute, Mars, & ces autres Dieux fabuleux du peuple, il a enseigné qu'il y en avoit d'autres qui n'estoient point capables de querelles, ni d'adulteres, ni de toutes ces autres choses qu'on racontoit ordinairement des premiers. Et ce qui doit persuader qu'il estoit homme sincere, & qu'on ne trouvoit rien alors à reprendre dans ses opinions est, *que ses Livres*, dit Ciceron, *se vendoient par le renom de sa probité, & de ses mœurs*, & que dans cette grande haine que les Stoïciens luy portoient, on n'a jamais fait aucune accusation contre luy.

Aussi est-ce pour cela que Lactance qui s'écrie d'ailleurs si souvent, & si asprement contre luy, dit qu'il n'a pas esté assez fourbe & meschant pour parler de la sorte afin de tromper, & qu'il a erré par l'ignorance de la verité; & s'il a dit les Dieux, au lieu de dire Dieu, c'est un peché qui luy a esté commun avec tous les autres Philosophes, qui estans destituez de la veritable Lumiere, se sont écartez du droit chemin, les uns d'une façon, & les autres d'une autre.

Premiere Preuve de l'Existence de Dieu qui est prise de l'Anticipation.

ENcore que les Livres soient remplis de raisons qui montrent l'Existence de Dieu, je ne m'arresteray neanmoins principalement qu'à deux, parce que les autres s'y peuvent commodement rapporter. La premiere est tirée de cette Idée ou Notion de Dieu qui est generalement imprimée dans l'Esprit de tous les hommes, & que nous appellons Anticipation, ou Prenotion, pour nous accommoder au mot de *prolipsis*, dont les Grecs se sont premierement servis. La seconde sur laquelle est fondée la premiere, se tire de l'Inspection de ce grand Ouvrage de la Nature.

A l'egard de la premiere, c'est ainsi qu'en parle Ciceron. *Epicure a veu*, dit-il, *qu'il y avoit des Dieux, parce que la Nature mesme en a imprimé l'Idée & la Notion dans tous les Esprits; car quelle Nation ou Espece d'homme y a-t'il au Monde qui n'ait sans instruction quelque*

Anticipation des Dieux ? Il faut necessairement entendre qu'il y a des Dieux, dit-il incontinent aprés, *parce que nous en avons les idées imprimées en nous, ou plûtost nées avec nous-mesmes ; or ce qui est establi par le consentement general de la Nature est necessairement vray.* J'ay déja dit qu'Epicure avoit erré en ce qu'il dit les Dieux, & non pas Dieu ; mais cependant c'est assez pour donner à entendre que l'on peut inferer par l'Anticipation generale de toutes les Nations qu'il y a une certaine Nature Divine. Voicy encore les paroles de Ciceron dans un autre endroit. *C'est un argument tres fort pour nous faire croire qu'il y a des Dieux, de ce qu'il n'y a Nation si sauvage, & si cruelle qui n'ait l'Esprit imbu de l'Opinion des Dieux. Entre les hommes*, dit-il encore, *il n'y a point de Nation si barbare, & si dure qui ne sçache qu'il faut avoir un Dieu, quoy qu'elle ne sçache pas quel il doit estre. Plusieurs*, ajoûte-t'il, *ont des Opinions erronées sur les Dieux ; car cela se fait par une mauvaise coûtume, tous neanmoins sont persuadez qu'il y a une certaine force & Nature Divine.*

La verité est que Ciceron dit luy-mesme par la bouche de Cotta, qu'il croit qu'il y a quelques Nations tellement abysmées dans la ferocité, & dans la barbarie, qu'elles n'ont pas mesme aucun soupçon qu'il y ait des Dieux; mais encore bien qu'on accordast cela; soit parce que dans ces temps-là il se trouva des peuples dans l'Espagne, & dans l'Ethiopie, qui au rapport de Strabon, n'avoient aucune connoissance de Dieu; soit parce que dans ce nouveau Monde on ait trouvé quelques Nations de la sorte, suivant les premieres Relations qu'on nous a données de la partie Meridionale, & suivant les dernieres qui sont de la Septentrionale que nous occupons presentement: Et quand mesme l'on demeureroit d'accord avec Platon que de tout temps il y a eu quelques Athées, comme Diagoras, Protagoras, Diodore au rapport de Ciceron; & *quelques Sacrileges, Impies, & Parjures qui ont abandonné Dieu*: On aura toujours raison de repondre que toutes ces sortes de gens comparez avec tout le genre humain, ne font qu'un nombre tres petit, & qu'on doit considerer comme un Monstre different du reste des hommes: Et cela n'a pas empesché Platon, Aristote, Seneque, Plutarque, & tout ce qu'il y a eu de Sages dans l'Antiquité, de croire qu'une des plus fortes preuves de l'Existence d'un Dieu estoit, *que tous les hommes tant Grecs que Barbares estimoient qu'il y avoit des Dieux*; estant constant, comme dit Ciceron, *que la longueur des temps efface les Inventions des hommes, comme elle confirme les Iugemens de la Nature*, & que les Opinions qui sont fausses ou arbitraires ne sont point universelles, ni ne durent pas longtemps, l'experience cependant nous faisant connoitre que l'Opinion de l'Existence de Dieu est telle, que non seulement elle est repanduë par toute la Terre, mais qu'elle a esté, & a regné de tout temps : D'où l'on doit inferer que ce n'est point une Invention des hommes, mais un veritable Iugement de la Nature.

Et il est inutile de dire qu'on n'a pas toûjours eu par tout les mesmes sentimens de Dieu, & que les inventions des hommes s'y sont meslées plusieurs fois, & s'y meslent encore à present; car c'est de cette mesme diversité d'opinions qu'on doit inferer l'Existence de Dieu; d'où vient qu'Aristote aprés avoir fait le denombrement de tout ce que les Anciens avoient dit des Dieux, & de toutes ces Fables qu'ils avoient inventées pour faire subsister les Loix, & pour l'utilité publique, crut que c'estoit en vser divinement que de poser pour fondement qu'il y a des Dieux, & des substances premieres; une telle Opinion ne pouvant point perir de la sorte qu'il ne s'en conserve *comme de certains restes* qui la fasse revivre.

Je ne voy pas aussi côment Euripide, & Critias, & tous ceux que blasme Platon, ayent pû dire au rapport de Plutarque, & d'Empiricus, que toute cette opinion des Dieux immortels a esté inventée par les gens Sages pour le bien du public, & afin que ceux que la raison ne pouvoit pas porter à leur devoir, la Religion les y pûst ramener; car ni Critias, ni Euripide, ni Minos mesme, ni les autres Legislateurs qu'on dit avoir controuvé, & introduit plusieurs choses qui concernent les Dieux, n'ont pas esté du temps auquel ces fictions se rapportent, & il n'y en a pas un qui ne soit moins ancien que l'Opinion de l'Existence de Dieu; quoy que quelqu'un ait pû introduire quelque culte particulier selon qu'il le croyoit plus convenable.

C'est pourquoy les Legiflateurs ont bien pû avoir deſſein que les hommes fuſſent perſuadez qu'il y a quelque force, & quelque Nature Divine, qui penetrant, & eſtant preſente par tout, pûſt voir les Crimes les plus cachez, & qui les puniſt, afin qu'ils ne fiſſent pas meſme en cachete les choſes qui eſtant ignorées des hommes, ne ſeroient point châtiées par les Loix; mais il n'a pas eſté neceſſaire qu'ils introduiſiſſent cette perſuaſion, veu qu'elle eſtoit auparavant; ſi bien qu'ils ont ſeulement crû qu'il la falloit fomenter, comme ils ont effectivement fait ſouventefois par des narrations fabuleuſes, & par des coûtumes ſuperſtitieuſes.

Je ne voy pas meſme comme il y en ait qui ayent pû dire avec Euhemere, qu'on n'a premierement point connu d'autres Dieux que les plus puiſſans, & les plus fins d'entre les hommes qui ont uſurpé la Tyrannie, comme Jupiter & autres; parceque ceux-cy diſent auſſi des choſes qu'ils ne ſçauroient en aucune façon prouver; n'y ayant ni Annales, ni Hiſtoires qui faſſent mention de ces Tyrans: Et pour ce qui eſt de ce fatras de Fables, l'on ſçait quelle foy l'on y doit ajoûter : Joint que s'il y a eu des hommes qui ayent voulu se faire croire Dieux, il est necessaire que l'Opinion de l'Existence des Dieux ait precedé, pour pretendre qu'on les crust tels ; puis que cette Opinion ne leur seroit point venuë dans la pensée, & que le peuple ne l'auroit point receuë, si auparavant il n'avoit eu quelque chose qui luy en eust donné quelque fondement, & quelque idée.

De là vient que nous devons croire que ce qui s'est fait à l'égard des Apotheoses des Empereurs Romains, le mesme s'est fait à l'égard des Apotheoses de Jupiter, d'Oziris, & des autres ausquels les hommes ont voulu rendre des honneurs divins, & ce afin qu'on les supposast Dieux avant qu'ils fussent devenus Dieux, & avant qu'ils joüissent de l'Immortalité dont on les croyoit dignes à cause de leurs grands merites. Or si Jupiter par la suite des temps a esté estimé le Roy des Dieux, cela n'est point tant arrivé de ce que l'on ait attribué la souveraine divinité à Iupiter qui estoit un homme comme les autres, & dont on voit le Sepulchre en l'Isle de Crete, que parce que l'on a transporté le nom

de

de Iupiter à la Souveraine Divinité dont on croyoit l'Existence avant que Iupiter fust né.

Pour ce qui est de ceux qui disent avec Prodicus, qu'on n'a premierement cru pour Dieux que les choses utiles, comme le Soleil, la Lune, Ceres, Bachus, Hercule, & autres ; il leur est impossible aussi bien qu'aux precedens de nous donner la moindre preuve de ce qu'ils avancent, & il est constant qu'on doit dire le mesme de Bachus, d'Hercule, & autres semblables que de Iupiter ; & si à l'égard des choses Naturelles, les hommes en ont mis quelques-unes au nombre des Divinitez, parce qu'elles sont utiles à la vie, ce n'est qu'acause de cette Anticipation, ou premiere Idée qu'ils avoient de l'Existence d'une certaine Nature Divine, laquelle estant bonne, estoit utile.

Enfin, c'est une pure fiction de dire avec Petrone, que c'est la Crainte qui a premierement fait les Dieux, lors que les Foudres tomboient du Ciel, suivant ces Vers tant vantez.

Primus in Orbe Deos fecit timor, ardua Cœlo
Fulmina cùm caderent, &c.

M

Car ce n'est point la crainte qui est cause de l'opinion qu'on a de Dieu, mais c'est l'opinion qu'on en a qui est cause de la crainte, & qui nous avertit, pour ainsi dire, lors que les tonnerres, & les éclairs nous effrayent, qu'il faut implorer son assistance, estants persuadez qu'il peut detourner le mal qui pend sur nos testes. Tenons donc pour constant que les hommes ont une certaine Anticipation, ou Prenotion naturelle de Dieu, & que c'est un argument tres-considerable pour prouver son Existence.

Seconde Preuve de l'Existence de Dieu tirée de l'Inspection de la Nature.

A L'egard de la seconde raison qui prouve l'Existence de Dieu, & qui prouve en mesme temps qu'il est l'Autheur, & le Moderateur du Monde; on ne sçauroit, ce me semble, rien dire de plus grand, & de plus avantageux que ce que Ciceron en a tiré des Livres d'Aristote. *S'il y avoit des hommes*, dit-il, *qui eussent toûjours habité sous terre, enfermez dans de tres-belles demeures ornées de peintures, & fournies de toutes les* choses dont abondent ceux que l'on croit heureux: Si ces hommes ayant oüy parler de l'Existence, & de la puissance de quelque Divinité, eussent enfin pû par quelque accident sortir de leurs cavernes, & venir icy dans ces lieux que nous habitons; lors que tout d'un coup ils auroient veu la Terre, les campagnes, la Mer, le Ciel, l'étenduë & la diversité des Nuées; lorsqu'ils auroient reconnu la force des Vents, & contemplé le Soleil, sa grandeur, sa beauté, sa vertu, ses effets, & le Iour qu'il fait par la lumiere qu'il repand sur la Terre; lors que la Nuit obscurcissant l'Air, ils auroient jetté les yeux au Ciel qu'ils auroient veu orné, & diversifié de tous ces Astres brillans; lors enfin qu'ils auroient observé la diversité de lumiere qui se voit dans la Lune quand elle croist, ou qu'elle decroist, le lever & le coucher de tous ces Corps lumineux, & leurs cours fixes & invariables dans toute l'Eternité; lors, dis-je, qu'ils auroient veu toutes ces merveilles, n'auroient-ils pas crû pour certain qu'il y a des Dieux, & que tous ces grands & magnifiques Ouvrages ne peuvent estre que l'ouvrage des Dieux? C'est là certes un raisonnement qui ne sçauroit souffrir aucune replique; puis qu'il n'y a point d'homme qui pourveu qu'il soit capable de reflection, & qu'il ait le jugement sain, ne soit contraint de reconnoitre qu'un Edifice si grand, si bien ordonné, & si magnifique, doit estre l'ouvrage d'autres mains que de celles de la Fortune, & du Hazard.

Veritablement si le Monde n'estoit qu'un Amas, ou une Masse informe, & indigeste de parties confusément meslées sans aucune disposition, & sans aucun arrangement convenable, ensorte qu'il ressemblast à quelque Tas confus de Pierres, de Poutres, de Chevrons, de Tables, de Chaux, de Sable, de Tuiles, &c. il semble qu'il y auroit quelque sujet de dire qu'il se seroit ainsi amassé & amoncelé par hazard; mais maintenant puisque le Monde est bien plus stable dans ses parties, plus diversifié, plus orné, & plus enrichi que le Palais le mieux basti, & le plus artistement travaillé qui puisse estre; comment se peut-il faire qu'il se trouve des hommes qui estant persuadez qu'un Palais magnifique n'est point l'ouvrage du hazard, mais un effet de la sagesse, & de la conduite d'un scavant Architecte, ne jugent pas la mesme chose de la fabrique du Monde ?

Mais pour ne nous arrester pas seulement sur cette immense, & etonnante Machine du Monde ; considerons celle du Corps des Animaux qui se fabrique encore à present tous les jours dans sa matrice particuliere : Cette multitude innombrable de parties differentes qui toutes ont une certaine sympathie, un certain rapport mutuel, & une liaison, & communication les unes avec les autres,&' dont il n'y en a pas une d'Inutile, qui ne soit destinée à quelque fin & à quelque usage, & qui ne soit de la grandeur, de la forme, & de la figure la plus commode qui puisse estre pour parvenir à cette fin, & s'acquitter de sa fonction ; cette multitude, dis-je, innombrable de parties differentes disposées, & ordonnées de la sorte, & tant d'autres particularitez qu'on ne sçauroit considerer sans etonnement, peuvent-elles estre l'effet du hazard & de la fortune, ou plûtost ne se doivent-elles pas attribuer à une Sagesse, & à une Raison Eternelle ?

Considerons aussi si vous voulez, l'Economie merveilleuse des Plantes. Lors que l'aliment, ou le suc qui se tire de la terre monte & passe par le tronc, & par les branches, pourriez-vous bien croire, je vous prie, que ce suc fust capable de s'arondir si proprement en bouton à l'extremité de la branche, de s'etendre & de se deployer en une certaine Fleur particuliere si subtile dans sa tissure, si bizarre dans ses couleurs, si agreable pour son odeur, & de se transformer dans un fruit d'une espece particuliere avec cette ecorce au dehors pour sa defense, & avec ce nombre determiné de grains particuliers dont chacun jetté en terre produit ensuite d'autres semblables Plantes ? Pourriez-vous bien, dis-je, croire que ce suc pûst souffrir tous ces changemens si surprenans sans l'ordre, & sans la direction de quelque Cause tres sage, tres adroite, & tres intelligente ?

Toutes ces choses, disent quelques-uns, se font par Nature. Mais quelle que soit cette Nature, qu'elle doit estre sage pour former une si grande diversité de parties dans ses Ouvrages, & pour les disposer, les arranger, & les diriger à leur fin !

La Nature persiste dans ce qui a esté fait au commencement par hazard. Qu'elle persiste, je le veux ; mais de bonne foy, se peuvent-ils persuader que les corps des Animaux ayent pû au commencement se former de la sorte sans l'intelligence, & la conduite d'un sage Directeur?

Les Mouches, & plusieurs autres Insectes de la sorte se forment encore aujourd'huy d'eux-mesmes par la Nature. Mais la question est touchant cette Nature, ou Vertu naturelle & intrinseque des semences ; comment il est possible que ce qui est propre à former des choses si admirables se trouve dans ces semences si dans le commencement il n'y a eu quelque Agent intelligent, & puissant qui leur ait imprimé cette force, & qui ait ordonné cette suite & propagation continuë de vertus, & de mouvemens.

Tout cela se fait à present de la sorte, parce qu'il s'est fait de mesme dés le commencement. Mais imaginez-vous que vous ayez esté dans le cómencement lorsque ces Animaux se sont formez, ou pour en demeurer mesme en quelque chose de moins surprenant, lorsque la pomme s'est formée ; si quelqu'un vous eust predit alors de quelle façon la Plante se devoit nourrir, devoit germer, fleurir, porter fruit, & se multiplier; n'est-il pas vray que vous auriez dit d'abord, Qui est ce Directeur qui a fait un si beau commencement,& qui a institué une suite si admirable? Que si vous aviez veu l'Autheur mesme agir, & ordonner ce progrez, auriez-vous pû dire que cet Agent fit tout sans raison, & que dans ses ouvrages il n'y eust ni Conseil, ni Sagesse, ni Iugement?

Et si quelqu'un vous eust interrogé de cette sorte: Vous dites que ces choses ne se font pas par raison: Or supposez qu'elles se fassent par raison, qu'y trouvez-vous qui soit indigne de raison? Vous dites que c'est par hazard qu'elles se font de la sorte; mais supposez qu'elles se fassent par Sagesse; que pouvez-vous imaginer qui se puisse faire de plus sage, & de plus judicieux? Si quelqu'un, dis-je, vous eust interrogé de la sorte, ne vous tiendriez-vous pas pour un homme sans jugement, si vous n'aviez pas reconnu la Sagesse de l'Autheur? Et maintenant qu'on vous fait la mesme demande, vous vous croyez fort intelligent de nier l'Autheur de la Sagesse? O qu'il faut estre depourveu de sens, ou qu'il faut avoir de grands remords de conscience, si l'on fait reflection sur ces choses, &

qu'on ne louë cependant que la fortune, & le hazard !

Les Atomes se mouvant çà & là à l'aventure dans l'immensité de l'Espace, apres avoir tenté tous les mouvemens possibles, sont enfin venu dans ces dispositions que nous voyons. Cela certes auroit quelque fondement si le Monde, côme nous avons dit, le corps des Animaux, & les Plantes n'estoient qu'un amas confus de parties, mais la difficulté demeure toûjours, & il est toûjours inconcevable comment tant d'Atomes voltigeans çà & là au hazard dans ces Espaces infinis, ayent pû se rencontrer avec tant de fortune, & ayent pû en mesme temps s'accrocher si fortement, & se disposer avec tant d'ordre, sans une Cause puissante, & intelligente qui les ait dirigez, attachez, & disposez de cette maniere Celuy-là, dit Ciceron, *qui est capable d'attribuer un tel ouvrage au hazard, sera capable de croire de mesme qu'un nombre innombrable de Caracteres de vingt & une lettres jettez quelque part sur la Terre à l'aventure, pourront former les Annales d'Ennius; ce qui est tellement difficile, que je ne sçay, ajoûte-t'il, si la fortune pourroit reüssir dans une seule ligne.*

M.

Or puis que de tout ce que nous venons de dire il est constant que toute Disposition est l'ouvrage de la raison, & du jugement; il faut de necessité que ce qui est disposé soit quelque chose de distingué de ce qui raisonne, & qui juge; veu que ce qui se fait par raison, & par jugement n'est pas encore, & que ce qui n'est pas encore, ne peut agir. Il faut donc qu'il y ait quelque autre chose qui precede la chose disposée, & qui ait l'intelligence, & la raison par lesquelles il la dispose. C'est pourquoy, puis qu'il est vray que dans le Monde il y a de la disposition qui est l'ouvrage de la raison, & du jugement, il faut conclure qu'outre le Monde, il doit y avoir quelque chose qui soit doüé de jugement, & de raison, & qui ait donné au Monde la disposition que nous y remarquons; & nous devons dire que ce Dispositeur est donc plûtost par luy-mesme, & par consequent qu'il existe necessairement; veu qu'il a dû estre toûjours, & qu'il n'a pû estre fait, afin qu'il y ait eu quelque chose par le moyen de quoy le Monde ait esté fait. Le Monde n'est donc point par luy-mesme, ni tout ce qui est dans le Monde, mais il est par cet Estre seul & unique que nous appellons Dieu, & qui peut par consequent estre appellé Cause premiere, & Premier Moteur, la Source de tout estre, l'Origine de toute perfection, le Maistre de l'Univers, &c.

Aussi est-ce pour cela que le Sage nous enseigne que ceux-là ne sont point excusables, qui ayant pû reconnoitre la beauté du Monde, n'en ont pas plus facilement reconnu le Maistre; parce que de la grandeur de la Creature il estoit facile de reconnoître le Createur; & Lactance a eu tres-grande raison de dire qu'il n'y a personne si grossier & si barbare, qui élevant les yeux au Ciel (quoy qu'il ne sçache pas quel est celuy par la providence duquel tout ce qui se voit est gouverné) ne comprenne neanmoins par la grandeur des choses, par leur mouvement, disposition, constance, utilité, beauté, & temperature, qu'il doit y avoir quelque Estre qui gouverne, & qu'il ne se peut faire que ce qui est si admirable, & si judicieux, n'ait esté instruit par quelque chose qui l'est bien encore davantage.

Ajoûterons-nous point à tout cecy le raisonnement de Daneche-mend-kan un des plus sçavants hommes de l'Asie, & des plus grands Omrahs de la Cour du grand Mogol: S'il y a, disoit-il, quelque chose qui doive faire l'étonnement d'un Philosophe, ce n'est point tant de ce qu'il y ait un Dieu, un Estre Eternel, Necessaire, & Intelligent, que de ce qu'il y ait quelque chose, ou quelque Estre en nature; car il semble, ajoutoit-il, qu'il ne devroit absolument rien y avoir qu'un pur neant. Or puis qu'il faut cependant de necessité avoüer non seulement qu'il y a effectivement quelque chose, mais encore qu'il y a quelque chose d'Eternel, d'Increé, de Necessaire, & d'Independant, Dieu, ou les Atomes; il semble qu'estant d'ailleurs inconcevable que l'ordre & la disposition generale du Monde, la disposition particuliere des parties du corps des Animaux parfaits, & cette force de l'Entendement humain, puissent estre l'effet d'un concours fatal & aveugle des Atomes, qui ne sont que de petites substances tres-imparfaites, solides, dures, impenetrables, insensibles, errantes si vous voulez çà & là à l'aventure, & indifferentes de soy au mouvement & au repos, & à une telle, ou à une telle figure: Il semble, dis-je, qu'il est bien plus raisonnable d'admettre un Estre souverain qui soit le Premier Moteur des Atomes, le Formateur ou Determinateur de leurs innombrables figures differentes, la Cause dispositrice des parties du Monde, & de celles du corps des Animaux, & la Source primitive de tout Sens ou intelligence, que d'attribuer uniquement tout cela au mouvement, à la figure, au concours, & à la disposition naturelle & particuliere des Atomes.

Cela mesme, disoit-il encore, nous met en repos du costé de cet Ordre admirable des parties tant du Monde que du corps des Animaux, qu'on ne sçauroit considerer sans estre comme forcez en mesme temps de reconnoitre quelque Ordonnateur tres sage, & tres prudent, & nous delivre de ce remord importun qui doit travailler sans cesse l'Esprit d'un Athée, pour peu qu'il soit capable de reflection.

Enfin il concluoit à l'egard de la Creation des Atomes, que s'ils dependoient quant à leur mouvement, quant à leur figure, & quant à leur disposition de quelque Souverain Estre eternel, & necessaire, & independant, tres-puissant, & tres-intelligent, ce nous devoit estre un grand prejugé pour inferer qu'ils en dependoient encore quant à leur Estre-mesme ; d'autant plus qu'il est inconcevable qu'un Atome, qui est le plus vil & le plus imparfait Estre qu'on se puisse imaginer, soit neanmoins Eternel, Increé, Independant.

Au reste, quoy que de tout ce que nous avons dit icy l'on ne puisse pas douter de l'existence d'un Dieu, d'un Souverain Estre, d'un Premier Moteur ; neanmoins l'Esprit humain estant fini, & limité comme il est, nous ne devons pas pretendre d'en donner une Idée, ou une definition positive qui reponde à la perfection de sa nature.

De là vient que les sacrez Docteurs estiment qu'il est plus seur de nier que d'affirmer quelque chose de Dieu, c'est à dire de parler de Dieu en disant ce que ce n'est pas, & le depoüillant ainsi de toute imperfection, qu'en determinant & definissant ce que c'est. Voicy comme Saint Augustin en parle, *Vous concevez la Terre ! cela n'est point Dieu. Vous concevez la Mer ! cela n'est point Dieu. Ce qui est dans la Mer, ce qui vole dans l'air ! cela n'est point Dieu. Tout ce qui luit au Ciel, les Etoiles, le Soleil, & la Lune ! cela n'est point Dieu. Vous concevez les Anges, les Vertus, les Puissances ! cela n'est point Dieu. Et qu'est-ce* donc ? I'ay seulement pû dire ce qu'il n'est pas. Vous demandez ce que c'est ? C'est ce que l'Oëil n'a point veu, l'Oreille n'a point entendu, & le Cœur de l'homme n'a point conceu.

De là vient aussi qu'on loüe ordinairement Simonides de ce qu'ayant demandé premierement un jour de delay au Roy Hyero qui vouloit sçavoir de luy ce que c'estoit que Dieu, le lendemain il le pria de luy en accorder deux, le jour d'aprés quatre, & ainsi de suite, jusques à ce que le Roy s'etonnant de ce qu'il multiplioit perpetuellement le nombre des jours, il luy repondit enfin, que plus il y pensoit, & plus il trouvoit la chose obscure.

CHAPITRE XIX.

Quel est l'Interne, & Premier Principe d'agir dans les Causes Secondes.

IL s'agit principalement icy de sçavoir quel est le premier, interieur & radical Principe ou Cause premiere du mouvement, & de l'action ou activité qui est dans les causes secondes, c'est à dire dans tout ce qu'il y a au monde qui a quelque puissance d'agir, excepté Dieu. Et l'on est principalement en peine touchant la substance de cette cause; car il y a des Philosophes qui pretendent qu'elle est incorporelle, comme Pytagore, Platon, & en un mot, tous ceux qui etablissent une certaine Ame du Monde, & qui veulent que toutes les Formes particulieres soient des parcelles de cette ame, d'ou provienne toute l'efficace qui est dans les choses. Tous les autres croyent au contraire que ce premier Principe du mouvement & de l'action des causes secondes est une substance purement corporelle, tres-subtile, tres-mobile, & tres-active, qui peut estre dite Matiere entant que les choses en sont composées, & Cause entant qu'elle produit quelque effet.

Pour concilier en quelque façon ces deux Opinions, nous avouërons en premier lieu que Dieu est incorporel, qu'il penetre, fomente, & entretient la Machine universelle du Monde; mais qu'il ne s'ensuit pas pour cela qu'il soit cette Ame, ou forme du Monde, dont la substance soit comme dechirée, & separée en de petites parties qui deviennent les Ames ou Formes particulieres des hommes, des brutes, des plantes, des metaux, des pierres, & generalement de toutes choses : Et cela n'est pas seulement impie, mais encore tres-absurde & ridicule ; comme s'il se pouvoit faire qu'un estre Incorporel, & Immense, ou present par tout, fust divisé, & transporté, affecté, & embarassé par le corps.

Nous dirons en second lieu que le Principe interne d'agir que nous concevons estre dans les causes secondes est une substance corporelle ; parce que les actions Physiques estant corporelles, l'on ne peut pas concevoir qu'elles puissent estre faites autrement que par un Principe corporel ; n'estant pas possible de comprendre qu'un Principe incorporel puisse estre de telle maniere appliqué au corps qu'il le puisse pousser, parce que rien ne peut pousser qu'en touchant, & rien ne peut toucher ou estre touché que ce qui est corps.

Tangere nec tangi nisi corpus nulla potest res.

Nous devons parler autrement de Dieu, qui estant un Estre d'une vertu infinie, & present par tout, n'agit point par aucun mouvement de sa propre Substance, mais peut mouvoir toutes choses par son seul vouloir.

A l'egard de l'Ame raisonnable, & de ces substances separées de la matiere, que l'on a coûtume d'appeler des Intelligences, des Genies, des Demons, & que nous nommons bons ou mauvais Anges, la difficulté est grande : Car ces substances n'ont ni une vertu infinie, ni ne sont immenses ou en tous lieux comme Dieu ; mais il me semble qu'on peut dire qu'ayant esté creées incorporelles, & de purs Esprits, Dieu leur a donné ensuite vne vertu d'agir, de mouvoir les corps, d'exterminer des Armées entieres, &c. qui est toute particuliere, & qui nous est incomprehensible.

Or comme nous avons dit cy-dessus que l'Opinion qui établit les Atomes pour la matiere des choses est la plus probable de toutes ; rien ne nous pourroit empescher de supposer icy qu'il y a quelques atomes qui n'ont ni action, ni mouvement, ou que tous les atomes ne sont pas également vistes; car toute la mobilité qui est en eux leur venant de la main toute-puissante de Dieu, il est certain qu'il a esté en sa disposition d'en créer quelques-uns doüez d'une insigne mobilité, d'autres d'une mediocre, d'autres d'une tres-petite, & d'autres enfin qui fussent dans le repos; & l'on pourroit mesme expliquer tres commodement par cette distinction d'où vient qu'entre les corps composez il y en a de tres mobiles, comme le Feu, de tres paresseux, comme les Pierres, & de mediocre activité, comme les diverses Especes des Animaux.

Mais certes l'on peut aussi supposer avec les Autheurs des Atomes, conformement à ce que nous avons dit, qu'ils sont tous doüez d'une extreme & pareille mobilité; car s'il y a des corps composez qui paroissent plus ou moins mobiles, cela peut provenir de ce que les atomes dont quelques-uns sont tissus, ont à raison de leur figure, & de leur grandeur particuliere plus de liberté & de facilité à se degager, & à se separer de ceux qui les tiennent embarassez, & resserrez, & qu'ainsi ils rencontrent, & se font plus aisement des passages par lesquels ils s'insinuent dans toutes les parties du corps, ensorte que poussant avec impetuosité les parties les plus fixes & adherantes, ils impriment du mouvement, & ebranlent toute la Masse ; ce qui peut encore provenir de ce que ces mesmes atomes estant plus serrez, & plus embarassez entre-eux, & ne pouvant en aucune maniere, ou que tres-difficilement se mouvoir, & avancer d'un costé ou d'autre, ils rendent la Masse ou immobile, ou tres-paresseuse.

Quoy qu'il en soit, il faut supposer que quelle que soit la mobilité qui a esté imprimée aux atomes, cette mobilité persevere toûjours constamment la mesme, ensorte que s'ils peuvent estre empeschez de se mouvoir, comme pretendent quelques-uns, ils sont neanmoins toûjours dans une espece d'effort continüel, & comme tâchant perpetuellement de se mettre en liberté, & de se remettre en mouvement, & cette supposition est absolument necessaire pour expliquer d'où peut provenir cette Constance si grande, & si etonnante de mouvemens, & de vicissitudes que nous remarquons dans la Nature, & comment il se peut faire que certains corps se meuvent perpetuellement, & sans interruption, que d'autres se reveillent, pour ainsi dire, de leur assoupissement, & de leur paresse, & recommencent leur mouvement aprés avoir esté longtemps en repos, & que d'autres enfin se dissolvent d'eux-mesmes, se dissipent, & s'évaporent.

Et ne dites pas qu'il est impossible qu'une mesme chose soit en mesme temps celle qui meut, & celle qui est meuë; puis que tous les Philosophes en doivent demeurer d'acord au regard des Animaux, & qu'il est certain que l'Ame est meuë elle-mesme lors qu'elle meut; & certes il n'est pas possible de concevoir qu'un corps puisse mouvoir un autre corps, quoy qu'il luy soit present, & conjoint, s'il est immobile en soy-mesme, & s'il attend à se mouvoir que l'autre se meuve. Il est donc plus à propos de dire que les Atomes sont la premiere Cause mouvante dans les choses Physiques ; en ce que lors qu'ils se meuvent d'eux-mesmes, j'entens toûjours selon la force qu'ils ont receuë de Dieu dés leur Creation ; ils donnent le mouvement à toutes choses, & sont par consequent l'Origine, le Principe, & la Cause de tous les mouvemens qui sont dans la Nature.

Et par là nous comprendrons aisement que du concours mutuel des atomes il se forme premierement de tres petites masses qui sont portées vers quelque endroit, selon & à proportion de l'impetuosité que le plus grand nombre imprime à la masse, mais dont le mouvement est neanmoins retardé par l'effort, & la resistance de ceux qui agissent & se portent vers les endroits opposez, & à droit, & à gauche : Et qu'en suite par le concours d'un plus grand nombre d'atomes les masses deviennent plus grandes, & sont meuës plus viste, ou plus lentement, suivant le mouvement de ceux qui sont arrivez de nouveau; ensorte que ces masses devenant toûjours plus grandes, l'on commence de s'appercevoir de quelque mouvement, jusques à ce qu'estant tout à fait sensibles, non seulement par l'arrivée des atomes, mais aussi par l'union & l'assemblage mutuel de plusieurs petites masses, il s'en forme tous les Corps soit grands, soit petis qui sont dans la nature, & qui ont chacun en particulier leurs mouvemens, & leurs actions particulieres à raison de leur contexture particuliere : D'où nous pouvons conclure que toute l'action, & tout le mouvement des corps naturels à la reserve de ceux qui se font par des voyes qui sont incomprehensibles, doit estre rapporté au mouvement des Atomes comme à leur Principe, & à Dieu comme premier Moteur des Atomes.

LIVRE II.
DV MOVVEMENT.

CHAPITRE I.
Ce que c'est que Mouvement.

Nous avons supposé jusques icy que l'action des causes secondes estoit la mesme chose que leur mouvement, comme n'y ayant rien qui puisse agir qui ne se meuve, ni reciproquement rien qui se puisse mouvoir qui n'agisse. Et parce qu'on a coustume de mettre en dispute plusieurs choses de l'action des causes sous le nom du mouvement qui demandent un Traitté particulier, nous examinerons dans celuy-cy les principales difficultez du mouvement.

Ce n'est pas sans raison qu'Aristote dit qu'il appartient proprement au Physicien de traitter du mouvement, en ce qu'il qu'il est necessaire que le mouvement estant ignoré, la Nature soit ignorée; la Nature, dis-je, qui ne se fait paroître en rien davantage que par le mouvement qui est comme l'effort, & le premier fruit par lequel elle donne à connoître ce qu'elle est. C'est pourquoy il dit que la Nature est le principe du mouvement, & quelques-uns de ses plus illustres Sectateurs veulent que l'Estre Mobile soit le sujet de la Physique; ce que le mesme Aristote repete plus d'une fois, & principalement dans l'onziéme Livre de sa Metaphysique, où il dit *que la Physique est une Science qui regarde les choses qui ont en elles-mesmes le principe du mouvement.*

Je ne repete point icy que ce principe par lequel toutes les choses de la Nature, & tous les composez sont meus, semble estre dans ces choses à cause du mouvement naturel des atomes, en sorte que si pendant que les atomes sont differemment agitez au dedans de quelque Corps, il arrive que ceux qui sont plus mobiles, & plus degagez que les autres conspirent à faire leur effort vers quelque endroit, ils y poussent tout le Corps qui entraine par consequent avec soy le reste des atomes

Pour commencer par la definition du Mouvement, nous le separons de ceux qu'on prend pour des especes de changement, & dont nous parlerons expressement cy-aprés ; car il s'agit precisement icy du mouvement qu'on appelle d'ordinaire Local, c'est à dire, de ce mouvement que tout ce qu'il y a d'hommes au monde entendent d'abord par le nom de mouvement, & qu'Aristote dit estre proprement appellé mouvement.

La definition qu'en donne Epicure lors que selon Sextus Empiricus il dit que *Le mouvement est le passage d'un lieu à un autre*, est à mon avis la plus claire, & la plus intelligible de toutes ; il est certain au moins qu'elle est bien plus aisée à comprendre que celle d'Aristote qui definit universellement le mouvement, *L'acte d'un Estre en puissance entant qu'il est tel*, n'y ayant rien, ce semble, de plus obscur que cette definition.

Quelque claire neanmoins que soit la definition d'Epicure, cela n'a pû empescher que Sextus Empiricus n'y ait fait quantité d'objections, dont la premiere est celle de la roüe du Potier qui est meuë durant qu'elle tourne, & qui toutefois ne passe pas d'un lieu dans un autre : Mais il est visible que ce mouvement ne se fait point sans passer d'un lieu dans un autre, non certes à l'egard du tout qui ne sort point de son lieu total, mais à l'egard des parties dont l'une passe d'un lieu haut dans un bas, l'autre d'un lieu bas dans un haut, celle-cy de droite à gauche, & celle-là de gauche à droite ; ce qui a donné lieu à quelques-uns de definir le mouvement, *Le passage d'un lieu à un autre, ou de tout le Corps, ou de sa partie.*

Il objecte de plus une espece de mouvement qu'il appelle admirable : Car si quelqu'un (dit-il) estant dans un Navire marche de la prouë à la pouppe avec la mesme vitesse que le navire fait son cours, de sorte que dans le mesme temps qu'il avance de deux pieds, cet homme avance pareillement & en mesme temps de deux pieds ; il est certain qu'il sera en mouvement, & cependant il ne passera point d'un lieu dans un autre, parce qu'il occupera toûjours le mesme espace immobile.

On peut dire premierement qu'il y aura là quelque mouvement, à sçavoir celuy des cuisses, & des pieds de cet homme ; parce que toutes les fois qu'il portera le pied de derriere en devant, ce pied fera meu deux fois plus viſte que le Navire; & il eſt neceſſaire que cela ſoit, afin qu'il regaigne le temps dans lequel il a eſté en repos, ſcavoir eſt quand l'autre pied ſe portoit pareillement de derriere en devant, & ainſi ſes pieds changeront alternativement de lieu.

Il faut dire de plus que le tronc de ſon corps ſeroit en quelque mouvement, en ce qu'à chaque pas qu'il feroit, il ſeroit un peu hauſſé, & un peu abaiſſé; car les pieds ne peuvent eſtre mûs alternativement pour marcher, que dans le temps que l'un & l'autre touche la terre, le tronc du corps ne ſoit un peu abaiſſé, acauſe que les cuiſſes ſont etenduës, & que quand on eſt appuyé ſur l'un cependant que l'autre paſſe en s'eſlevant ſur ſes doigts, le tronc du corps ne ſe hauſſe, acauſe de la contention de la cuiſſe qui ſe dreſſe; ſans dire qu'il ſe fait toûjours quelque inflection à droite & à gauche.

Il objecte enfin que ſi l'on conçoit qu'un Individu & tres petit corps ſe tourne dans le meſme lieu, ou en rond, il y aura pour lors du mouvement, & que neanmoins ce mouvement ne ſera

Du Mouvement. 293

ni selon le tout, ni selon la partie ; mais si par le mot d'Individu ou petit corps on entend un poinct Mathematique, ce poinct ne pouvant subsister reellement, & sans fiction, on ne luy peut attribuer de mouvement, & l'on ne doit point admettre la supposition : Que si on entend un poinct Physique, on repondra ce que nous avons deja repondu à l'egard du mouvement de la roüe du Potier ; car ce corps n'est point appellé Indivisible, parce qu'il n'ait aucune grandeur, ou aucunes parties designables par l'Esprit, mais plûtost parce qu'il n'y a aucune force dans la Nature qui le puisse separer en de telles parties, d'où vient que n'estant pas un pur poinct, mais ayant des parties hautes & basses, &c. les unes peuvent succeder dans les lieux particuliers des autres : Mais à dire le vray, cecy est du nombre des choses qui à peine peuvent arriver dans le cours de la Nature ; puis qu'un Indivisible de la sorte estant laissé dans son entiere liberté seroit meu en ligne droite, & non pas en rond, & qu'estant poussé par un autre, il ne pourroit pas estre tellement meu en rond qu'il ne fust tant soit peu detourné de ça ou de là.

Au reste, comme il n'y a rien de plus connu dans le Monde que le mouvement, il semble qu'il seroit ridicule de demander s'il y en a ; neanmoins, parce que ça esté une question tres celebre entre les Anciens, nous en dirons quelque chose en passant, quand ce ne seroit que pour voir la subtilité des argumens de ceux qui soûtenoient que rien ne se mouvoit. Un des principaux argumens est celuy là mesme que nous avons deja touché, par lequel Zenon pretendoit que le mouvement ne pouvoit jamais commencer ; parceque, disoit-il, la premiere & prochaine moitié de quelque espace que ce soit devant estre parcouruë avant la moitié plus eloignée, & cette premiere moitié ayant derechef une premiere & prochaine moitié, qui par la mesme raison doit estre auparavant parcouruë, cette seconde une autre de mesme, & ainsi à l'Infini, sans qu'il y ait jamais un premier moment devant lequel on n'en puisse pas prendre un autre, & dans lequel il ne reste une moitié de moitié ; il est constant qu'on ne pourra jamais entrer dans l'espace, & par consequent que le mouvement ne pourra jamais commencer.

Il pretend par un autre argument qu'un mobile tres viste comme Achille (qu'Homere appelle viste des pieds) ne pourra jamais en atteindre un tres lent comme une Tortuë; en ce que n'y ayant aucun moment dans lequel la Tortuë parcourt un espace pour petit qu'il soit qu'Achille n'ait besoin d'un moment pour le parcourir, & que dans le mouvement d'Achille il n'y a pas plus de momens que dans le mouvement de la Tortuë; cela fait qu'Achille n'avance jamais tant vers la Tortuë que la Tortuë ne le precede d'autant, & qu'ainsi il ne la peut jamais atteindre.

Ce sont là les raisons que Diogene crut ne devoir point refuter autrement qu'en se levant, & en marchant. Et c'estoit, à mon avis, en user tres judicieusement; car Aristote tasche veritablement de les resoudre en disant que les parties du Continu, & par consequent de l'Espace, & du Temps ne sont pas infinies actuellement, mais seulement en puissance; & que le Continu n'est pas composé d'Indivisibles, ni le Temps de Maintenants, ni l'Espace de Poincts; cependant il reste toûjours de la difficulté, comme on peut voir parce que nous avons dit en parlant de la divisibilité du Continu à l'Infini.

Or ne seroit-il point plus commode, & plus aisé de dire que ces difficultez ne regardent point ceux qui admettent les Atomes, en ce qu'elles n'ont de force, & que Zenon ne les proposoit que dans l'hypothese de ceux qui admettent la Quantité divisible à l'infini? Et ainsi n'y devons-nous pas plûtost repondre en niant cette infinité imaginaire de parties tant en puissance qu'en acte, & en accordant des Indivisibles, non pas ces Indivisibles Mathematiques & infinis, mais Physiques & finis; & en un si grand nombre que l'Esprit ne puisse les comprendre? Car nous avons aussi deja fait voir auparavant que cette infinité de parties dans le Continu, & cette indivisibilité Mathematique n'est point en nature, mais que c'est une pure hypothese des Mathematiciens, & qu'ainsi il ne faut pas argumenter dans la Physique en supposant des choses que la Nature ne connoit point.

Cependant comme la comparaison qui se fait du Mobile lent avec le viste, peut faire quelque difficulté non seulement à ceux qui admettent des poincts

Mathematiques, mais aussi à ceux qui comme nous ne reconnoissent que des poincts Physiques, il est à propos d'en dire icy quelque chose.

La difficulté consiste en ce que si le mouvement du mobile lent, & celuy du mobile viste est continu, il faut que pendant que le moins viste est meu un instant, & qu'il parcourt un indivisible Physique, le plus viste parcoure ensemble & sans aucune succession plusieurs indivisibles Physiques rangez par ordre, ce qui est incomprehensible.

Pour repondre à cette difficulté, ne pourroit-on point dire que la lenteur tire son origine du repos ? Certes, comme nous concevons que la lumiere du Soleil en plein midy est tres grande, & que les differens degrez de celle que nous appercevons depuis ce moment jusques aux pures tenebres, naist du meslange d'une plus grande, ou plus petite quantité de tenebres; nous pouvons de mesme concevoir que le mouvement par lequel les Atomes sont portez dans le Vuide, est tres viste, & que tous les autres degrez qui sont depuis ce mouvement jusques à l'entier repos, naissent du meslange d'une plus grande ou plus petite quantité de petis repos. Par ce moyen on parvient de la blancheur du lait, & de la neige à la noirceur du charbon, & du corbeau ; de la chaleur du feu au froid de la glace, & ainſi du reſte du conſentement meſme d'Ariſtote, qui ne nie pas que ces changemens ne ſe faſſent par le meſlange de leurs contraires.

C'eſtpourquoy quand il y a deux Mobiles dont l'un ſe meut deux fois plus viſte que l'autre, il faut concevoir que de deux momens dans l'un & l'autre deſquels le plus viſte eſt meu, le moins viſte eſt meu ſeulement dans l'un, & qu'il ſe repoſe dans l'autre ; & que par une ſemblable raiſon, quand le mouvement eſt trois fois plus viſte, dans les trois momens dans leſquels le plus viſte eſt meu le moins viſte ſe meut ſeulement dans un, & ſe repoſe dans les deux autres, & ainſi du reſte.

Et ne dites point que cette ſorte de mouvement ne ſera donc pas continu, car il ne le ſera veritablement pas en ſoy, mais il le ſera neanmoins à l'egard du ſens, de meſme que le feu du tiſon qui eſt allumé par le bout, & qu'on tourne en rond avec rapidité, paroit eſtre circulaire à la veuë,

& le tison continuellement dans quelque partie que ce soit du cercle, qui n'y est cependant que successivement, & par interruption. Il en est de mesme quand on s'imagine decrire une ligne droite avec une plume, car cette ligne est incroyablement entrecoupée, à cause de l'inegalité du bout de la plume, & de la superficie du papier, comme les excellens Microscopes le demontrent.

Jamais, direz-vous, personne ne demeurera d'accord que le mouvement d'une boule qui roule sur un Billar, quelque lent qu'il puisse estre, & bien moins encore celuy d'une pierre qui tombe en l'air du haut d'une Tour en bas, ne soit pas continu, ou ce qui est le mesme, que ce mouvement soit interrompu par quelques repos? Mais si on ne le veut pas accorder, qu'on nous fasse donc comprendre que deux mouvemens puissent estre parfaitement continus, ou sans interruption aucune, & que cependant ils puissent n'estre pas parfaitement semblables, ou n'estre pas d'egale vitesse, & qu'on nous donne un moyen d'imaginer quelque difference, ou si vous voulez, du plus & du moins entre continu & continu, en sorte que l'un & l'autre soient continus, & que cependant l'un soit tres lent, & l'autre tres rapide.

L'on concevra certes fort aisement que de deux boules poussées sur un Billar, il y en aura une qui pourra parvenir plus tard au but commun que l'autre, si on suppose que de temps en temps l'une ait esté arrestée en chemin; mais si l'on suppose que les mouvemens de l'une & de l'autre ayent esté continus, & nullement retardez ou arrestez, en sorte qu'il n'y ait pas eu un moment de temps, quelque petit qu'il puisse estre, dans lequel l'une & l'autre ne se soit meüe ; je ne crois pas qu'on puisse concevoir que l'une puisse estre plus lente que l'autre, ou parcoure en mesme temps moins d'espace que l'autre.

Je sçais bien qu'il se presente une grande difficulté, & qu'on peut demander comment il se pourra donc faire qu'un Mobile qu'on aura une fois supposé estre en repos, se pourra derechef remettre en mouvement? Mais ne pourroit-on point comparer le mouvement d'une pierre qui tombe dans l'air, ou celuy d'une boule qui roule sur un Billar à celuy d'un homme qui marche dans une campagne à l'encontre d'un Vent impetueux; en ce que cet homme eſtant dans un continuel effort pour avancer, n'eſt veritablement jamais dans un plein & entier repos, mais que ſon corps eſtant neanmoins balancé entre l'effort exterieur du Vent qui le porte d'un certain coſté, & l'effort interieur de ſes eſprits qui conſpirent & le portent d'un autre ; il eſt comme arreſté & retenu de part & d'autre dans une eſpece de repos, c'eſt à dire dans une certaine tenſion ou mouvement tonique qui n'eſt autre choſe qu'un certain tremblement, ou des allées & venuës tres frequentes & tres rapides qu'on peut appeller repos, entant que ſe trouvant contraires à l'effort du Vent elles retardent le mouvement, & en interrompent en quelque façon la continuité ? Ne pourroit-on point, dis-je, ſe ſervir de cette comparaiſon, & s'imaginer que la pierre ſeroit balancée, ou balotée entre l'impreſſion qui la porte vers le bas, & la reſiſtance de l'Air qui l'empeſche, & la repouſſe vers le haut ?

Ajoûtons qu'une pierre qui deſcend, ou une boule qui roule ſur un Billar, & generalement toutes les maſſes eſtant compoſées de principes qui ſont dans une agitation perpetuelle, & dont les uns tendent ou conspirent & font effort vers un endroit, & les autres vers des endroits differents, & opposez, il n'est pas possible qu'une masse ne soit diversement poussée, & repoussée, & par consequent balancée, & comme retardée par ces efforts opposez.

Aussi est-ce pour cela que je tiens qu'il est bien difficile de donner des regles generales du mouvement, & de la percussion mutuelle des corps composez, parce que les mouvemens des composez n'estant que des modifications des mouvemens des principes, il est comme impossible que dans la multitude comme infinie de principes dont une masse est composée, les efforts interieurs, & la conspiration des principes ne change à tout moment, & qu'ainsi il y ait jamais deux percussions pareilles; & il faudroit pour faire de ces regles generales & exactes, que nous pûssions voir les divers mouvemens des principes, ce que la foiblesse de nos Sens ne nous permettra jamais.

CHAPITRE II.
Du Mouvement Naturel & Violent.

L'On sçait que le Mouvement se divise d'ordinaire en Naturel, & en Violent, & qu'Aristote qui est l'Autheur de cette celebre division, veut que le mouvement naturel soit celuy dont le principe est interne, & le violent celuy dont le principe est externe, ensorte qu'on puisse dire, que ce qui se meut de soy-mesme est meu naturellement, & que ce qui est meu par un autre est meu avec violence : Mais Aristote trouble ensuite luy-mesme la chose lors qu'il croit, ou plûtost qu'il explique que quelque chose est meuë par une autre, & n'est toutefois pas meuë avec violence ; & d'ailleurs il naist des difficultez, qui bien qu'elles ne soient en apparence que des questions de nom, doivent neanmoins nous obliger de chercher une notion plus facile, & qui se puisse mieux accommoder aux termes de naturel, & de violent.

C'est pourquoy le mouvement naturel, & le violent n'estant pas toûjours pris d'une mesme maniere, il semble qu'il sera plus aisé, & plus commode d'entendre par mouvement naturel *celuy qui se fait selon la pente de la Nature, ou sans aucune repugnance, & par mouvement violent celuy qui se fait contre Nature, ou avec quelque repugnance.*

Ainsi lors qu'un Animal marche, son mouvement est naturel, parce qu'il se fait avec une certaine propension naturelle; si toutefois il marche par un lieu bourbeux, s'il monte, ou s'il saute, son mouvement est violent; parce que bien qu'il se fasse par un principe interne, il ne se fait neanmoins pas sans quelque repugnance ou externe, ou interne. Au contraire, lors qu'une bale poussée vole dans l'air, son mouvement est violent, en ce qu'il se fait contre Nature, & avec quelque repugnance ou interne ou externe : Et toutefois si elle est roulée sur un plan, son mouvement est naturel; parce que bien que le principe en soit externe, il est neanmoins sans aucune repugnance tant interne, qu'externe.

Pour reprendre la chose d'un peu plus haut, je ne repete point que toute la force motrice qui est dans les choses composées vient des Atomes ; je remarque seulement que la force naturelle des Atomes ne perissant pas quand les composez commencent de se reposer, mais estant seulement retenüe & empeschée; & que n'estant pas engendrée quand ils commencent d'estre meus, mais acquerant seulement la liberté, l'on peut dire suivant ce qui a esté cy-devant supposé, qu'il se conserve constamment autant d'impetuosité dans les choses qu'il y en a eu dés le commencement.

De là vient que parce qu'un Atome est autant repoussé qu'il pousse celuy contre lequel il hurte, & qu'ainsi l'impetuosité ne croist ni ne decroist acause de la compensation qui se fait, mais que le mouvement persevere toûjours le mesme tant qu'il se fait dans un espace libre & sans resistance; de là vient, dis-je, que quand les choses composées se poussent mutuellement, & se repoussent, l'on peut concevoir qu'elles souffrent d'une telle maniere les unes des autres, que si elles se hurtent avec des forces egales, elles retiennent de part & d'autre un pareil mouvement, & que si elles se hurtent avec des forces inegales, la compensation est telle que dans le tout, ou dans les choses prises ensemble, la mesme quantité de mouvement persevere.

De là vient de plus, que parce que les Atomes conservent leur force motrice ou impetuosité dans les composez, il n'y a point de repos entier & absolu; leur effort estant perpetuel, & leur agitation continuelle, quoy qu'interne & insensible, comme nous l'avons dit plusieurs fois; d'où vient que ce n'est pas sans raison qu'Heraclite, selon Plutarque, oste le repos, comme estant une chose propre aux morts; auquel lieu par le terme de morts, non seulement il entend les animaux qui ne sont plus quand ils sont privez de tout mouvement, mais encore les autres choses qui ne sont plus, c'est à dire qui ont esté separées, & au dedans desquelles il n'y a plus de mouvemens intestins.

De là vient enfin que non seulement le Mouvement en general est plus naturel que le Repos, mais encore que tout mouvement est naturel de son origine, en ce qu'il vient des atomes qui se meuvent naturellement & sans aucune repugnance: Que s'il y a quelques mouvemens violens, cela est accidentaire, & provient de la nature des choses composées, en ce qu'elles sont meües avec repugnance.

Et l'on ne doit pas trouver etrange qu'on admette quelque chose de violent dans la Nature; parce que rien n'est violent à l'egard de la Nature universelle, mais seulement à l'egard de la particuliere. D'ou vient que si vous pensez qu'il est naturel que plusieurs choses s'engendrent, vous devez aussi penser qu'il est naturel que plusieurs choses se corrompent, & soient par consequent meües avec violence; je dis naturel au regard de toute la Nature qui ne peut pas entretenir la suite des generations sans des corruptions, ni par consequent sans faire violence aux Natures particulieres. Et mesme quoy qu'on demeure vulgairement d'accord que le mouvement des Animaux est naturel, il est neanmoins constant qu'il intervient toûjours quelque violence, dont la lassitude qui suit peu à peu est une marque evidente.

Ce que nous avons dit du mouvement doit estre pareillement dit du repos, en ce qu'il peut estre censé violent en un sens, & naturel dans un autre, &

j'ajoûte qu'il est, non seulement naturel à la Nature generalement prise, ou à tout le Monde, de conserver une certaine liaison de parties, ou consistence, ou repos en soy-mesme, mais aussi à chaque partie du Monde, ou à chaque corps particulier ; puis que si les parties ne se reposent dans le tout, ensorte qu'elles n'en soient point separées, il n'y a point d'assemblage qui puisse subsister.

Ie dis le repos dans le tout, & non pas precisément dans le lieu; parce que le tout peut estre meu, & la partie luy estre tellement attachée, ou se reposer dans luy, que bien qu'elle change de lieu avec le tout, elle ne soit pas davantage agitée en elle-mesme, & ne sente pas plus de repugnance que si le tout estoit en repos, & qu'elle perseverast avec luy dans le mesme lieu.

Pour reprendre ce qu'Aristote enseigne des especes du mouvement naturel, il le distingue comme l'on sçait, en celuy qui est droit, c'est à dire qui se fait tant vers le haut, que vers le bas, & qui convient aux choses legeres, & aux pesantes ; & en celuy qui est circulaire qui ne se fait ni vers le haut, ni vers le bas, & qui est attribué aux Globes celestes, comme n'estant ni legers, ni pesants.

Toutefois, comme l'on n'est point assuré si toutes ces choses sont meuës par un principe interne, & si leur mouvement est sans aucune repugnance, ou avec quelque repugnance, ou non; il est, ce semble, plus à propos, laissant toutes les difficultez qui suivent des principes qu'il a établis, d'avoir recours à une regle qui soit plus vray-semblable.

Considerant donc que le mouvement des Atomes est le principe, & l'origine de tous les mouvemens des composez, & que comme il est tres-naturel, il est aussi tres-uniforme ; nous-nous en servirons comme d'une regle pour juger de celuy des composez, & prenant l'Vniformité comme le charactere du mouvement naturel nous appellerons *mouvement naturel celuy qui est uniforme, & violent celuy dans lequel l'uniformité ne se trouve pas* ; sibien qu'autant qu'un mouvement sera censé naturel, autant sera-t'il uniforme.

Cecy peut estre confirmé par cet Axiome ordinaire, qui veut que tout ce qui est violent ne soit point perpetuel;

l'uniformité estant la source & l'origine de la perpetuité, & la difformité, s'il est permis de se servir icy de ce terme, ou l'inegalité, celle de la cessation ; en ce qu'il n'y a chose au Monde qui en se fortifiant puisse souffrir une augmentation perpetuelle, ou en decroissant une perte perpetuelle ; ainsi la difformité comme contraire à la perpetuité est le charactere d'une chose violente, & l'uniformité celuy d'une chose naturelle; de là vient qu'à l'egard des mouvemens Celestes une marque qu'ils sont naturels est, qu'ils sont uniformes, & par consequent perpetuels. Et certes l'Autheur du Monde ayant voulu qu'il y eust un mouvement de cette nature, a tres sagement choisi celuy qui se fait en rond, en ce qu'estant egalement eloigné du Centre, & n'ayant ni fin, ni commencement, il peut estre continué d'une mesme teneur, & incessamment.

A l'egard des mouvemens droits, comme sont ceux des choses legeres, & des pesantes, soit Elemens, soit Corps mixtes, ils doivent estre censez violens, en ce qu'ils sont tres inegaux, & qu'ils ne durent rien, ou si peu que rien : Je ne parle point du feu qui perit en naissant, ni de l'air qui ne se porte pas plûtost vers le haut que vers le bas, d'autant plus qu'on demeure d'accord que leur mouvement n'est pas uniforme. Mais à l'egard du mouvement des parties de la Terre & de l'Eau, & universellement de toutes les choses pesantes, il suffit de remarquer que non seulement il est tres bref & tres court, mais qu'il est outre cela tellement difforme, ou inegal, & d'une telle augmentation de vitesse dans son progrez, que si nous posons qu'il puisse estre continué, il n'y a nul corps quelque dur, & compacte qu'il puisse estre, qui ne doive estre dissous & dissipé en tres peu de temps, ce qui est une marque evidente de la violence; puis qu'on ne sçauroit dire comment un mouvement qui va à la destruction de la Nature puisse estre naturel.

Mais, direz vous, le principe de ce mouvement doit-il donc estre externe? Oüy certes, mais avant que d'en venir à la preuve, il est bon de distinguer les differentes especes du mouvement qui se fait par un autre, ou qui est causé par un principe externe : Empiricus en rapporte quatre, la Pulsion, l'Attraction, l'Elevement, & l'Abbaissement ; mais ce n'est pas sans raison qu'Aristote tasche de reduire ces quatre especes, & quelques autres qu'il y ajoûte, à l'attraction, & à la pulsion, l'attraction mesme pouvant estre rapportée à la pulsion, en ce que celuy qui attire une chose ne fait que la pousser, ou vers soy, ou vers quelque costé ; si bien que si les choses pesantes ne sont pas portées vers le bas par un principe interne, comme nous allons montrer, leur mouvement se doit faire, ou par Pulsion, ou par Attraction.

M. Gassendi avoit autrefois joint l'une & l'autre cause, enseignant que l'Impulsion se faisoit par l'air de desus qui succedoit par derriere pour occuper le lieu que la pierre laissoit en descendant: Et que l'Attraction se faisoit par la Terre dans la maniere que nous dirons ensuite ; mais apres avoir consideré la chose de plus pres, & reconnu que l'Impulsion de l'air ne pouvoit rien faire, il se reduisit à la seule attraction par laquelle la pierre, ou tout autre corps pesant est porté vers le bas : Or parce que la peine que nous pourrions prendre pour prouver l'attraction seroit inutile acause de l'opinion d'Aristote qui veut que la chose se fasse par la pesanteur

santeur, ou par une qualité par laquelle, comme par un principe interne, les corps sont portez vers le bas, il est à propos, ce semble, de dire quelque chose de cette pesanteur.

Ce que c'est que Pesanteur.

JE remarque donc que la pesanteur ne peut estre une qualité propre & naturelle à la pierre pour chercher precisement son lieu, ou entant qu'il est lieu; parce qu'en quelque endroit que soit la pierre, elle a son lieu, & n'en peut occuper un plus grand, ou un plus petit: Car de dire avec Aristote que quand un corps est porté dans son lieu, ce n'est autre chose que d'estre porté dans sa forme, cela ne peut rien signifier, à mon avis; puis qu'on ne peut comprendre d'autre forme que le lieu, & que chaque chose a son lieu qui luy convient en quelque part qu'elle soit, & qu'il n'y a point d'autre corps qui l'occupe.

Il semble donc que la pesanteur est plutost dans la pierre afin qu'elle cherche la chose qui est dans le lieu vers lequel elle tend. Pour avoir l'intelligence de cecy, concevons que lors qu'une pierre est en l'air, Dieu reduise toute la Machine du Monde dans le neant, & qu'il laisse seulement cette pierre ; si nous concevons que la pierre change de lieu, vers quel costé dirons-nous qu'elle doit estre meüe ? sera-ce vers le haut, ou vers le bas ? Mais il n'y auroit plus alors ni haut ni bas, tout lieu luy seroit absolument indifferent dans cet espace, & il n'y auroit aucune forme, comme veut Aristote, qu'elle peust desirer.

Vous direz peuteſtre qu'elle seroit portée vers ce poinct où eſtoit auparavant le Centre du Monde ; toutefois ce poinct n'en seroit plus le Centre, & si Dieu reproduisant le Monde etablissoit le Centre dans un autre poinct de cet espace, comme si selon la supposition d'Aristote, il mettoit la Terre où est presentement la Lune, il arriveroit, ce semble, non comme il dit, que les parties de la Terre seroient portées vers le premier lieu, mais qu'elles seroient portées vers le dernier.

C'estpourquoy, comme il y a deux choses icy vers lesquelles la pierre seroit portée, sçavoir est la Terre, & le lieu de la Terre ; il semble qu'elle seroit absolument portée vers la Terre par soy, & vers le lieu de la Terre seulement par accident : Cecy est confirmé de ce que la verité est que la pierre peut estre jointe à la Terre, mais qu'elle ne peut toutefois pas occuper le lieu de la Terre ; parceque deux corps ne peuvent pas estre ensemble dans le mesme lieu.

Et d'ailleurs, la pierre peut estre d'autant moins portée par soy vers le Centre qu'il ne luy est pas permis, ni à quelque autre corps que ce soit, de penetrer jusques là ; & quand mesme quelque chose y pourroit penetrer, elle ne pourroit trouver son lieu dans le Centre qui estant un poinct indivisible, ne peut estre le lieu d'une chose qui a quelque petite grandeur ; toutefois elle y est portée par accident, parce que tendant vers la Terre par une ligne tres-courte (c'est à dire droite) c'est par accident que nous comprenons qu'une ligne de cette sorte estant continuée passe par le Centre de la Terre. Il faut dire le mesme du Centre du Monde, quoy qu'Aristote veuille que lorsque les parties de la Terre sont portées vers le bas, elles soient portées par elles-mesmes vers le

Centre du Monde, & par accident vers le Centre de la Terre.

Deplus, supposez qu'il n'y ait aucune communication entre la pierre & la Terre, comme il arriveroit si l'espace qui environne la pierre estoit purement vuide, & qu'il ne s'écoulast rien de la pierre vers la Terre, ni dela Terre vers la pierre; croyez-vous qu'alors la pierre seroit portée vers le corps de la Terre? cela n'est pas vray-semblable, parce qu'elle n'en auroit aucun sentiment, & qu'il luy seroit egal que la Terre fust en cet endroit, ou dans un autre, & qu'elle fust, ou qu'elle ne fust pas absolument dans la Nature.

Or l'air estant maintenant entre la pierre & la Terre, pensez-vous que la pesanteur de la Terre soit excitée par l'air pour porter la pierre vers la Terre? Mais ne voyez-vous pas que ce mesme air environne la pierre de tous costez, & qu'il n'est pas de soy plus propre à l'exciter pour un costé plutost que pour un autre? ce que vous comprendrez aussi mieux, si vous supposez qu'il n'y ait autre chose que la pierre, & l'immensité de l'air. Il faut donc, outre l'air, reconnoistre qu'il parvient quelque chose de la Terre vers la pierre, à laquelle il ne parvient rien de semblable d'un autre endroit; c'estpourquoy, outre ce qui est dans la pierre, il se doit faire une certaine transmission de la Terre vers la pierre par le moyen de laquelle elle soit attirée vers elle.

Il en est de mesme que lors qu'un Enfant est porté vers une pomme; car il n'est point porté vers cette pomme seulement acause de l'air qui est entredeux, mais il est necessaire que la pomme luy transmette ou son image dans l'œil, ou son odeur dans le nez, afin qu'il soit emporté vers elle.

Mais pourquoy chercher d'autres comparaisons, puisque nous n'en pouvons apporter de plus propre que celle de l'Aiman vers lequel le fer tend, non entant qu'il est dans un certain lieu, mais entant qu'il est aiman, puisqu'en quelque lieu qu'il soit, il est porté vers luy, & que ce n'est point à l'occasion de l'air, ou d'un autre corps intercepté, mais parce qu'il luy transmet quelque chose qui l'excite, & le fait venir vers luy.

C'estpourquoy je dis, que si cette force par laquelle le fer est porté vers l'aiman en quelque endroit qu'il soit placé, n'est pas tant une qualité qui soit en luy qu'une qualité qui luy est imprimée de dehors, il semble aussi que cette force par laquelle la pierre est portée vers la Terre en quelque endroit qu'elle soit placée, n'est pas tant une qualité naturelle à la pierre qu'une qualité qui luy est imprimée ; & nous n'avons pas moins accoûtumé pour cela d'appeller cette force pesanteur, mais nous entendons par cette pesanteur, non une qualité qui pousse par dedans, mais qui tire par dehors.

Pour comprendre cecy plus aisement, soûtenez dans vostre main quelque morceau de fer d'une pesanteur determinée, par exemple d'une livre ; vous direz sans doute que vous soûtenez un corps qui par une pesanteur qui luy est naturelle est porté vers la Terre, & vous jugerez qu'une telle pesanteur est d'une livre ; s'il arrive ensuite que quelqu'un mette sous vostre main une pierre d'aiman, il est certain que vous experimenterez que ce morceau de fer pesera beaucoup davantage, & que sa pesanteur sera de plusieurs livres. Iugerez-vous alors que cette pesanteur ajoûtée luy est naturelle ? Elle n'est point toutefois differente de l'autre. Vous connoissez donc par là qu'il peut y avoir une pesanteur qui ne soit point naturelle & interne, mais une force qui soit imprimée par un principe externe. Or pourquoy toute pesanteur ne sera-t'elle point de mesme ? & comme celle qui est sur-ajoûtée au fer est par l'attraction de l'aiman, pourquoy n'y en peut-il pas avoir une qui provienne de l'attraction de la Terre ?

Ne voyez-vous pas que si toutes les fois que vous avez soûtenu ce morceau de fer, il fust arrivé que la mesme pierre d'aiman dont vous n'eussiez pas connu la vertu attractrice, eust esté sous vostre main, vous eussiez juré que cette pesanteur du fer luy estoit naturelle ? Et que pensez-vous faire maintenát quand vous assurez que la pesanteur que vous sentez dans la pierre est naturelle; puisque toutes les fois que vous avez soûtenu la pierre dans vostre main, la Terre a toujours esté dessous laquelle vous ne sçaviez, ni ne croyiez pas avoir la force d'attirer la pierre ?

Mais, direz-vous, si la Terre estoit un grand Aiman, se pourroit-il faire qu'elle attiraſt le fer plus lentement que ne fait un petit aimant ? Mais la Terre eſt toujours d'autant plus puiſſante que l'aiman, en ce que non ſeulement elle attire le fer, mais auſſi l'aiman meſme qui attire le fer, & d'ailleurs l'aiman tout petit qu'il eſt, peut avoir une plus grande quantité de rayons attractifs ramaſſez qu'il n'en ſort du petit endroit de Terre qui eſt egal à celuy qu'occupe l'aiman ?

Il n'eſt pas neceſſaire de rapporter en ce lieu l'Analogie qui eſt entre le fer & l'aiman puiſque nous la devons expliquer plus amplement dans un autre endroit ; & cette Analogie eſt telle que je ſuis perſuadé que le corps meſme de la Terre (excepté cette ſeule croûte qui eſt vers la ſuperficie, & qui eſt differemment gaſtée & corrompuë par les differentes alterations) n'eſt autre choſe qu'un grand aiman, & que l'aiman qu'on tire des mines n'eſt autre choſe qu'une petite Terre qui provient de la veritable & legitime ſubſtance de la Terre.

Je dis ſeulement par avance, que ſi apres avoir obſervé qu'un Rejetton qu'on a planté, pouſſe des racines, qu'il germe, qu'il jette des branches, qu'il produit des feüilles, des fleurs, & du fruit, & qu'il fait toutes les autres choses que l'Olivier a coustume de faire, on ne fait aucune difficulté d'assurer que ce rejetton a esté retranché de l'olivier, ou de la veritable substance de l'olivier ; de mesme aussi apres avoir mis un aiman en equilibre, & ayant observé que non seulement il a des Poles, un Axe, un Equateur, des Paralleles, des Meridiens, & toutes les autres choses qu'a le corps mesme de la Terre, mais aussi qu'il appete une conformation avec la Terre mesme en tournant ses poles vers les poles de la Terre, & ses autres parties vers les parties semblables de la Terre ; pourquoy ne peut-on pas assurer que l'aiman a esté retranché de la Terre, ou de la veritable substance de la Terre ?

Si vous voyez de plus que ce rejetton ayant esté coupé en plusieurs parties, chaque partie pousse des racines, germe, & fait toutes les autres choses que fait le rejetton tout entier, & tout l'olivier mesme ; comme vous ne faites point de difficulté d'inferer que les parties, le rejetton, & l'olivier ont une mesme nature, & qu'il y a dans tout l'olivier une certaine forme ou ame qui est en quelque sorte toute dans tout l'olivier, & toute dans chaque partie de l'olivier ; de mesme aussi, quand vous voyez un aimant coupé en plusieurs morceaux, & qu'il y a dans chaque morceau des poles, un axe, un equateur, & les autres choses qui sont dans tout l'aiman, & mesme dans toute la Terre ; rien ne vous peut empescher d'inferer que ces morceaux, & l'aiman mesme, & toute la Terre sont d'une mesme nature, & qu'il y a une certaine forme, ou ame qui est en quelque sorte toute dans toute la Terre ou grand aiman, & toute dans chacune de ses particules. J'ay dit cecy par avance, afin que vous compreniez que si la nature de la terre est la mesme que celle de l'aiman, la force attractrice de l'une & de l'autre peut estre la mesme, ou si elle n'est pas la mesme, on peut dire au moins qu'elle luy est analogue ou semblable.

Puis donc qu'il est tres probable qu'il part de l'aiman des corpuscules qui servent à son attraction, & que d'ailleurs il seroit ridicule de concevoir que l'aiman transmist une qualité dans le fer

Du Mouvement. 323

sans luy transmettre sa substance; soit parce qu'un accident ne peut passer d'un sujet dans un autre, soit parceque le milieu n'a pas des dispositions propres à cette propagation, soit parce qu'il ne se peut faire d'infinies propagations, comme il s'en devroit faire, &c. puis qu'il est, dis-je, probable qu'il s'ecoule de l'aiman des corpuscules insensibles qui touchent, affectent, & attirent le fer qui est eloigné, il est de mesme tres probable qu'il s'en ecoule aussi de la terre qui touchent, affectent, & attirent les choses qu'on appelle pesantes, & qui en sont eloignées.

La difficulté consiste à sçavoir la maniere dont elle les attire. Car quoy qu'on demeurast d'accord non seulement qu'un corps n'en peut attirer un autre s'il ne luy transmet quelque chose qui luy serve à l'attirer vers soy, mais encore que la terre envoye des corpuscules qui attirent la pierre vers elle; il y auroit toujours bien de la peine à comprendre de quelle figure ils sont, & de quelle maniere ils peuvent estre les organes ou instrumens de cette attraction; & c'est icy principalement que la conjecture doit avoir lieu; puisqu'il est non seulement difficile, mais impossible de connoître le veritable & legitime moyen par lequel la nature interne des choses execute ses admirables operations. Aussi, bien loin de pretendre dire quelque chose de certain, nous n'apportons que de foibles conjectures, à dessein d'inviter les autres à chercher quelque chose de meilleur, & de plus vray-semblable. Je sçais bien que M. Descartes soûtient que la Terre est emportée d'Occident en Orient par une certaine matiere subtile dans laquelle elle nage, que cette matiere tourne plus viste que la masse de la Terre, & qu'ayant par consequent plus d'inclination à s'en eloigner que les autres corps grossiers, elle repousse ces corps vers la Terre, & les contraint de s'en approcher. Mais Premierement pour ne m'arrester point à ce qu'il suppose sans aucun fondement, que tout est plein, & que la Terre nage dans une matiere subtile qui la fait tourner; je ne sçais pas comment la Terre n'ayant selon luy aucune pesanteur, doit tourner moins viste que cette pretendüe matiere subtile. Secondement, s'il est vray que cette matiere subtile tende à s'eloigner de la Terre, il semble qu'elle devroit plutost emporter avec soy & eloigner de la Terre les choses pesantes, par exemple une pierre qu'elle rencontreroit en l'Air, que de les pousser vers elle, & les en approcher. Troisiemement, cette matiere estant meüe circulairement alentour de la Terre, & ne pouvant par consequent tendre à s'en eloigner que circulairement, elle ne sçauroit par consequent aussi faire tomber une pierre que circulairement, & jamais perpendiculairement vers le Centre. Quatriemement, une pierre ne tendroit vers le Centre en nul endroit de la Terre que sous l'Equateur, par tout ailleurs elle tomberoit selon les Cercles paralleles à l'Equateur, & enfin sous les Poles elle ne viendroit ou ne tomberoit point du tout vers la Terre.

Ne pourroit-on donc point soûtenir, dans l'Hypothese de ceux qui tiennent que la Terre envoye quelque chose à la pierre, & qui croient avec Thales, & plusieurs autres Anciens, que la Terre & la Pierre ont une espece d'Ame pareille à celle qu'ils donnent au Fer, & à l'Aiman? Ne pourroit-on point, dis-je, dans cette Hypothese soûtenir que ce que la Terre envoye à la pierre est une espece analogue à celle qu'un Object sensible envoye à la faculté sensitive, & par laquelle l'Animal est excité & attiré? Que la Terre, comme une espece d'Animal, a assez de sentiment pour connoitre ce qui luy est propre, ou nuisible? Qu'elle connoit naturellement que la separation de ses parties va à sa destruction? Qu'elle a en soy dequoy s'en procurer la reunion, c'est à dire des organes propres pour les ramener quand quelque force les en a separées, & que les organes sont comme de certains rayons magnetiques qu'elle lance apres la pierre, ou qu'elle tient toujours tendus jusques à une certaine distance, soit pour exciter simplement dans la pierre l'Ame Sensitive qui y est en partie comme dans la Terre, & par là l'avertir, & l'inviter à venir d'elle mesme se reunir à elle comme à son tout, dans lequel elle connoit aussi naturellement qu'elle trouvera son bien, son entretien, & sa conservation; soit pour l'attirer comme par force à ce tout par le moyen de ses rayons magnetiques, comme par autant de petis crocs, de petis bras, ou de petites mains insensibles?

Certainement l'on reconnoitra ensuite

de ce que nous dirons dans tous les Chapitres que nous indiquons en parlant de l'Ayman, que cette Opinion n'est peut-estre pas si ridicule qu'on se le pourroit d'abord imaginer. Neanmoins quelque poids que puisse avoir l'authorité des Anciens, & quoy qu'on fist cette Ame une Ame à sa maniere, & tout à fait differente de la Vegetative, de la Sensitive, & de la Raisonnable, il y auroit toujours, ce semble, quelque temerité à suivre cette Opinion.

D'ailleurs, cet Organe ou instrument dont la Terre se serviroit pour attirer la pierre, devant estre continu depuis la Terre jusques à la pierre, par quel moyen pourra-t'il s'accrocher, & attirer s'il est composé de parties seulement contiguës, si lors qu'il est sorty de la terre il ne luy est point attaché par l'une de ses extremitez, si s'estant insinué si vous voulez par un de ses petis crochets dans les petites anses de la pierre, il n'est point amené vers elle, & qu'au contraire il soit continuellement poussé en avant ? De quelque maniere, certes, qu'on prenne la chose, & soit qu'on ait recours aux ambrassemens du fer & de l'aiman d'Empedocle, à l'interception du vuide de Democrite, & à la fuite du mesme vuide de Platon, nous trouverons toûjours les mesmes difficultez.

Toutefois, s'il nous estoit permis de mesler nos conjectures avec celles des autres, ne pourrions-nous point dire que l'emission continuelle & successive des corpuscules qui forment les rayons de la terre entretient ses rayons dans une espece de roideur, & que leur continüe & consecutive substitution, pressement, & puissante pulsion en peut causer la roideur, comme il arrive à l'egard de ces petites verges d'eau qu'on fait passer de force par des tuyaux fort etroits, ou à l'egard des rayons de lumiere qui par la mesme raison sont tenus roides & tendus, & qu'on ne sçauroit concevoir estre dardez, & reflechis d'une autre maniere?

Certes, de mesme qu'entre les rayons de lumiere qui partent d'un certain poinct, & qui traversent les petis pores ou passages qu'ils rencontrent dans la superficie de l'eau, il y en a toûjours un qui passe en ligne droite & perpendiculaire, les autres ne la traversants qu'avec quelque detour, refraction, & inclination vers cette perpendiculaire; de

Du Mouvement. 329

mesme aussi nous pouvons concevoir qu'entre les rayons qui partent de la terre, & qui sont constamment repandus en rond, il y en a toûjours un qui passe directement & par le milieu de la masse de la pierre, & que tous les autres la traversent avec refraction, & detour vers cette perpendiculaire.

Cecy supposé, nous concevons tres distinctement que tous ces rayons inclinez pressent les petites parties solides de la pierre qui sont proche & alentour de ce rayon perpendiculaire, comme celuy vers lequel estant detournez ils font tous en particulier leur petite pulsion, ensorte qu'il est impossible que tous ces rayons ainsi courbez ne pressent les parties de la pierre qui sont contenües dans cet angle de detour & d'inflection, & qu'enfin par ce pressement elles ne soient poussées vers la terre; tous ces petis rayons qui conspirent ensemble à pousser la pierre vers la terre, estant comme autant de bras dont les coudes & les articles sont dans ces petis detours.

Enfin, soit que cette attraction se fasse de cette maniere, ou de quelque autre, il est au moins constant qu'il s'en fait quelqu'une, principalement par l'ayman duquel tout ce qu'on pourra inferer, pourra pareillement estre inferé de la Terre. C'estpourquoy il doit suffire que nous disions que rien ne repugne que le mouvement des choses pesantes, & qui tombent, se fasse par l'attraction de la terre, en ce qu'il sort d'elle des corpuscules comme de certains organes qui attirent.

Et afin que vous ne doutiez pas que cette emission de corpuscules de la terre ne soit vray-semblable, concevez que Dieu ait creé, & mis une pierre beaucoup au de là des extremitez du Monde avant qu'il creast le Monde ; croyez-vous que le Monde ayant esté creé depuis, la pierre auroit esté portée aussitost vers la Terre ? Si vous le croyez comme une chose conforme aux principes & suppositions d'Aristote, n'est-ce pas parceque vous reconnoîtrez que la pierre devroit avoir comme une espece de sentiment par lequel elle devroit sentir, ou connoître, pour ainsi dire, en quelque maniere, que la Terre seroit ? Et par consequent n'est-il pas necessaire qu'il se repande quelque chose depuis la terre jusqu'à la pierre, afin que la terre se fasse

Du Mouvement. 331

sentir d'elle, ou exprime en elle son sentiment? autrement, comment le sentiment de la terre seroit-il excité dans la pierre? & par quelle maniere le mouvement seroit-il commencé? Or si la Terre eust envoyé pour lors quelque chose, il est certain que ce n'eust pû estre que des corpuscules tres-subtils qui auroient dû traverser ces espaces, exciter le sentiment de la pierre, & l'attirer.

Que si vous croyez que la pierre n'auroit pas esté portée vers la terre, & qu'elle seroit demeurée dans l'endroit où elle estoit, n'est-ce pas parceque vous reconnoissez qu'il n'y auroit eu aucune communication de cette pierre avec la terre? & que ne s'estant fait aucune transmission de part ni d'autre, le sentiment de l'une n'auroit pû estre imprimé à l'autre, & qu'il en eust esté à l'egard de la pierre comme si le Monde, & dans ce Monde la Terre, ou son centre, eust esté, ou n'eust pas esté? Je fais cette supposition, afin que vous compreniez que si maintenant la pierre en quelque endroit qu'elle soit, est portée vers la Terre, c'est parce qu'elle communique avec la Terre, asçavoir par les corpuscules qu'elle en reçoit, & par lesquels la Terre l'excite, se fait sentir ou connoître d'elle, l'avertit & l'invite pour ainsi dire à venir se reunir à son tour, ou l'attire comme nous venons de dire, ou de quelque autre maniere.

CHAPITRE III.

De l'Acceleration, & de la Proportion du Mouvement dans les choses qui tombent.

CE n'est pas merveille qu'on ait coûtume de rechercher la cause, tant de l'acceleration du mouvement des choses qui tombent, que de la proportion avec laquelle la vitesse de ce mouvement augmente depuis le commencement jusqu'à la fin, & que cependant on ne se mette pas en peine de rechercher la mesme cause dans le mouvement de celles qui montent, comme de l'Air, ou du Feu. Car à l'egard du mouvement des choses qui tombent, on a remarqué presque de tout temps que ce mouvement estant fort foible & fort lent dans son commencement, devient tres rapide sur la fin ; l'experience nous ayant appris que le coup se fait d'autant plus fort, & fait d'autant plus d'impression que le lieu d'où la cheute a commencé est haut & elevé. Mais à l'egard des choses qui tendent vers le haut, il n'y a presque qu'Aristote qui l'ait dit, encore l'a-t'il avancé sans l'avoir prouvé, & sans que l'experience s'y accorde. En effet puisque nous enfonçons dans l'eau une vessie pleine d'air avec d'autant plus de peine qu'on approche du fond, & qu'ainsi il est tres probable que cette mesme vessie, & par consequent l'air se meut depuis le fond de l'eau jusques vers la region de l'air toûjours plus lentement plus elle approche de la region de l'air; il est aussi tres probable que si on suppose que quelque flamme monte dans l'air, & qu'elle parvienne à cette region imaginaire dans laquelle on place la sphere du feu, elle sera meüe toûjours plus lentement plus elle montera, & plus elle approchera de cette sphere; parce qu'il y aura d'autant moins de parties d'air (comme il y a eu moins de parties d'eau, qui pesent sur celles qui en se fourrant par dessous la flamme, la pressent, la poussent, & la fassent glisser vers le haut.

Pour ce qui regarde la Terre, il est evident qu'Aristote n'a jamais experimenté la chose du monde la plus aisée; sçavoir est qu'une pierre, ou quelque autre corps pesant cent livres, ne tombe pas plus viste, & ne touche pas la terre plutost que celuy qui ne pese qu'une once, quand ils tombent de la mesme hauteur; ce qui semble paradoxe à ceux qui ne l'ont pas experimenté; parce qu'il n'y a personne qui ne croye que plus un corps est pesant plus il doit descendre viste, la pesanteur estant la cause qui le fait descendre; mais nous en dirons la raison icy bas.

Estant donc certain que la vitesse du corps qui tombe augmente, on a recherché depuis longtemps la cause de cette augmentation. Aristote ne s'est pas expliqué là-dessus, mais selon l'interpretation de Simplicius, il veut que la chose qui tombe *se fortifie par sa propre totalité*, & qu'approchant de son propre lieu elle prend une espece plus parfaite; parceque le surcroist de la pesanteur fait qu'elle est portée plus viste vers le centre. Mais Aristote, ou Simplicius si vous voulez, devroit dire comment il se peut faire que toute la pierre agisse contre soy mesme, desorte qu'elle en puisse estre fortifiée ; quelle est cette espece plus parfaite ; de quel endroit, & comment elle la prend ; par qui, & de quelle façon se fait ce surcroist de nouvelle pesanteur ; & enfin l'experience nous fait voir que le corps ne tombe pas plus viste quand on luy ajoûte de la pesanteur, comme nous venons de dire; puisque si on ajoûte à la pesanteur d'une once un poids de cent livres, le mouvement n'en sera pas pour cela plus viste.

Le mesme Simplicius dit que quelques-uns en rapportent la cause à l'air qui est au dessous ; parceque lorsque la pierre est dans un endroit elevé, elle a beaucoup d'air au dessous qui luy resiste, & qui la soûtient, d'où vient qu'elle est meuë plus lentement ; & comme elle en a toujours moins plus elle s'abaisse en tombant, il est necessaire qu'elle soit meuë plus viste; de mesme disent-ils que les choses pesantes tombent plus lentement proche de la superficie de l'eau qu'elles ne tombent proche du fond, a cause d'une plus grande resistance ; ou de mesme qu'un grand feu est meu plus viste, parce qu'il separe plus aisement l'air qui est au dessus.

Mais quoyque l'air puisse un peu plus, ou un peu moins resister, & retarder le mouvement, il ne le peut faire toutefois avec une diversité si sensible. Et qu'ainsi ne soit, laissez tomber une pierre de la hauteur d'une Toise, & observez sa vitesse; laissez tomber ensuite cette mesme pierre de la hauteur de dix toises, & quand elle en aura parcouru neuf, observez la vitesse avec laquelle elle parcourera la mesme toise, asçavoir la plus basse qu'elle avoit premierement parcouru ; sa vitesse estant incomparablement plus grande dans ce dernier cas que dans le premier, n'est-il pas necessaire qu'elle provienne d'une autre cause que de l'air qui resiste au dessous, puisque dans l'un & l'autre cas il y a la mesme masse ou quantité d'air au dessous ? D'ailleurs, si vous pesez quelque corps dans un lieu bas, & dans un lieu elevé, n'est-il pas vray qu'il ne paroîtra pas plus leger en un endroit qu'en l'autre, quoyqu'il y ait beaucoup plus d'air qui le soûtienne dans le lieu elevé que dans le bas ? Nous

Du Mouvement. 337

Nous ne devons pas omettre l'opinion d'Hipparque rapportée par le mesme Simplicius. Celuy-cy a comparé le mouvement vers le bas qui se fait par la propre pesanteur de la pierre, avec le mouvement vers le haut qui se fait par la force que luy imprime celuy qui la jette ; & il a crû que le mouvement se fait vers le haut tant que la force de celuy qui la jette prevaut ; que dans le commencement il est plus rapide, parceque cette force prevaut davantage, & qu'il se ralentit peu à peu, parceque la force s'affoiblit peu à peu jusques à ce que son propre poids commençant de prevaloir, elle commence de se mouvoir vers le bas ; ce mouvement, ajoûte-t'il, estant au contraire tres lent & languissant dans le commencement, parceque son propre poids ne l'emporte pas encore de beaucoup, & devenant toujours ensuite plus viste, parceque la force imprimée s'evanoüissant peu à peu, son propre poids prevaut toujours davantage.

Cette comparaison d'Hipparque est fort belle, & il reconnoit avec raison qu'il se fait une certaine compensation dans l'un & dans l'autre mouvement ;

P

mais parceque le mouvement d'une chose qui tombe augmente non seulement quand elle est jettée vers le haut, & qu'elle tombe ensuite d'une mesme teneur, mais aussi lors qu'elle a esté premierement en repos dans un lieu haut, d'où on la laisse ensuite tomber; il semble qu'il devoit parler plus generalement.

Ne dirons-nous point que s'il y a une vertu magnetique dans la Terre, & que la pierre se porte vers elle parcequ'elle y est attirée par de petits crochets, & de petites chaisnes insensibles? Ne dirons-nous point, dis-je, que le mouvement de la pierre se fait plus viste proche de la Terre, parceque la force de la Terre est là plus grande, & son attraction plus puissante? Mais si cela estoit, la vitesse de la pierre devroit paroître la mesme à une toise proche de la Terre, soit qu'elle tombast de la hauteur de cette toise seulement, ou de deux, ou de dix, ou de cent; & cependant il est certain que la vitesse est fort differente dans cette derniere toise selon que la pierre la parcourt en tombant de plus bas, ou de plus haut.

On peut mesme remarquer, que soit

Du Mouvement. 339

qu'on laisse tomber la pierre d'un lieu bas, ou d'un lieu haut, son mouvement est toujours egal dans la premiere toise en l'une & en l'autre cheute; c'est à dire qu'elle n'est pas meuë plus viste à la premiere toise dans une cheute que dans l'autre, au lieu que si la force attractrice estoit sensiblement plus grande proche de la Terre que loin, elle devroit estre meuë plus viste quand on la laisse tomber proche de la terre, & plus lentement quand on la laisse tomber de loin.

Je dis sensiblement, parceque cette force estant repanduë alentour de la terre en forme de rayons, il est certain que ces rayons sont en plus grande quantité, & par consequent plus puissants plus ils sont proche de la terre, mais il n'y a point toutefois de si grande hauteur, soit de Tour, soit de Montagne escarpée sur laquelle on puisse faire l'experience, où la quantité & la puissance des rayons paroisse sensiblement dans le haut differente de celle qui est dans le bas.

Partant cette attraction me paroit veritablement estre non seulement la vraye cause pourquoy la pierre est portée vers la Terre, mais encore de ce que cela se fait par une continuelle augmentation

P 2

de vitesse ; mais il est question de la maniere dont cela se fait.

Concevez donc une pierre placée dans le Vuide, ou dans ces espaces qu'on appelle Imaginaires ; cette pierre, comme nous avons dit plus haut, ne seroit point meuë ; parceque n'ayant aucune liaison avec le Monde que l'on peut mesme supposer estre reduit au neant, il n'y auroit à son egard aucune region inferieure sur laquelle on pust feindre qu'elle deust tomber.

Si nous supposions alors qu'on l'attirast, ou qu'on la poussast de quelque costé que ce soit par un seul petit coup, elle seroit meuë sans doute vers ce costé d'un mouvement tout à fait uniforme ; parceque n'y ayant point de centre duquel elle pust ou s'approcher, ou s'eloigner, il n'y auroit aucune raison pour laquelle ce mouvement deust se faire plus viste, ou plus lent.

Imaginons-nous que quand elle seroit dans ce mouvement on luy donnast un second coup egal au premier, elle seroit alors meuë plus viste, non par le desir d'aucun centre, mais parce que le premier mouvement perseverant, & n'estant point detruit, un autre seroit

Du Mouvement. 341

ajoûté qui la feroit necessairement aller plus viste. Supposons qu'on luy en donnast un troisieme, elle seroit meüe encore plus viste, & encore plus viste par un quatrieme, & ainsi des autres.

Il en est comme d'une boule mise sur un plan laquelle l'on peut mouvoir d'une telle maniere par le moindre coup qu'on luy donne, que d'un tres-lent mouvement elle en acquiere enfin un tres-viste si on luy imprime plusieurs coups semblables. Et c'est par là que nous concevons pourquoy l'on pousse un pois dans une Sarbatane avec tant d'impetuosité par un petit souffle; cette impetuosité acquerant des forces, parce qu'il n'y a aucuns poincts dans toute la longueur du tuyau dans lesquels les corpuscules du souffle qui se suivent immediatement l'un l'autre, n'impriment des coups consecutifs.

Ie dis donc maintenant que quand la pierre cómence d'estre meüe vers le bas, il est aisé de concevoir le premier coup ou effort par lequel la Terre l'attire. Que si ce coup ayant esté donné l'attraction cessoit, & qu'il n'y eust aucune impetuosité nouvelle imprimée, ni par la Terre, ni par une autre cause; il est

P 3

tout à fait probable que la pierre seroit meüe par un mouvement uniforme, quoyque ce mouvement d'ailleurs seroit tellement lent que la pierre ne tomberoit pas en cinq cent mille ans de la hauteur de deux toises, supposant pour le premier moment une de ces minutes d'heure que les Astronomes appellent des Dixiemes. Mais parce que l'attraction ne cesse point, & que comme elle se fait dans le premier moment, elle se fait de mesme dans le second, dans le troisieme, & dans les autres ; il est necessaire que parceque les premieres impetuositez perseverent, & ne sont point detruites par les suivantes, qu'au contraire elles se joignent de telle maniere avec elles qu'elles deviennent une seule, unique, & totale impetuosité qui croist d'une mesme teneur ; il est, dis-je, necessaire que le mouvement de la pierre devienne plus viste & plus rapide à chaque moment par l'impetuosité qui est multipliée, & qui augmente, & qu'ainsi la vitesse augmente d'une mesme teneur.

POur ce qui regarde maintenant la Proportion avec laquelle cette vitesse augmente, il est bon de sçavoir qu'on en a fait la recherche seulement depuis peu d'années ; car quoyque tous les Anciens ayent observé que la vitesse augmente, il ne nous paroit neanmoins pas qu'ils ayent aucunement connu le progrez & la maniere dont se fait cette augmentation, ni qu'ils ayent tenté rien là dessus, soit par aucun raisonnement, soit par aucune experience; Hipparque, comme nous venons de dire, ayant seulement reconnu en general qu'il en estoit de l'augmentation de vitesse dans les choses pesantes qui tombent vers le bas, comme de la diminution de vitesse dans celles qu'on jette vers le haut.

Il est vray qu'il y a environ soixante & dix ans qu'un nommé Michel Varro appuyé sur le raisonnement a defini la chose, s'imaginant que le Mobile acquiert autant de degrez de vitesse qu'il parcourt d'espaces, & qu'ainsi le corps qui tombe par exemple de la hauteur de quatre toises, & qui a acquis à la fin de la premiere un degré de vitesse, à la fin de la seconde deux, de la troisieme trois, & de la quatrieme quatre ; devoit estre à la fin de la seconde deux fois, de la troisieme trois fois, & de la quatrieme quatre fois plus viste.

Mais cette proportion est principalement defectueuse en ce que l'augmentation de vitesse, ou de ses degrez egaux, est veritablement comparée avec les espaces egaux, mais qu'elle n'est pas en mesme temps comparée avec les momens ou parties egales de temps, sans lesquels la chose ne peut estre comprise ; d'ou vient que ce n'est pas sans raison qu'Aristote a defini le Mobile viste, & le lent par le temps, *le viste qui parcourt un grand espace dans un temps court, & le lent qui en parcourt un petit dans un long temps.*

D'ailleurs, supposons que la chose s'explique par des momens egaux, comme sont par exemple les intervalles des battemens d'artere, & que la premiere toise soit parcouruë dans le premier moment ; si la seconde est parcouruë deux fois plus viste que la premiere, & ainsi des autres à proportion, il sera necessaire qu'elle soit parcouruë dans un demi moment, la troisieme dans la troisieme partie d'un moment, & la quatrieme dans le quart d'un moment ; & parceque si vous joignez la moitié, la

Du Mouvement. 345

troisieme partie, & le quart d'un moment, vous aurez un moment entier avec une douzieme partie d'un moment; il sera necessaire que dans le second moment le Mobile parcoure trois toises ou approchant, ce qui n'est veritablement pas jusques-là fort eloigné de la verité; mais parceque continuant de mesme, cela iroit incontinent à l'Infini, cela fait que cette proportion ne sçauroit estre approuvée, d'autant plus que cela ne s'accorde nullement à l'Experience.

C'est pourquoy l'illustre Galilée a defini le mouvement dont la vitesse va s'augmentant uniformement, *celuy qui sortant du repos acquiert des degrez egaux de vitesse, non dans des espaces egaux, mais dans des temps egaux*, de sorte que le Mobile acquiert autant de degrez de vitesse qu'il s'ecoule de momens, ou de parties egales de temps; d'où vient qu'il dit, parlant en termes de Mathematique, que les degrez egaux de vitesse, ou les vitesses, sont comme les temps.

Il ajoûte que le nombre des parties egales de l'Espace qui sont parcouruës successivement, augmente à chaque moment non selon la progression naturelle des nombres un, deux, trois, quatre, &c. mais selon celle des nombres impairs, un, trois, cinq, sept, neuf, &c. de sorte que si la pierre tombe dans le premier moment de la hauteur d'une toise, elle tombe dans le second de la hauteur de trois, dans le troisieme de cinq, dans le quatrieme de sept, dans le cinquieme de neuf, & ainsi de suite.

Et parceque les nombres qu'on appelle quarrez (un par exemple, est le quarré de l'unité ; quatre le quarré de deux ; neuf le quarré de trois ; seize le quarré de quatre, &c.) se font par une continuelle addition des nombres impairs (car trois ajoûtez à un font quatre ; cinq ajoûtez à quatre font neuf ; sept ajoûtez à neuf font seize ; neuf à seize vingt-cinq ; onze à vingt-cinq trente-six, &c.) acause de cela il a dit que les Sommes ou assemblages des espaces parcourus depuis le commencement du mouvement sont comme les quarrez des temps.

De sorte que le Mobile ayant parcouru une toise à la fin du premier moment, il en aura parcouru quatre à la fin du second moment, en contant celle qu'il a parcouruë dans le premier moment, & y ajoûtant les trois qu'il a

Du Mouvement. 347

parcourües dans le second ; à la fin du troisieme neuf, en ajoûtant cinq aux quatre premieres qui ont esté parcourües dans le premier & second moment ; à la fin du quatrième seize, en ajoûtant sept aux neufs premiers qui ont esté parcourües dans les trois premiers momens, & ainsi de suite.

Or Galilée en cecy a esté fondé en raison, & en experience. A l'egard de l'experience, voicy celle qu'il a faite. Je laissay tomber une boule (dit-il) de la hauteur de cent brasses Florentines (elles valent trente de nos toises) cette boule parcourut cet espace dàs le temps de cinq secondes de minutes, ou dix demi secondes, avec cette proportion que dans la premiere demi-seconde elle avoit parcouru une brasse, dans la deuxieme quatre en contant la premiere, dans la troisieme neuf, dans la quatrieme seize, dans la cinquieme vingt-cinq, dans la sixieme trente-six, dans la septieme quarante neuf, dans la huitieme soixante & quatre, dans la neuvieme quatre vingt & un, & dans la dixieme toutes les cent brasses, ou trente toises.

Quoyque M. Gassendi n'en ait pû faire l'experience d'une si grande hauteur, il a neanmoins toujours trouvé la mesme proportion laissant tomber une boule dans un tuyau de verre incliné long de deux toises, & divisé en cent parties egales. Il est vray que la boule qui tombe dans un tuyau incliné tombe plus lentement, mais elle tombe pourtant avec la mesme proportion d'augmentation de vitesse que celle qui tombe en ligne perpendiculaire.

Il est mesme etonnant qu'ayant decrit sur une muraille un Cercle qui touche le pavé par un des poincts de sa circonference, & appliqué au poinct du contact en ligne perpendiculaire un tuyau de verre aussi long que le diametre dudit Cercle, & plusieurs autres plus courts qui de ce mesme poinct du contact parviennent de costé & d'autre à differens poincts de la circonference, on remarquera que toutes les boules qu'on laissera tomber en mesme temps dans tous ces differens tuyaux, arriveront ensemble & en mesme temps à ce poinct du contact. En un mot l'experience favorise absolument l'opinion de Galilée.

Et certes, si on suppose que l'accroissement de vitesse se fasse avec uniformité, comme il n'y a point de raison qui nous persuade le contraire, il est impos-

Du Mouvement. 349

sible de trouver une autre proportion que celle que nous venons de dire; puisque de quelque vitesse, ou lenteur que l'on suppose que la premiere toise est parcouruë, il est necessaire que dans le temps egal qui suit il y en ait trois de parcouruës, & dans le temps pareil qui suit cinq, & ainsi du reste; & cela se démontre clairement par la Figure suivante.

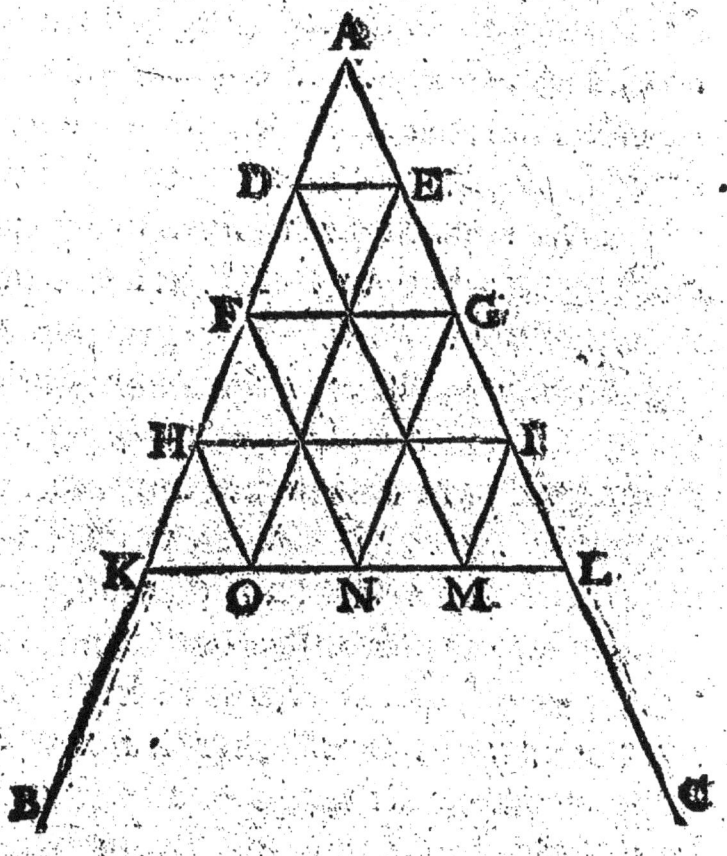

Concevez qu'il se fait un angle dans le poinct A par les deux lignes AB, AC, qui sont tirées de ce poinct, ces deux lignes embrassent un espace qui augmente avec uniformité : Separez ensuite ces deux lignes en quelques parties egales, & tirez d'un poinct de ces divisions à celuy qui luy correspond comme de certaines bases opposées à l'angle, à sçavoir D E, F G, H I, K L. Qui plus est, separez la base K en trois parties égales O, N, M, & tirez en commençant du poinct O les lignes paralleles M I, N G, O E, & en commençant du poinct M d'autres lignes paralleles M D, N F, O H; par ce moyen tout cet espace sera separé en petits traingles qui comme vous voyez sont tout à fait pareils entre-eux.

Cela estant, comme l'espace qui croist uniformement à mesure que les costez s'alongent peut designer le mouvement qui croist avec uniformité, pour cette raison cette ligne peut representer la vitesse qui croist uniformement: Et les parties egales de l'un & de l'autre costé pourront bien aussi representer les temps, ou les momens de temps egaux & coulans d'une mesme teneur. De plus, parce qu'on peut concevoir que depuis la pointe de l'angle & entre les coſtez, il coule une ligne continument, & qui croiſt avec uniformité. Et comme celle qui eſt la baſe du premier triangle, & qui eſt tirée par l'endroit où la fin du premier moment eſt deſignée, doit eſtre priſe pour un degré de viteſſe deja acquis; ſa parallele qui eſt tirée à la fin du ſecond moment repreſentera les degrez acquis à la fin du meſme moment; & celle qui eſt tirée à la fin du troiſieme de meſme, & les autres ſuivantes de meſme. Enfin les Triangles qui diviſent l'eſpace intercepté que la ligne qui croiſt uniformement parcourt, peuvent deſigner les parties égales d'eſpace, ou de hauteur que le corps peſant qui deſcend parcourt par un mouvement uniformement acceleré.

Cecy ſuppoſé, il ne faut que conſiderer la Figure, & ſe ſouvenir de l'analogie, & on entendra aiſement comment il ſe fait que dans le premier temps il s'acquiert un degré de viteſſe, & qu'un eſpace ſoit parcouru; que dans le ſecond il s'acquiert un autre degré, qui joint avec le precedent ſoient deux, & que cependant trois eſpaces ſoient parcourus; que dans le troisieme il s'acquiert un autre degré, qui joint aux deux premiers soient trois, & que cependant cinq espaces soient parcourus; que dans le quatrieme il s'acquiert un autre degré, & que cependant sept espaces soient parcourus, & ainsi de suite. On entendra aussi comment il se fait que les vitesses sont dites estre comme le temps; & que les espaces parcourus depuis le commencement sont comme les quarrez des temps.

Quant à la cause Physique, M. Gassendi avoit autrefois pensé, comme nous avons dit cy-devant, de la tirer conjointement de l'attraction de la Terre, & de l'impulsion de l'Air, mais il jugea depuis qu'elle peut estre expliquée plus commodement par l'attraction seule de la Terre. Pour cet effet il faut concevoir que la Terre agissant dans le premier moment, le mobile acquiert un degré de vitesse, & parcourt un espace; & parce que dans le second & égal moment la terre agit encore, le mobile acquiert un autre degré de vitesse, & parcourt trois espaces, sçavoir l'un par le degré qui s'acquiert cependant successivement, & les deux autres par le degré acquis qui perfevere, & qui vaut deux fois autant que le degré qui s'acquiert, parce qu'il eſt complet & entier dés le commencement du moment, celuy qui s'acquiert n'eſtant complet qu'à la fin ; & par une ſemblable raiſon il acquiert encore un autre degré de viteſte dans le troiſieme moment, & parcourt cinq eſpaces, l'un par le degré qui s'acquiert, & cependant les quatre autres par les deux degrez qui perſeverent, ſçavoir deux eſpaces pour chaque degré, & ainſi des autres. Et l'on voit ſuivre de là ce progrez Arithmetique, & autres choſes de cette nature. Telle eſt donc ce ſemble la raiſon Phyſique.

Sans m'arreſter à parcourir tout ce que l'on peut aiſément inferer de cecy, je remarque ſeulement que par là on peut rendre raiſon pourquoy deux pierres, ou deux boules de plomb, l'une peſant une once, & l'autre cent livres, tombent dans un meſme temps, & touchent la terre dans un meſme moment quand on les laiſſe tomber d'une meſme hauteur; car cela vient de ce que le plus petit corps ayant une moindre quantité de parties, il a besoin d'une moindre quantité d'organes ou instrumens pour estre attiré; peu d'organes estant autant suffisants pour attirer peu de parties, que beaucoup d'organes pour attirer beaucoup de parties; de sorte que l'espace qui doit estre parcouru par l'un & l'autre mobile estant egal, il peut estre parcouru par l'un & par l'autre dans le mesme temps.

Remarquez qu'il faut prendre deux boules d'une mesme matiere; car il pourroit y avoir quelque difference si la matiere estoit differente: Ie dis quelque difference, parce que quand on prendroit deux boules de differente matiere, & de differente pesanteur, mais d'un mesme & égal circuit, comme par exemple si l'une estoit de plomb, & l'autre de cire; il y auroit bien à dire que celle qui seroit la plus pesante descendit plus viste à proportion qu'elle seroit plus pesante; car bien que l'une soit dix fois plus pesante que l'autre, elle ne touche pas la Terre pour cela dix fois plûtost quand on les laisse tomber ensemble; mais la plus pesante venant à toucher la terre en tombant de la hauteur de dix toises, la moins pesante n'en seroit pas à peine eloignée d'un pied, bien loin d'en estre eloignée de neuf toises.

Et la raison pourquoy la moins pesante tombe avec tant de vitesse, est la mesme que celle que nous venons de dire de la petite bale de plomb, sçavoir est qu'encore qu'elle ait un plus grand circuit, elle a toutefois une plus petite quantité de parties de matiere; que si elle est un peu plus tardive, on en doit principalement prendre la cause de l'air qui resiste au dessous; veu qu'il est en trop grande abondance à proportion de la vertu qui attire, ce qui n'arrive pas dans la plus petite bale de plomb, & de là vient qu'un morceau de liege, une paille, une plume, & autres choses de cette nature, tombent encore plus lentement.

Cependant l'on peut entendre de là ce qui me fait distinguer une double pesanteur, l'une Simple, & l'autre Survenante, ou qui est surajoûtée. La premiere convient à tout corps, quand mesme il est en repos, & on la peut examiner par une balance qui tient le corps suspendu en l'air. La seconde appartient seulement au corps qui est meu, & le mouvement cessant elle s'evanoüit : Or la mesure de cette pesanteur ajoûtée est la pesanteur simple, & la hauteur de la cheute ; car de ces deux globes dont la simple pesanteur (c'est à dire la simple attraction) s'examine à la balance, la pesanteur ajoûtée du plus petit qui est acquise en tombant, est moindre que l'ajoûtée du plus grand qui tombe de la mesme hauteur & en mesme temps; parce que l'acquisition de l'une & de l'autre se fait selon la mesure de la simple pesanteur ; ensorte que si la pesanteur ajoûtée du globe qui pese une once devient à la fin de la cheute de dix onces, celle du globe qui pese cent livres deviendra de mille; & la pesanteur du plus petit ne pourra jamais estre égalée à la pesanteur du plus grand, si ce n'est qu'il tombe d'une plus grande hauteur.

Si vous demandez à propos de cecy ce que nous devons penser de la vitesse avec laquelle on dit ordinairement qu'une boule tomberoit non seulement de la hauteur d'une Tour, où d'une Montagne escarpée, mais aussi de la hau-

Du Mouvement. 357

teur de la Lune, du Soleil, & de la region des Etoiles fixes. Je repond qu'on a coûtume de supposer les mesmes causes de vitesse que celles que l'on peut observer icy, car si ce ne sont peuteftre pas les mesmes causes, la description en seroit inutile; que si l'attraction qui se fait par les rayons magnetiques en est la cause, ces rayons estant plus rares, & en plus petite quantité plus on s'eloigne de la Terre, peut estre que la boule pourroit estre attirée depuis la region des Planettes, mais lentement toutefois, a cause de la petite quantité de rayons qui y pourroient parvenir; mais elle ne pourroit estre attirée de la region des Etoiles fixes, a cause qu'il n'y auroit aucun rayon qui pust arriver jusques-là.

Toutefois si nous accordons la supposition, c'est à dire si de quelque endroit que la boule tombe elle commence par la vitesse, & qu'elle continuë par les degrez que nous observons icy, il est necessaire enfin qu'elle acquiere cette incroyable vitesse qu'on a coûtume de decrire; c'est à dire que supposant les intervalles qu'on assigne ordinairement, la boule tombera de la Lune à la Terre en deux heures & demie; du Soleil en onze heures & un quart, & des Etoiles fixes en un jour entier quinze heures & un quart, de sorte que si l'on suppose que la terre soit percée, la boule devant tomber depuis sa superficie jusques au centre en vingt minutes, cette mesme boule tombant depuis la Lune, parcourroit ce mesme espace depuis la superficie de la terre jusqu'au centre dans une minute, & vingt secondes; tombant depuis le Soleil dans dix-sept secondes, & des Etoiles fixes dans cinq secondes: Mais apparemment la pierre acquereroit enfin une telle vitesse que cette vitesse n'augmenteroit plus; ascavoir lorsque le Mouvement de la pierre en seroit venu à estre aussi viste que celuy des corps attractifs, ou des rayons magnetiques.

CHAPITRE IV.

Du Mouvement des Choses qu'on jette.

A L'egard du mouvement des choses jettées, l'on demande ordinairement par qui elles sont meües quand elles sont separées de celuy qui les jette. Aristote & ses sectateurs Simplicius, & Themistius disent qu'elles sont meües par l'air qui estant premierement meu conjointement avec le mobile par celuy qui jette, pousse le mobile, & l'air qui est voisin, lequel estant meu, pousse de mesme le mobile & l'air anterieur, & ainsi de suite, jusques à ce que la pulsion estant peu à peu ralentie, le mouvement cesse, & le corps qui a esté jetté se repose.

Les autres pretendent qu'elles sont meües par une force qu'ils appellent imprimée; c'est à dire par une qualité qui est imprimée par celuy qui les jette, laquelle qualité n'estant pas ineffaçable, se ralentit dans le progrez, & perit enfin entierement; d'où vient que le mouvement relâchant peu à peu de sa vigueur, & enfin s'evanoüissant, le mobile obtient le repos. Mais sans perdre le temps à rapporter la quantité innombrable d'objections qu'on pourroit faire aux uns & aux autres, voyons plûtost si nous ne pourrions point inventer quelque chose de plus vray-semblable.

Pour cet effet, il faut supposer icy ou plûtost il faut expliquer amplement ce que nous n'avons touché ailleurs qu'en passant ; sçavoir est si une chose qui demeure immobile peut en mouvoir une autre; mais comme nous ne parlons point icy de Dieu dont la vertu est infinie, qui est en tous lieux, & qui d'un seul clin d'œil, & par sa seule volonté peut créer, mouvoir, & detruire toutes choses ; il est evident qu'il n'y a rien de fini, & principalement de corporel (car il s'agit icy des corps seulement) qui puisse mouvoir quelque chose s'il n'est meu luy-mesme ; cela certes est incomprehensible, & non seulement il est difficile (dit Platon) mais mesme impossible qu'une chose puisse imprimer du mouvement si elle n'a quelque sorte de mouvement en soy-mesme.

La raison en est, que tout ce qui meut agit, & que tout ce qui agit est meu; puisque selon Aristote mesme l'action & la passion sont une mesme chose avec le mouvement. D'ailleurs celuy qui meut (comme dit le mesme Aristote) & le mobile doivent estre ensemble, ou se toucher; parceque soit qu'il pousse le mobile soit qu'il l'attire, ou qu'il l'esleve, ou qu'il le roule, il est necessaire qu'il luy imprime de la vigueur, & il ne luy en peut imprimer s'il n'en a luy mesme, & s'il ne le touche; car supposez qu'il le touche, & qu'il n'ait ni vigueur, ni mouvement, ce ne sera qu'un pur contact, & rien autre chose, mais comme il sera luy mesme immobile, le mobile aussi demeurera sans estre meu. Et certes nous voyons que plus celuy qui meut a de mouvement quand il touche le mobile, plus il le pousse loin; d'où nous devons comprendre qu'afin qu'il le pousse le moins du monde, il doit avoir au moins quelque petit mouvement.

Et quoy qu'Aristote distingue trois choses dans le mouvement, sçavoir est le mouvant lequel, comme l'homme; le mouvant par lequel, comme le baston;

Q

& le mobile, comme la pierre ; & qu'il enseigne que la pierre est meuë, & ne meut point ; que le baston est meu, & qu'il meut, & qu'enfin l'homme meut, & n'est point meu ; il est toutefois evident qu'il ne demontre pas pour cela l'immobilité de celuy qui meut. Car à l'egard de ce qu'il dit qu'autrement il faudroit proceder à l'infini, cela ne s'ensuit pas ; parce que le mouvant lequel, comme l'homme, pourroit estre meu par soy-mesme : D'ailleurs il est plus clair que le jour que le bras, ou la main est necessairement meuë avec le baston, & que le mouvant doit par consequent estre meu luy mesme.

Et dites si vous voulez que le bras, ou la main est le mouvant par lequel ; dites mesme que tout le corps, ou les muscles, ou les nerfs, ou les esprits sont le mouvant par lequel, & cela afin que parvenant à l'Ame, vous puissiez dire qu'elle est le mouvant lequel ; vous ne pourrez toutefois point comprendre que l'Ame puisse mouvoir estant immobile, & ce non seulement par accident, comme quand un Marinier est emporté par le mouvement du Navire, mais aussi par soy, comme quand ce mesme Marinier se meut soy mesme pour mouvoir la rame par laquelle le Navire est meu.

Et certes, comme le Navire ne seroit point meu dans une Mer tranquille, ni que le Marinier ne seroit point meu avec elle par accident s'il n'avoit point luy mesme de mouvement par lequel il poussast le Navire, de mesme aussi le corps ne seroit point meu, ni l'Ame ne seroit point meuë par accident par le mouvement du corps, si l'Ame mesme n'estoit agitée par un mouvement par lequel elle poussast le corps.

Aussi semble-t'il qu'Aristote ait eu en veuë ces inconveniens, & autres semblables, lors qu'assurant que le premier Moteur meut estant immobile, il a creu qu'il mouvoit non physiquement, ou en imprimant effectivement du mouvement, mais moralement seulement, comme l'on dit, ou comme une chose aimée, desirée, & comme fin.

Or il s'agit icy de la cause physique, & efficiente du mouvement par lequel une chose est jettée, desorte qu'il semble que nous pouvons supposer que rien ne peut estre absolument jetté, si celuy qui jette ne touche non seulement la chose qu'il jette (soit par soy, soit par quelque autre instrument qu'Aristote appelle le mouvant par lequel) mais aussi s'il ne la pousse par son mouvement par lequel il soit cependant agité.

Il est mesme necessaire que celuy qui meut soit meu non seulement dans le poinct, ou jusques à ce poinct de l'espace dans lequel il touche premierement le mobile, mais aussi qu'estant adherant au mobile jusqu'a un certain endroit, il soit meu avec luy ; afin que nous comprenions que par cette adherance il se fait comme un corps, ou un mobile entier, & que le mouvement de celuy qui meut, & du mobile est un seul & entier mouvement.

En effet, le mouvement qui est dans le mobile durant qu'il demeure conjoint à celuy qui le meut, & qu'il l'accompagne jusqu'à un certain endroit, est comme un certain apprentissage par lequel le mobile apprend à continuer le chemin qu'il a commencé avec celuy qui le meut vers le haut, vers le bas, en travers, obliquement, en rond, lentement, avec vitesse, &c. selon que celuy qui le meut le conduit auparavant qu'il en soit separé.

Ainsi, lors qu'on jette une pierre avec la main, vous voyez que le mouvement commencé dans la pierre avec la main qui avance jusqu'à un certain endroit ; & apres que la main est retirée, vous connoissez qu'on ne luy imprime point de mouvement nouveau, mais seulement que celuy qui est commencé continuë. C'est pourquoy il n'est point, ce semble, necessaire de rechercher une force qui soit imprimée par celuy qui jette, & par laquelle se fasse le mouvement, puisqu'il n'a rien esté imprimé autre chose que le mouvement qui doit estre continué jusqu'à un certain espace, & qu'il faut rechercher la force motrice, non qui fasse que le mouvement persevere, mais qui ait fait qu'il doive perseverer.

Et certainement il n'y a dans le mobile qu'une force passive au mouvement, & la force active ne doit point estre cherchée dans un autre que dans celuy qui meut. Que si nous disons ordinairement qu'il y a dans le mobile une force imprimée, nous ne pouvons concevoir que ce soit autre chose que l'impetuosité, ou le mouvement mesme.

Ie ne dis point que le mouvement est imprimé en ce que le mobile n'a pas tant de force pour resister que celuy qui meut en a pour pousser, de sorte que celuy qui meut devant occuper son lieu, il contraint le mobile de ceder, & d'aller ailleurs.

Ie remarque seulement que celuy qui jette une chose, ne la touche veritablement que par les seules parties exterieures, ou qui sont à la superficie, mais toutefois que ces parties poussent en dedans leurs voisines, ces secondes les troisiemes, les troisiemes les quatriemes, & ainsi de suite jusques à la superficie opposée; & c'est ce que nous montre l'experience qu'on fait dans une longue Poutre, à l'extremité de laquelle un petit coup donné est entendu par celuy qui a l'oreille à l'autre extremité; ce qui n'arriveroit certes point si la propagation de ce coup ne se faisoit selon toute la longueur de la poutre. Et ce qui confirme la mesme chose est, que souvent ayant donné un coup à la superficie d'un corps, il se separe deça & delà en morceaux ; ce qui n'arriveroit pas encore si ces parties externes ne poussoient les autres, celles-cy leurs voisines, & ainsi des autres consecutivement jusques aux dernieres, qui cedant leurs places, font que les autres sont ensemble separées.

Ie remarque cecy afin d'en inferer que

par l'impetuosité qui se fait au poinct du contact, & dans ce petit espace de temps auquel le mouvant demeure adherant au mobile, il se fait une certaine tension & direction de parties vers la region opposée; & qu'ainsi il se forme comme des tendons ou des fibres dont la plus puissante est celle qui ayant traversé le centre de pesanteur, est devenuë comme l'axe.

Aussi voyons-nous que si ce centre n'est droit dans le milieu du corps qu'on jette, il se fait incontinent un roulement, & que la partie dans laquelle est ce centre passe en devant, de sorte qu'elle s'en vole, ou part la premiere, comme estant davantage selon la direction des fibres. Or cela ne se peut faire sans que le corps soit detourné quelque peu du but vers lequel l'impetuosité sembloit selon le centre de grandeur, & selon l'axe estre dirigée; d'autant que le centre de pesanteur vers lequel un plus grand nombre de fibres concourent, resiste, & detourne les fibres, & les fait incliner d'un autre costé, si bien qu'il se fait un nouvel axe selon lequel se fait puis apres la direction des parties & du mouvement: De là vient que si vous voulez tendre droit au but, ou avec la main, ou avec un arc, il faut ou choisir un Globe d'une matiere uniforme, ou mettre en devant la partie la plus pesante du corps qu'on veut jetter, autrement le detour se fera selon que ce centre sera placé.

J'ajoûte que de quelque costé que tende le corps qu'on jette, toutes les fibres suivent la direction de l'axe, on se font paralleles à l'axe, en sorte que s'il change plusieurs fois de centre, l'axe & les fibres le suivront tout autant de fois. Ce que je dis acause du mouvement de roulement ou tournement, & acause de la courbure de cette ligne que la chose qu'on jette décrit soit en montant, soit en descendant. Mais cecy soit dit seulement en passant, afin d'insinuer pourquoy le mouvement qui a esté une fois imprimé vers un certain endroit est plutost continué vers cet endroit que vers un autre ; & pour avertir en mesme temps qu'on ne peut imprimer un grand mouvement à une plume, à une éponge, & autres choses semblables; parceque leurs fibres sont interrompuës, & ne peuvent par consequent pas estre dirigées avec le centre de pesanteur de mesme que dans les autres corps plus solides.

Reprenons maintenant la pensée que nous avons euë cy-devant touchant une pierre qui seroit placée dans cette immensité des espaces imaginaires. Nous avons dit que si quelqu'un la poussoit de quelque costé que ce fust, elle seroit meuë vers ce costé là, que son mouvement seroit uniforme, & qu'il se feroit à proportion de la lenteur ou de la vitesse de l'impulsion, & perpetuellement selon la mesme ligne, en ce qu'il n'y auroit aucune cause qui la detournast, ni qui hastast, ou retardast son mouvement.

J'ajoûte à present qu'il n'y a pas lieu d'objecter que ce mouvement seroit violent, & que tout ce qui est violent n'est point perpetuel; car il n'y auroit là aucune repugnance ou resistance, mais ce seroit une pure indifference; n'y ayant aucun centre à l'occasion duquel la pierre pust estre dite ou pesante, ou legere. D'où vient qu'il luy arriveroit le mesme qu'aux Globes celestes, qui n'ayant rien qui les haste, ou les retarde, ou leur résiste, conservent perpetuellement, & d'un certain costé plutost que d'un autre, le mouvement qui leur a esté une fois imprimé par le Createur du Monde.

Et mesme, puisque vous observez qu'une boule que vous aurez poussée & meuë fort legerement sur quelque long plan bien poli, & dressé au niveau, est meuë uniformement & tres long temps; ne devez-vous pas conjecturer de là, que supposé que la superficie de toute la Terre fust parfaitement polie, & dressée au niveau, & que la boule qu'on placeroit dessus fust aussi parfaitement polie, & tournée, compacte, & d'une matiere uniforme; il arriveroit que n'y ayant point d'air autour de la Terre, cette boule qui auroit esté une fois poussée en roulant, seroit meuë uniformement, & qu'ayant achevé un circuit elle en commenceroit un autre, ou plutost continueroit le mesme, & qu'ainsi elle conserveroit un mouvement perpetuel, & qui ne cesseroit jamais?

Et il n'y a pas sujet de s'étonner de cela; puis qu'aucunes parties de la boule en roulant ne tendent, & ne s'abaissent de haut en bas vers le centre de la Terre, qu'il ne s'en eleve tout autant de bas en haut à l'opposite du centre; si bien que se faisant continuellement une compensation, le mesme mouvement persevere perpetuellement, tant qu'il n'y a ni pente qui la haste, ni hauteur qui la retarde, ni cavité dans laquelle apres quelques mouvemens reciproques ou allées & venuës faites en deça & en delà, elle s'arreste.

Imaginons-nous de plus que cet espace par lequel la pierre est jettée, soit ou devienne entierement vuide de mesme que ces espaces qu'on appelle Imaginaires; il est aisé de juger par la mesme raison, que la pierre qu'on auroit une fois poussée seroit portée dans cet espace sur une ligne invariable d'un mouvement uniforme, & qui ne cesseroit point jusques à ce qu'il se rencontrast un espace rempli de rayons terrestres, de petis crochets, d'air, ou d'une autre chose; car dans cet espace vuide elle seroit comme si la Terre n'estoit point au dessous d'elle, & comme s'il n'y avoit aucun corps nulle part, & qu'elle se trouvast toute seule dans les espaces imaginaires.

Mais parceque l'espace dans lequel la pierre est meuë presentement n'est pas vuide, & qu'outre le corps de l'air il se rencontre des rayons terrestres, ou de petits crochets repandus par tout, elle ne peut estre meuë, ni en droite ligne, ni uniformement, ni longtemps : Car si tost que celuy qui la jette la laisse aller, les petits crochets l'attaquent qui la detournent : Il est vray qu'elle les rompt d'abord diversement, & qu'elle est à peine detournée de son chemin ; mais parce qu'il en survient toujours de nouveaux, & toujours de nouveaux, qui font toujours une nouvelle attraction, il ne se peut qu'elle ne soit peu à peu detournée de la ligne droite, qu'elle n'avance continuellement plus lentement, & qu'enfin elle ne parvienne à la terre où son mouvement cesse.

C'est pourquoy, quand on demande quelle est la cause corruptrice de la vertu imprimée ; parceque par la vertu imprimée nous ne devons concevoir autre chose que le mouvement, il est constant que la cause qui le ralentit, & qui le contraint enfin de cesser, est l'attraction mesme de la Terre. D'où vient que nous inferons que tout mouvement qui a esté une fois imprimé est par sa nature ineffaçable, & qu'il ne diminue, ou ne cesse que par la cause externe qui le ralentit.

Il faut remarquer que cet espace estant occupé de la maniere que nous venons de dire, on ne sçauroit y jetter un corps qui allast en droite ligne, si ce n'est ou vers le haut, ou vers le bas, & en ligne perpendiculaire; car soit qu'on le jette obliquement, ou horizontalement, il commence d'abord d'estre detourné du but, & il ne decrit pas une ligne droite, mais une courbe; non que le detour, ou la courbure soit sensible dans une petite distance, & principalement dans un fort mouvement tel qu'est celuy d'une flèche, ou d'une bale de mousquet, mais acause qu'il n'y a ni aucun poinct de lieu, ni aucun moment de temps dans lequel le mobile ne soit attiré vers le bas, & qu'il n'y a point de raison pour laquelle il doive commencer à estre detourné dans le second, le trois, ou le quatrieme plutost que dans le premier. C'est pourquoy il ne faut pas s'arrester à ce qu'on dit que les Tireurs parviennent droit au but dans une certaine distance; parce qu'ils prennent une distance dans laquelle ce detour est insensible, encore qu'il soit quelquefois effectivement plus grand que l'epaisseur d'un, ou de plusieurs poils, & quelquefois mesme d'un doigt, & de plusieurs doigts.

Il faut remarquer de plus que quand on jette une pierre vers le haut, non directement mais obliquement, son mouvement peut estre consideré comme estant meslé, ou composé du mouvement perpendiculaire, & du mouvement horizontal : Du perpendiculaire, entant qu'il se fait vers le haut, ou vers le bas, & que sa hauteur peut estre mesurée par une ligne perpendiculaire : De l'horizontal, entant qu'il se fait selon le plan de l'horizon. Et parce que plus il tient du mouvement perpendiculaire, moins il tient de l'horizontal, & qu'ainsi sa hauteur peut estre de cinquante pieds, & sa latitude d'un seul pied ; il est evident par cela seul que la ligne qui est decrite par ce mouvement ne peut estre circulaire, mais parabolique, comme Galilée l'a demontré, & pareille à celle que les Geometres decrivent par la coupe d'un Cone faite parallelement à l'autre costé qui demeure entier.

Cette composition de mouvement paroit visiblement s'il arrive qu'estant dans un Navire vous teniez une bale dans vostre main, ou que vous la jettiez vers le haut; car si le Navire estant

Du Mouvement. 375

meu vous tenez la bale dans vostre main, elle n'aura que le seul mouvement horizontal, par lequel le Navire vous meut, vostre main, & la bale: Que si le Navire estant en repos vous jettez la bale vers le haut, il n'y aura dans la bale que le seul mouvement perpendiculaire: Mais si le Navire estant meu, vous jettez la bale vers le haut, alors son mouvement sera meslé ou composé de l'un & de l'autre; car elle sera portée obliquement, & decrira une ligne parabolique par laquelle elle montera, & descendra, & avancera cependant sur l'horizon.

Il est vray que par vostre œil vous n'appercevrez que le mouvement perpendiculaire; parce que le mouvement horizontal estant commun à la bale, & à vostre œil, & la bale avançant autant que vostre œil, elle est toujours au dessus de vostre œil, & paroit constamment dans la mesme ligne perpendiculaire; mais celuy qui sera sur le rivage sans se remuër, ou dans un autre Navire arresté, apperceyra encore le mouvement horizontal.

Afin de concevoir cecy plus aisément, jettez la bale du pied du mas jusques à sa partie la plus haute, & selon toute sa longueur ; & vous la verrez tomber au pied du mas, soit que le Navire soit en repos, soit qu'il aille de quelque vitesse que vous puissiez l'imaginer ; & partant si le Navire estant en repos, elle decrit tant en montant qu'en descendant une ligne droite, il est necessaire que le Navire allant, elle decrive en l'air une ligne courbe, qui ne paroîtra veritablement pas telle à vos yeux, ni aux yeux de ceux qui seront avec vous dans le mesme Navire; mais toutefois comme nous venons de dire, celuy qui sera en repos hors du Navire pourra l'observer.

Et afin que vous ne trouviez pas etrange que ce mouvement qui vous paroit se faire directement vers le haut, soit neanmoins oblique, pensez que vostre main lors qu'elle tient la pierre, & qu'elle s'eleve en haut le plus droit qu'il est possible, tend veritablement en haut par son propre mouvement, mais que cependant elle est detournée à cause du mouvement du Navire par lequel elle est emportée selon l'horizon ; de sorte que le poinct de l'air dans lequel elle cesse d'estre poussée vers le haut, n'est pas dans la mesme ligne perpendiculaire avec celuy dans lequel elle a commencé, mais il est plus avancé du costé vers lequel le Navire est transporté : Pensez, dis-je, que le mouvement de vostre main qui se fait entre ces deux poincts n'est pas perpendiculaire, mais oblique ou courbe, & il vous sera aisé de comprendre qu'il en est le mesme à l'egard du mouvement de la pierre, qui se fait entre deux autres poincts.

Le mesme arrive par proportion dans les autres mouvemens, & particulierement à l'egard de celuy d'une bale de mousquet ; car bien qu'elle semble estre poussée, ou chassée directement acause de la rectitude du Canon, elle est toutefois poussée obliquement, parceque ne pouvant passer dans toute la longueur du Canon que dans un certain temps, quoyque tres-court, le poinct de l'air dans lequel elle est en sortant du Canon ne peut estre dans la mesme ligne perpendiculaire avec celuy dans lequel elle estoit quand elle partoit du fond, acause que le Canon a tant soit peu avancé, quoy qu'insensiblement, dans ce peu de temps, par le mouvement du Navire.

Remarquez de plus qu'il est etonnant, qu'y ayant une double force imprimée, l'une par vostre effort, & l'autre par le transport du Navire, l'une ne detruit toutefois point l'autre; mais que l'une & l'autre conjoinctement viennent à leur but comme elles feroient separement. Car la bale monte aussi haut soit que le Navire soit meu, soit qu'il se repose; & soit qu'elle decrive une ligne droite, ou une demi-parabolique; & elle n'avance pas moins selon l'horizon soit qu'elle soit portée par le seul mouvement du Navire, soit que vous la jettiez directement vers le haut.

Il faut outre cela remarquer, que non seulement il semble qu'il faut que la force soit plus grande afin que la bale estant jettée du pied du mas qui est transporté, en atteigne le haut, que quand on la jette du pied du mas qui est en repos, mais qu'elle est effectivement plus grande; puisque cette ligne demi-parabolique est plus longue que la perpendiculaire; & bien que vostre effort soit egal dans l'un & dans l'autre cas, il luy survient toutefois une force qui vous est imprimée, & à vostre bras par le Navire qui est transporté, quoy-

Du Mouvement. 379

que vous ne la sentiez pas.

Vous comprendrez mieux cecy si vous laissez tomber la bale du haut du mas sans aucun effort; car puisque soit que le Navire soit en repos, ou qu'il soit meu, elle tombe toujours au pied du mas, il faut que le mouvement du Navire luy imprime une force, ou le mesme mouvement par lequel & le mas, & vostre main sont affectez quand vostre main laisse tomber la bale; puisqu'il faut qu'elle decrive une ligne demi-parabolique plus longue que la droite qu'elle decriroit si elle tomboit le Navire estant en repos.

Il arrive de là que si vous jettez une bale avec une force egale de la pouppe à la proüe, & en suite de la proüe à la pouppe, vous imprimez un coup plus rapide de la pouppe à la proüe; parceque l'impetuosité du Navire est ajoûtée à vostre effort, & que cette mesme impetuosité luy est ostée par le Navire qui retire vostre main quand vous jettez la bale de la proüe à la pouppe. Car encore que la bale fasse autant de chemin de l'un & de l'autre costé sur les ais ou le tillac du Navire, il n'en est neanmoins pas de mesme à l'egard de l'air,

& encore que celuy qui seroit frappé estant dans le Navire, ressentist le coup egal de part & d'autre, il ne le sentiroit neanmoins pas egal s'il estoit quelque part en repos sur le rivage hors du Navire.

Il faut remarquer de plus, qu'il est aisé de prouver par tout ce que nous avons dit, que le temps que la bale qu'on jette vers le haut employe à monter, est egal à celuy qu'elle met à descendre; car si cela n'estoit, lorsque le Navire estant transporté l'on jette la bale le long du mas, elle ne demeureroit pas continuellement comme elle fait soit en montant, soit en descendant dans la mesme distance du mas, mais ou elle l'abandonneroit, ou elle en seroit abandonnée : Et il s'ensuit de là que la vitesse diminuë en montant par la mesme proportion qu'elle augmente en descendant; de sorte que le mouvement doit estre d'une pareille vitesse quand elle est eloignée de la terre d'une toise soit en montant, soit en descendant, & d'une pareille lenteur quand elle est eloignée d'un pied du haut du mas, soit en montant, soit en descendant, & par une semblable proportion dans les espaces du milieu ; autrement elle ne conserveroit pas cette mesme distance du mas, mais elle en deviendroit ou plus éloignée, ou plus proche.

Il s'ensuit de plus que parce que vostre effort estant pareil, le mouvement qui est ajoûté par le navire peut estre ou plus vehement, ou plus foible, selon que le navire est transporté, ou plus viste, ou plus lentement ; il s'ensuit, dis-je, que les lignes paraboliques sont veritablement plus grandes, ou plus petites, & les mouvemens dans l'air ou plus vistes, ou plus lents ; mais qu'ils se font tous neanmoins dans un temps egal parceque les temps qui sont employez dans tous ces mouvemens sont egaux à celuy que la bale employeroit en montant simplement, ou en descendant si le navire estoit en repos.

Il semble mesme encore suivre de là une chose qui est autant veritable qu'elle paroit d'abord incroyable ; c'est que si du haut d'une tour on tiroit un canon qui fust braqué horizontalement, le boulet qui en sortiroit, quelque loin qu'il pust estre poussé par la force de la poudre, parviendroit aussi-tost à la terre que celuy qu'on laisseroit simplement tomber à plomb du haut de la mesme Tour; la pesanteur du boulet, c'est à dire cette force qui le porte en bas, & l'impetuosité qu'il a receuë de la poudre, ne se detruisant point l'une l'autre.

L'on pourroit icy donner la raison pourquoy lors qu'un canon tire, la culasse s'abaisse toûjours un peu, & que la bouche s'eleve par consequent aussi tant soit peu à proportion; mais cecy s'expliquera plus commodement ailleurs.

Remarquons plûtost enfin, qu'il est tout à fait étonnant, que de ce double mouvement qui en compose un oblique, celuy qui est perpendiculaire ne soit pas uniforme, & que sa vitesse diminuë en montant comme elle augmente en descendant; de sorte que dans des parties egales de temps il se parcoure des espaces toûjours plus petis en haut, & toûjours plus grands en bas, & que cependant celuy qui est horizontal soit parfaitement uniforme, ou d'une pareille vitesse, ensorte qu'il se parcoure des espaces egaux selon la longueur de l'horizon, dans des temps egaux.

Il est toutefois certain que cela se fait

ainsi ; parce que si le navire estant uniformement transporté, & la pierre estant jettée en haut selon la longueur du mas, le pied du mas (ou la partie proche du pied du mas d'où la pierre a esté jettée) parcourt cependant dans l'air vingt pas ; il faut certes que la pierre avance uniformement selon l'horizon dans tous les pas, & non pas plus viste dans l'un que dans l'autre, autrement elle ne seroit pas toûjours directement au dessus de cette mesme partie prochaine du mas d'où elle a esté jettée, ni par consequent dans la mesme distance du mas, ce qu'elle observe neanmoins constamment.

Ce qui trompe aisement est, que sur la fin de l'elevement, ou au commencement de la descente, le mouvement est tres-lent ; mais il faut prendre garde aussi que la courbure, ou la conformité auec l'horison est alors plus grande; de mesme que plus bas où le mouvement est plus rapide, la courbure est plus petite, & par consequent la conformité auec la perpendiculaire plus grande; de sorte que toute l'inegalité est dans le progrez vers le haut, & vers le bas, y ayant toûjours cependant une uniformité parfaite eu egard à l'horizon.

Ie conclus de tout cecy, que parceque la chose qu'on jette est meuë inegalement entant qu'elle tend vers le haut ou vers le bas, & non entant qu'elle avance selon l'horizon. Ie conclus, dis-je, ce que j'ay dit cy-devant, à sçavoir qu'il semble que le mouvement tant vers le haut, que vers le bas doit estre censé violent, & le mouvement horizontal, & le circulaire naturel.

Ie conclus de plus, que ce qui a esté dit cy-devant est vray-semblable, sçavoir est qu'une pierre qui auroit esté une fois poussée dans un espace vuide, devroit avoir un mouvement uniforme, & perpetuel; puisque la seule courbure qui se fait de bas en haut, ou de haut en bas, est la cause de l'inegalité, & de la cessation du mouvement, & non pas ce progrez qui ne se fait ni vers le haut, ni vers le bas, & au regard duquel nous avons dit que tout mouvement imprimé est ineffaçable de soy.

Ie conclus enfin, ce qu'on doit repondre à cette demande qui se fait ordinairement, sçavoir si dans le poinct de la reflexion, c'est à dire entre ce moment que le mobile acheve de monter, & celuy

luy où il commence à descendre, il y a un petit retardement, ou quelque petit repos intercepté. Car en premier lieu, autant qu'il m'a esté permis de l'experimenter jusque'icy, il est tout à fait au dessus de l'industrie humaine de jetter en haut vne pierre, une bale, ou quelque autre corps avec une telle justesse & direction, que la ligne de la montée & de la descente soit la mesme, & qu'il ne se forme pas toûjours quelque parabole ou plus étroite, ou plus large.

C'est pourquoy, cecy supposé, la demande se fait en vain, puis qu'il est evident que dans cette description parabolique le mouvement n'est point interrompu, & qu'il est continué d'une mesme teneur. Mais s'il arrive par hazard que le mobile descende par la mesme ligne qu'il est monté, il n'y a nulle repugnance de dire qu'il intervient, non certes un temps, ou un retardement, quelque court qu'il soit, pendant lequel le mobile se repose, mais seulement un moment imperceptible, & indivisible, dans lequel la force ascendante qui a demeuré la plus forte jusques là, & le poids du corps jetté en en haut, qui jusques là a demeuré le

R

plus foible, soit tellement egalé, qu'au lieu que le mobile monteroit encore dans le moment qui s'est ecoulé immediatement devant, & qu'il descendroit dans celuy qui va suivre immediatement apres, il est censé ne monter, ni ne descendre dans celuy qui est entredeux.

CHAPITRE V.

Du Mouvement Reflexe, & des Vibrations des Pendules.

Comme le mouvement de descente dont nous venons de parler, n'est pas proprement celuy qu'on appelle Reflexe, il nous reste à dire quelque chose de celuy par lequel le corps qu'on jette, aussi bien que celuy qui tombe, se detourne de son chemin, à cause de la resistance du corps contre lequel il hurte.

Et afin d'y entre-mesler aussi quelque chose des Vibrations ou allées & venuës que font les Pendules, lors que les ayant retirez de la perpendiculaire, on les laisse aller. Il faut remarquer premierement, que la principale espece de reflexion est celle par laquelle le corps qu'on a jetté retourne directement, ou par la mesme ligne vers le lieu duquel il a esté jetté, ce qui arrive lors que la projection se fait à angles droits, c'est à dire de la maniere qu'un corps pesant, comme par exemple une bale tombe sur un plan horizontal. Les autres sont moins considerables, à sçavoir celles par lesquelles le corps qui est jetté retourne non vers le mesme poinct d'où la projection s'est faite, mais par d'autres differentes lignes, entant qu'il est jetté par des lignes plus ou moins obliques.

Car il faut sçavoir que le corps est toûjours reflechi du plan avec la mesme inclination qu'il y est tombé, principalement quand il est d'une matiere uniforme, & qu'il a par consequent un seul & mesme centre de grandeur, & de pesanteur ; de sorte que plus la projection est oblique, & que l'angle qui se forme de la ligne de la projection, & de celle du plan (qu'on appelle l'angle d'incidence) est petit, plus la reflexion est oblique, & l'angle qui se forme de la ligne de reflexion avec la ligne du plan continuée (qu'on appelle l'angle de reflexion) aussi plus petit; & cela jusques à ce que la ligne de la projection estant faite parallele à celle du plan, il ne se fasse aucune reflexion.

Il faut remarquer de plus, qu'entre la plus petite reflexion, & nulle reflexion, on peut assigner une espece de milieu, à sçavoir le relevement, ou l'elevation d'un pendule, lorsque faisant ses allées & venuës, il quitte la ligne perpendiculaire à laquelle il s'estoit abbaissé; car il ne se rencontre là aucun corps, & il decrit un simple arc; & cependant comme il se fait une espece de chute du haut jusques au bas, il se fait aussi une espece de rebondissement de ce bas vers le haut. Et mesme si vous concevez une ligne droite qui touche le bas de l'arc, comme si le pendule rasoit par son extremité, & touchoit seulement dans un poinct le plan horizontal, vous aurez deça & de là un angle formé de l'arc, & de la ligne tangente, qu'on appelle pour cette raison l'angle de contingence. Et parce que les Geometres demontrent que l'angle de contingence, qui indubitablement differe de la ligne droi-

Du Mouvement. 389

te est plus petit que quelque angle rectiligne que ce soit, quelque aigu qu'il puisse estre; pour cette raison l'un & l'autre angle peut estre dit moyen entre la ligne droite, & l'angle soit d'incidence, soit de reflexion, quelque petit qu'il soit; & par consequent l'elevation du pendule peut estre dite quelque chose de moyen, ou un milieu entre la plus petite reflexion, & nulle reflexion.

Quoy qu'il en soit, cette elevation semble estre la regle de toute reflexion quelle qu'elle soit. Car de mesme que la vibration decrivant un arc simple, l'angle de l'elevation est toûjours egal a l'angle de la cheute, ainsi la projection decrivant une ligne angulaire, l'angle de reflexion est toûjours egal de soy à l'angle d'incidence. Je dis de soy, car autrement soit que cela soit sensible, soit qu'il ne le soit pas, parceque durant que le corps jetté est transporté il est toûjours tant soit peu abbaissé vers la terre, acause de l'attraction dont nous avons parlé; il arrive de là que la reflexion n'est jamais si vive, ni si forte que l'incidence, & qu'elle ne forme pas un si grand angle, ni n'arrive pas à une si grande hauteur : Sans m'ar

R 3

rester à dire que l'egalité peut estre d'autant moindre que le corps qu'on jette approche moins de la figure ronde, & que sa matiere est moins uniforme.

Mais avant que nous parlions de cette egalité d'angles, nous devons dire, ce semble, par quelle force le corps qu'on a jetté est reflechi. Quelques-uns croyent que lors que la bale hurte contre la muraille, la muraille est tant soit peu poussée en avant, & qu'estant attachée à ses fondemens comme à des racines fermes, elle retourne, & qu'elle repousse la bale par ce retour : Car si ce coup, disent-ils, estoit multiplié de sorte que le coup de plusieurs bales eust autant de force qu'un seul coup de belier par lequel la muraille tremble ou va & vient sensiblement, il semble que chaque coup de ces bales dont il se peut composer un coup total, doit produire au moins quelque petit tremblement quoy qu'insensible, c'est à dire des allées & des venües insensibles; d'autant plus que nous experimentons que fermant une porte avec violence, non seulement la muraille tremble, mais aussi toute la maison, comme il est constant par le seul tremblement des vitres des fenestres.

Tousefois cela n'est pas vray-semblable, car toute la muraille tremble par un coup total, parce qu'un coup total en contient autant de particuliers qu'il y a de parties à mouvoir dans la muraille, & autant qu'ils en mouvroient separement si elles estoient separées; mais quoy que chaque coup particulier puisse suffire à une partie separée, on ne doit pas inferer de là qu'il puisse suffire à toutes les parties jointes ensemble.

Tout le monde sçait l'Embleme du faisseau de verges, qui ne pouvant estre rompu par des forces assemblées, est si facilement rompu par des forces separées apres que les brins de verges sont separez.

Que si la porte estant poussée avec violence les vitres des fenestres tremblent, cela n'arrive pas par le tremblement des murailles; mais par le poussement & repoussement de l'air de la chambre contre les vitres qui sont flexibles & au large dans les creux des plombs dans lesquels elles sont enchassées. Certes, quand bien mesme on accorderoit que les parties de la muraille poussées par la bale pûssent retourner, il ne semble pas toutefois que leur retour pûst estre assez grand pour repousser la bale si loin ; sans dire que les rayons de la lumiere, & des couleurs sont reflechis de cette mesme muraille, & que ce reflechissement ne se fait point par le retour de la muraille qui est continument poussée. D'ailleurs la bale reflechit de la Terre, & cependant on ne sçauroit concevoir que toute la masse soit tellement ebranlée qu'elle renvoye la bale par son retour ; ce qu'elle feroit encore moins si dans le mesme temps elle estoit poussée du costé des Antipodes.

Et quoy qu'on pûst dire peuteste que cela ne se fait point par le retour de toute la terre, ou de toute la muraille, mais par celuy des parties, qui ayant esté enfoncées en dedans retournent dans leur premiere situation ; puisque moins elles y peuvent retourner comme dans les choses molles, moins elles repoussent : Toutefois si la bale estoit de laine, & la muraille de marbre, l'enfoncement des parties que la bale pourroit faire ne seroit jamais capable de produire une si grande reflexion : Car si les choses molles ne repoussent pas tant, cela nous fait voir seulement que la dureté est absolument necessaire pour la reflexion ; or la dureté, comme nous avons dit ailleurs, ne consiste qu'en ce que les parties de la chose dure ne cedent point au tact, & ne retournent point par consequent dans leur premiere situation.

Qu'une Bale n'est pas reflechie par la muraille, mais par celuy qui la jette contre la muraille.

IL est donc, ce semble, plus à propos d'assurer que la bale n'est point reflechie par la muraille, mais qu'elle est meuë par celuy qui la jettée contre la muraille. Aristote l'enseigne ainsi, & il faut concevoir que ce n'est qu'un seul & mesme mouvement continué, avec cette difference seulement que le mouvement qui devoit estre continué de soy directement, est continué par reflexion.

Afin de concevoir cecy plus aisement, imaginez-vous premierement que la bale soit meuë sur un plan horizontal, il est certain que son mouvement ne sera continu que par la force qu'elle aura receüe d'abord de celuy qui l'a meuë. Supposez ensuite que le plan s'abbaisse

& se courbe en arc, le mouvement n'en sera pas moins dit continu, bien qu'il ne soit pas alors tout à faict direct, & qu'il se fasse avec quelque detour par lequel la bale en partie descend, & en partie monte : Or ce detour n'est autre chose que d'innombrables reflexions qui se font dans chacune des parties de la cavité ; de mesme qu'on reconnoit vulgairement que la courbure n'est autre chose qu'une suite continuée d'angles infinis.

Toutefois afin que la réflexion soit plus sensible, il faut concevoir une cavité non dans un plan, mais dans une muraille qui environne un plan, telle qu'est le bas de la superficie interieure d'une Tour ronde : Car si vous roulez, ou jettez un bale suivant cette superficie, vous remarquerez qu'elle n'a point d'autre mouuement que celuy qui est continué depuis vostre main qui le luy a premierement imprimé, & que ce mouvement n'est autre chose qu'une suite continuelle d'incidences, & de reflexions que les sauts frequens & redoublez vous indiqueront. Or les sauts, ou incidences & reflexions seront d'autant plus grandes & plus sensibles que le circuit de la Tour sera etroit, & que vostre premiere projection, ou roulement aura fait l'angle de la premiere incidence plus grand, & par consequent moins conforme à cette courbure ou infinité d'angles.

Ce qui semble confirmer qu'il n'y a point d'autre cause du mouvement de la reflexion que celle de l'incidence, c'est la vibration entiere d'un pendule; car il n'y a point d'autre cause qui l'eleve de la perpendiculaire que celle qui l'abbaisse à cette mesme perpendiculaire.

Pour vous indiquer quelle est cette cause. Il est etonnant que lorsque l'on a retiré un pendule de la ligne perpendiculaire où il estoit en repos, il retombe neanmoins quoyque personne ne le pousse, qu'il en sorte, qu'il y retourne, & qu'il fasse derechef diverses allées & venuës. Mais la raison en est qu'un pendule, par exemple un petit Globe de plomb suspendu à un fil, estant dans la ligne perpendiculaire, est comme balancé entre deux forces opposées, l'attractrice de la terre, & la retentrice du fil; de sorte que l'axe de pesanteur convenant directement avec la suite & la longueur du fil, l'attraction & la retention le partagent, pour ainsi dire, egalement, ce qui fait que le Globe demeure là en repos. Mais lors qu'il est hors de la ligne perpendiculaire, l'axe est libre, & peut estre attiré ; c'est pourquoy le mouvement se fait en bas, non directement, mais obliquement acause que le fil qui le retient fait changer l'axe, & forme le mouvement en arc jusqu'à ce que le fil ayant atteint derechef la mesme suite avec l'axe, il soit dans la ligne perpendiculaire.

Et il est certain que le Globe se reposeroit encore en cet endroit, mais parceque le mouvement vers le bas n'a point perdu de force, qu'au contraire il en a acquis jusques là selon la proportion que nous avons expliquée cy-devant; il arrive que le Globe estant empesché de continuer son chemin en bas, & n'estant neanmoins pas empesché de le continuer en arc, ou en rond, il passe au delà de la ligne perpendiculaire, & est reporté en haut jusques à ce que l'axe estant derechef, & de plus en plus devenu libre, & capable d'estre attiré acause que l'impetuosité qui porte le Globe en haut se ralentit peu à peu, & s'evanoüit enfin entierement, il se commence un nouveau retour vers le bas qui se fasse par le mesme chemin, qui passe de mesme au delà de la ligne perpendiculaire, & qui cesse enfin de monter, afin qu'une autre allée commence, à laquelle un autre retour succede derechef, & ainsi de suite.

Ce qu'il y a icy sujet d'admirer est, que bien que ces allées & venües soient plus longues au commencement, & plus courtes sur la fin, elles se font toutes neanmoins dans des temps egaux, en sorte qu'il s'employe autant de temps dans la plus petite que dans la plus grande; le decroissement de l'espace suivant le decroissement de la vitesse, ce qui fait un merveilleux accord.

Ajoûtons que cecy suit merveilleusement bien de ce que Galilée a demontré : Car si l'on decrit contre une muraille un cercle qui touche le pavé par un poinct de sa circonference, comme nous avons dit cy-devant, & qu'ayant divisé ce cercle par une ligne perpendiculaire, & par un diametre transverse en quatre quarts de cercle, & pris l'un des deux quarts de cercle inferieurs, on s'imagine une ligne droite (ou si vous aimez mieux un petit tuyau) tiré depuis le commencement du quart de cercle qui est aussi haut que le centre jusques au contact d'en-bas ; nous avons déja dit que la boule qu'on laisse tomber dans ce tuyau arrive au poinct du contact dans le mesme temps que celle qu'on laisse tomber du haut du diametre perpendiculaire.

Au reste, parceque si nous supposons que l'arc du quart de cercle soit un tuyau, ou un petit conduit courbe divisé en tant de parties qu'il vous plaira, le Globe parcourra ce tuyau, & mesme chaque partie de ce tuyau prise à part & separement jusques au poinct du contact dans un temps egal à celuy qu'il met à descendre le long du diametre perpendiculaire ; il est visible que non seulement les cheutes des Globes dans des tuyaux droits quoy que toujours plus petits, mais aussi que les cheutes dans des tuyaux ou conduits courbes quoyque toujours plus petits, se font dans des temps egaux ; puisque les unes & les autres durent autant que la cheute du globe depuis le haut du diametre perpendiculaire jusques au poinct du contact.

Ainsi donc, puisqu'au lieu du tuyau courbé en arc, les vibrations du Globe se font en arc, acause de la limitation du fil qui est attaché au centre de ce mesme cercle, vous voyez qu'il est convenable que ce Globe qu'on retire de la ligne perpendiculaire jusques au commencement du quart de cercle, & qu'on laisse tomber de là, soit autant de temps à descendre jusques à la ligne perpendiculaire, qu'il seroit à descendre le long de tout le diamettre, & qu'en suite descendant toujours par de plus petis arcs, il descende toujours dans des temps egaux au premier. Or ce que je dis de la descente se doit entendre de l'elevation, ayant déja fait voir qu'il s'employe autant de temps dans la montée, que dans la descente.

Ce qui doit encore paroître admirable est, que si au lieu d'une boule pesant une once vous en suspendez une du poids de cent livres, de sorte que le tout, c'est à dire que la boule ensemble avec la corde, ne soit pas plus long que s'il n'y avoit que la boule d'une once, les vibrations n'en seront pas toutefois plus vistes, mais elles seront d'une égale durée avec celles de la boule d'une once. Ce qui s'accorde aussi avec ce que nous avons observé, asçavoir qu'une grosse pierre ne tombe pas plus viste qu'une petite. Cela s'accorde encore en ce que si une grosse boule ne descend pas plus viste le long du diametre dont nous venons de parler qu'une petite, celle qui est suspenduë à une corde ne doit pas aussi parcourir plus viste le quart de cercle, ou la moindre partie de ses parties, c'est à dire quelque petit arc que ce soit.

Enfin il est etonnant qu'une si grande diversité de poids ne cause aucune difference dans la vitesse, & que cependant la moindre diversité qui regarde la longueur de la corde y en fasse; les vibrations estant plus rapides plus la corde est courte, & plus lentes plus elle est longue. Ce qui s'accorde enfin avec ce que nous avons dit de la proportion avec laquelle la vitesse augmente, & avec ce que nous venons de dire & de repeter des vibrations par le quart de cercle.

Car de mesme que si le cercle est plus petit, la boule descend en moins de temps le long de tout le diametre; de mesme si elle est suspenduë, elle doit employer moins de temps à faire de ses vibrations par un moindre quart de cercle: Et de mesme que le cercle estant plus grand, elle est plus de temps à descendre par un plus long diametre ; de mesme si elle est suspendüe, elle doit employer plus de temps à parcourir un plus grand quart de cercle.

Et ce qui paroit encore de plus etonnant que tout ce que nous avons dit, est que de mesme que la boule qui tombe a parcouru à la fin du premier moment une espace, à la fin du second quatre, à la fin du troisieme neuf, & à la fin du quatrieme seize, qui sont les quarrez des temps ; de mesme s'il y a quatre boules suspendües, l'une de la longueur d'un pied, l'autre de quatre, la troisieme de neuf, & la quatrieme de seize ; dans le mesme temps que la quatrieme achevera une vibration, la troisieme en achevera deux, la seconde trois, & la premiere quatre ; de telle sorte que les longueurs des pendules sont comme les quarrez des temps ; & les vibrations sont reciproquement comme les racines des quarrez.

Il n'est pas besoin de dire icy la facilité qu'on a de designer par ces vibrations quelque petit temps que ce soit, ce que ne peuvent faire les meilleures horloges ; car si vous voulez, par exemple, connoitre la durée d'une seconde d'heure, chaque vibration d'un pendule qui aura trois pieds & un sixieme de long, ou environ, vous le fera connoître; parceque dans l'espace d'une heure il fait trois mille six cent vibrations, comme le R.P. Mersenne l'a observé.

De mesme, si vous desirez sçavoir avec quelle vitesse vostre artere bat quand vous estes en santé, vous le connoîtrez par la comparaison d'un pendule dont vous diminuerez ou augmenterez la longueur jusques à ce que ses vibrations s'accordent au nombre de vos battemens. Remarquez qu'il arrive aisement que le poids du pendule augmente la longueur de la corde, & qu'ainsi apres quelque temps les vibrations sont quelque peu plus lentes; c'est pourquoy il faut avoir soin que la corde soit toujours d'une mesme longueur si vous desirez que les vibrations se fassent dans un temps exactement egal.

Si vous demandez maintenant pourquoy les vibrations decroissent, & d'où vient enfin qu'elles cessent. Galilée en assigne deux causes, l'une la resistance de l'air qui ralentit peu à peu l'impetuosité, l'autre la pesanteur de la corde mesme, qui lorsque le pendule est tiré hors de la ligne perpendiculaire, a des parties qui sont veritablement de peu de pesanteur, mais dont chacune en a pourtant quelque peu; ce qui fait qu'elles ramenent toujours quelque peu le pendule à la ligne perpendiculaire.

Il est certain que la premiere cause y contribuë quelque chose, comme on le peut comprendre par tout ce que nous avons dit, mais la derniere me semble la principale; & une marque de cecy est, que les vibrations diminuent d'autant plus sensiblement, & cessent d'autant plutost que la corde est grosse & pesante.

D'ailleurs, si vous suspendez à une corde de seize pieds de long une boule au pied d'en-bas, & qu'ensemble vous attachiez des boules au neuvieme, quatrieme, & premier pied; vous observerez que quand la boule passe de la ligne perpendiculaire à l'extremité de la vibration, la boule qui est suspenduë au neuvieme pied resiste, & fait effort au contraire, comme se portant plus frequemment vers la partie opposée; que celle qui est suspenduë au quatrieme resiste encore, comme se portant encore plus frequemment vers la partie opposée; & que celle qui est suspenduë au premier pied fait la mesme chose avec la proportion que nous avons dit cy-devant: Et par là vous comprendrez que la boule estant attachée à la corde qui est retirée par tous ces efforts continuels, ne peut monter si haut qu'elle feroit si elle estoit delivrée de tous ces empeschemens & fardeaux.

Que s'il y avoit des boules suspenduës à chaque doigt, il est certain que la boule s'eleveroit toûjours moins haut. Pour en estre convaincu il faut prendre une chaine de metail au lieu d'une corde, en ce que chaque anneau est comme une espece de petite boule. Au reste chaque partie de la corde tient lieu d'une petite boule ou d'un petit anneau, & quoy qu'elles retirent toutes d'autant moins la corde qu'elles sont moins pesantes que les boules ou que les anneaux, elles la retirent toutefois toûjours quelque peu.

C'est pourquoy, puisque plus la corde est deliée les vibrations s'elevent plus haut, & que la hauteur de la seconde est par consequent plus voisine à la hauteur de la premiere; il est vray-semblable que si la corde pouvoit estre immaterielle, ou qu'elle n'eust aucune pesanteur, & que d'ailleurs le milieu n'apportast aucun obstacle, comme si la chose se pouvoit faire dans le vuide; il est vray-semblable, dis-je, que la seconde vibration s'eleveroit aussi haut que la premiere, la troisieme de mesme, & toutes les autres par consequent; de sorte que le mouvement qui auroit une fois commencé, devroit, ce semble, en ce cas estre perpetuel : Et certes cette quantité prodigieuse de vibrations qui s'entre-suivent rend cela probable; car auroit-on jamais pû croire qu'un si leger mouvement tel qu'est celuy de la premiere chûte, pust durer si constamment par la propagation de soy-mesme? Voila ce que nous avions à dire du mouvement des pendules, en ce que toutes les projections, & toutes les reflexions imitent leur chûte, & leur elevation.

De l'Egalité des Angles d'Incidence, & de Reflexion.

POur dire maintenant quelque chose de plus particulier de l'egalité des Angles d'incidence, & de reflexion selon que nous avions commencé, il faut prendre une boule d'une matiere uniforme, & qui ait par consequent un mesme centre de grandeur, & de pesanteur; car les autres corps ne parviennent à cette egalité qu'entant qu'ils ont plus ou moins de conformité avec la boule, ou le globe. Et mesme comme dans la boule qui tombe on considere la seule pesanteur qu'elle acquiert de soy-mesme, ainsi dans celle qui a esté jettée on doit considerer la seule imperuosité imprimée par celuy qui l'a jettée, laquelle tienne lieu de pesanteur, & à l'egard de laquelle on conçoive que le centre de pesanteur convienne directement, ou soit en mesme ligne que le centre de grandeur.

Supposons donc qu'on jette une boule directement, ou à angles droits sur un plan; d'autant que c'est l'axe de pesanteur qui frappe le plan par son extremité qui precede, il est evident que la reflexion se fait selon ce mesme axe, comme estant entouré de fibres paralleles egalement de tous costez, ou ce qui revient au mesme, la matiere estant egalement distribuée alentour de luy, & ne detournant par consequent point la boule par son abondance d'un costé plutost que d'un autre.

Si l'on jette en suite cette boule obliquement, d'autant que ce n'est plus l'axe de pesanteur, mais une des fibres en deça de l'axe qui touche le plan la premiere par son extremité ; il arrive de là qu'elle tasche veritablement de rebondir, & par le mesme chemin, ce qu'elle feroit si les fibres qui sont en deça estoient egales en nombre à celles qui sont au delà de l'axe ; mais parceque les fibres qui sont au delà de la fibre tangente vers le centre, & vers l'axe sont en plus grand nombre, & qu'il y a vers là plus de matiere, & par consequent une plus grande impetuosité imprimée qu'il n'y en a en deça de la fibre tangente ; cela fait que le mouvement commencé prevaut & l'emporte ; & comme il ne peut pas estre continué directement acause de l'obstacle fait à la partie tangente, il est continué obliquement.

Or il est necessaire que cela se fasse avec quelque roulement, & avec un contact consecutif des fibres qui sont situées en ordre vers l'axe, & au delà de l'axe ; il est vray que pendant que ce contact consecutif se fait, chaque fibre tasche de rebondir; mais parce que la partie qui est au delà d'elle prevaut encore, celle qui est en deça est contrainte de suivre, & toutes celles qui ont touché le plan s'inclinent & changent de situation; & parce qu'elles ne regardent plus l'endroit d'ou elles sont venuës, elles ne sont plus capables de retourner par le mesme chemin.

Je dis vers l'axe, & au delà de l'axe; parceque lorsque dans ce roulement l'extremité de l'axe frappe le plan, le rebondissement ne se fait pas toutefois pour cela dans ce mesme moment; & certes s'il se faisoit, il se feroit en ligne perpendiculaire; l'axe aussi bien que toutes les fibres estant alors dressé, & elevé sur le plan en ligne perpendiculaire; mais il faut qu'il se fasse au delà, parceque l'impetuosité de la partie qui est au delà prevaut encore, quoyque cette partie ne soit pas plus grande que la moitié.

Et la raison en est que son impetuosité est encore directe & entiere, au lieu que celle de la partie qui est en deça est reflexe, & en quelque façon affoiblie par le contact & par la repression du plan ;

plan; c'estpourquoy la reflexion ne se peut faire que jusques à ce qu'il y ait autant de repression & d'affoiblissement fait dans la partie qui est au delà de l'axe, qu'il en a esté fait dans la partie qui est en deça; si bien qu'il est necessaire que la reflexion se fasse lorsque le plan est touché par la fibre qui est autant eloignée de l'axe en delà, que celle qui a touché la premiere le plan en deça en estoit eloignée : Car c'est en ce moment seulement que les forces sont egales, & qu'une partie n'ayant pas dequoy prevaloir & l'emporter sur l'autre, la boule ne frappe plus rien, & s'envole du costé vers lequel l'axe, & toutes les fibres sont alors dirigées. Or parceque de cette maniere la boule est reflechie du plan avec la mesme inclination qu'elle y estoit tombée; il est constant que l'angle de reflexion est egal à l'angle d'incidence, & que l'un & l'autre est d'autant plus obtus, que la projection est moins eloignée de la ligne perpendiculaire, & d'autant plus aigu qu'elle en est plus eloignée, & qu'il s'en faut moins qu'elle ne soit parallele au plan.

Ce que l'on pourroit ajoûter icy touchant l'aptitude, & l'inhabilité des corps à la reflexion, peut estre compris, ce semble, par ce qui a esté dit de la projection; car il est universellement constant que les corps durs & compactes sont jettez avec plus de vehemence, & plus loin par une force convenable, & peuvent par consequent rebondir avec plus de vehemence & plus loin, quand ils tombent sur un corps qui a une fermeté & une dureté convenable. Car ce qui fait qu'une bale de laine reflechit davantage qu'une bale d'airain de la mesme grosseur, ne vient que de ce qu'il n'y a pas de proportion entre la force appliquée par celuy qui jette, & la pesanteur de l'une & de l'autre, ou entre la pesanteur de l'une & de l'autre, & la resistance du plan, & ainsi du reste.

Cecy nous avertit cependant d'ajoûter icy quelque chose de cette reflexion qui a coûtume d'estre prise pour une espece de refraction, & qui est toutefois plutost une espece de reflexion. Elle se fait lors qu'une pierre, une boule, ou quelque autre chose de cette sorte, ayant

Du Mouvement. 411

esté jettée obliquement tombe sur l'eau, & que le reste de son mouvement n'est pas continué selon la mesme ligne par laquelle il estoit dirigé dans l'air, mais en est si peu que rien detourné vers le haut, au contraire de ce qui arrive à un rayon lumineux qui tombant de la mesme façon, & penetrant dans l'eau, est quelque peu detourné vers le bas, ou comme nous dirons en parlant de la Lumiere, vers la perpendiculaire.

Ce sera dans cet endroit que nous ferons voir d'ou vient que de deux rayons contigus qui tombent ensemble sur l'eau, l'un rebondit en haut, & l'autre penetre en bas, & pourquoy l'on dit que le premier se reflechit, & que l'autre souffre refraction. Pour ce qui est de la pierre dont il est icy question, elle ne doit pas, ce semble, estre comparée avec le rayon qui souffre refraction, & qu'on appelle d'ordinaire rayon rompu, mais elle peut en quelque sorte estre comparée avec celuy qui est reflechi ; car celuy qui est rompu penetre dans l'eau, parce qu'il y trouve un petit pore qui luy est convenable & conforme, & il est detourné vers le bas a cause du rou-

S 2

lement ou tournoyement qu'il eft contraint de faire en y entrant, ce que nous expliquerons pareillement en fon lieu; mais parceque la pierre qui penetre dans l'eau ne trouve pas de paffage qui luy foit conforme, elle s'en fait un elle mefme acaufe de la force qui luy eft imprimée, & ainfi lors qu'elle entre dans l'eau elle n'eft point detournée vers le bas par un femblable roulement.

Or de mefme que ce rayon reflexe rebondit, parce qu'il ne tombe pas dans un petit pore, mais fur un petit corps de la furperficie de l'eau par la rencontre duquel il eft pouffé vers le haut; de mefme auffi la pierre tombant dans l'eau eft detournée vers le haut, parce qu'elle eft empefchée de fuivre le chemin droit qu'elle avoit commencé.

Et une preuve convaincante qu'il fe fait quelque reflexion eft, que fi la projection eft fort oblique, comme par exemple de deux, de trois, ou de quatre degrez, la pierre rebondit auffi fenfiblement fur la fuperficie de l'eau & dans l'air; & ce rebondiffement eft plus fenfible plus la pierre eft large; ce que les Enfans qui joüent sur le bord des rivieres connoissent fort bien, quand ils choisissent des pierres qui sont propres à faire plusieurs petis sauts, ou rebondissemens qu'ils appellent des Ricochets.

Le mesme arrive à l'egard des bales de mousquet qu'on tire fort obliquement sur une eau tranquille & paisible; & il s'est trouvé qu'une bale tirée de la sorte sur une riviere a blessé des gens qui estoient à l'autre bord.

Ce qui semble surprenant est, que la bale saute desorte que son angle de reflexion est plus grand que celuy de son incidence; mais cela vient de ce que par l'impetuosité de la bale il se fait une espece de fosse dans l'eau, & que l'eau s'accumulant en devant, & devenant par consequent un obstacle à la bale, elle la contraint de s'elever.

Au reste, toutes les fois que la projection est moins oblique, ou que l'incidence est plus directe, & qu'elle approche plus de la perpendiculaire, il se fait veritablement quelque reflexion à cause de quelque changement de l'axe;

mais parce qu'alors l'eau n'est pas tant rasée selon sa superficie qu'elle est poussée en dedans, & qu'il y a trop d'eau accumulée en devant pour souffrir que l'axe soit changé de sorte qu'il parvienne au parallelisme avec la superficie de l'eau, & qu'il s'eleve au dessus d'elle; cela fait que la bale ne sort point, mais qu'elle demeure absorbée, & que la force imprimée estant affoiblie peu à peu, & bien-tost vaincuë acause de la resistance de l'eau, la pesanteur prevaut tellement qu'elle detourne la bale vers le fond.

―――――――――――――――

CHAPITRE VI.

Si le Changement est different du Mouvement, & comment les Qualitez des Composez peuvent estre engendrées par le Changement, ou l'Alteration.

Quoy que nous ayons separé le Mouvement dont nous avons parlé jusqu'icy de certaines espèces de mouvement que quelques-uns prenent plûtost pour des espèces de changemens; neanmoins à proprement parler, l'on ne doit point reconnoître d'autre mouvement que le local: Car soit qu'une chose s'engendre, soit qu'elle se corrompe, soit qu'elle croisse, ou qu'elle decroisse, ou qu'elle soit alterée, c'est à dire qu'elle devienne chaude, froide, blanche, noire, &c. tous ces changemens ne sont autre chose que de certains mouvemens locaux par lesquels les atomes viennent, retournent, concourent, s'assemblent, sont transposez, & changent de situation, & de lieu dans les composez; & si ces mouvemens sont souvent trescourts, ils n'en sont pas moins de veritables mouvemens, les lieux de la sortie & de l'arrivée estant toûjours distincts, quelque petit que soit l'intervalle. Toutefois l'usage veut qu'on donne le nom general de mouvement à ceux qui sont plus longs, & plus sensibles, & le nom de changement à ceux qui sont plus courts, & plus insensibles; de sorte qu'il n'y a de difference entre le Mouvement, & le Changement, que selon le plus, & le moins.

Ainsi la Generation, la Corruption, l'Accroissement, le Decroissement, & l'Alteration, peuvent aussi bien estre censez des mouvemens que des changemens; neanmoins parce qu'entendant le nom de mouvement on conçoit d'abord le mouvement local sensible, soit de tout le mobile, comme quand un homme court, soit d'une partie seulement, comme quand ce mesme homme remuë son bras, le reste se son corps estant immobile; il sera plus commode, & plus selon l'usage, que lors qu'on entendra le nom de changement, on ait d'abord en veuë quelqu'une de ces especes; d'autant plus qu'une chose simple, & qui n'est sujette à aucune distraction, ou transposition de ses parties peut bien estre meuë, mais qu'aucune ne peut estre changée si elle n'est composée de parties qui puissent estre jointes, separées, s'approcher, s'éloigner, & changer d'ordre & de situation entre elles, comme il arrive dans chacune de ces especes.

Quant à la maniere dont les Qualitez des Composez peuvent estre engendrées par le changement ou l'alteration; s'il est vray que les Atomes soient les seuls principes des choses, il est, ce semble, étonnant que ces Atomes n'ayant point d'autres qualitez que la grandeur, la figure, & le mouvement, comme nous avons dit cy-devant, il s'engendre neanmoins tant d'autres qualitez dans les choses composées, comme sont la couleur, la saveur, l'odeur, & autres innombrables.

Car selon l'opinion d'Anaxagore, la chose semble aisée à expliquer; d'autant qu'entre ses particules Homeomeres il en fait de colorées, de chaudes, de savoureuses, & d'odoriferantes, d'où les Composez semblent pouvoir devenir colorez, chauds, &c. Mais parce que les Autheurs des Atomes veulent qu'ils soient non seulement intransmuables, & inalterables, mais aussi destituez de toute qualité, excepté les trois cy-dessus, il est, ce semble, plus difficile à concevoir comment il puisse arriver aucun changement ou alteration qui fasse que

S 5

les atomes engendrent des qualitez qu'ils n'ont point.

Cependant ces Autheurs pretendent que si la chose est surprenante, elle n'en est pas moins possible, & ils soûtiennent que par le moyen des trois proprietez inseparables qu'ils attribuent à leurs atomes, grandeur, figure, & mouvement, & par le moyen des deux accidens dont ils les font capables, asçavoir l'ordre, & la situation, on peut tres probablement expliquer comment les atomes engendrent dans les Composez les qualitez qu'ils n'ont point.

Pour cet effet ils se servent de la comparaison des Lettres qui est tout à fait juste. Car comme les Lettres, disent-ils, sont les Elemens de l'Ecriture, & que les syllabes en sont premierement composées, & ensuite les dictions, les periodes, les oraisons, & les Livres ; de mesme aussi les Atomes sont les Elemens des choses dont il se fait premierement de petites masses, & ensuite de plus grandes, & puis enfin de tres grandes.

Et de mesure que les differentes figures des Lettres, par exemple a, & o, representent à la veuë une espece differente, & qu'estant rapportées à la prononciation, elles forment un son different; de mesme aussi selon que les atomes seront ou aigus, ou ronds, ou d'une autre figure, & selon qu'ils frapperont les organes de la veuë, de l'oüye, de l'odorat, & des autres Sens, ils se feront sentir diversement, ou, pour parler selon les termes ordinaires, ils engendreront differentes especes, ou, ce qui revient au mesme, ils paroîtront de qualitez differentes.

Et de mesme que la mesme Lettre differemment située, & differente à la veuë, & à l'oüye, comme N, & Z, b, d, p, & q, ainsi le mesme atome differemment posé affectera le sens differemment, comme si estant pyramidal, il entre tantost par sa pointe, & que tantost il s'applique par sa base.

Et de mesme que deux, ou plusieurs mesmes Lettres selon qu'elles se precedent differemment, ou qu'elles se suivent, exposent aux yeux, aux oreilles, & à l'Esprit mesme differentes voix, ou sons, par exemple, *Et*, *Te*, *Mus*, *Sum*, *Amor*, *Roma*, &c. de mesme aussi les mesmes atomes peuvent par leurs differentes transpositions representer aux Sens de tres differentes especes.

Et de mesme enfin que les Lettres dont les figures ne soient pas en plus grand nombre que celles qui se voyent dans l'Alphabet, peuvent par la seule diversité de l'ordre former une diversité innombrable de dictions, qui peuvent suffire non seulement à tous les Livres qui sont ecrits, mais à tous ceux qui pourront jamais estre ecrits ; ainsi il est convenable que les atomes dont les figures sont innombrables, puissent estant diversement arrangez, affecter, & se faire paroître de mille & mille façons differentes, ou former une diversité infinie de qualitez.

Pour confirmer cecy par des exemples, Lucrece apres ces deux Vers dans lesquels il marque les chefs principaux d'où se tire la diversité des qualitez qui se trouvent dans les composez.

Intervalla, vix, connexus, pondera, plagæ,
Concursus, motus, ordo, positura, figura.

Du Mouvement. 411

L'ordre, la position, la figure, le mouvement, le concours, la liaison, & la contexture des Atomes, leurs intervalles, entre-choquemens, rebondissemens, & accrochemens; Lucrece, dis-je, apres avoir rapporté tous ces chefs, nous donne un exemple singulier de la Mer qui estant agitée écume contre les rochers, quoy que son eau ne tienne rien de la blancheur, & soit plûtost noire, ou obscure, ou verdatre; pour nous montrer comment par l'ordre, l'arrangement, & la situation particuliere des principes, & par les mouvemens qu'ils se donnent, & qu'ils reçoivent mutuellement, il est aisé de rendre raison pourquoy des choses qui ont esté fort noires, deviennent soudainement blanches comme du marbre.

Pratereà magni quòd refert semina quaeque
Cum quibus, & quali positura contineantur,
Et quos inter se dent motus, accipiántque,
Perfacile, &c.
Dicere enim possis nigrum quod saepe videmus,
Materies ubi permista sit illius, & ordo
Principiis mutatus, & addita, demptáque quaedam.

Continuo id fieri ut candens videatur, & album.

Et certes, quand l'eau de la Mer se reduit en écume, il ne se fait point d'autre changement que de la situation & disposition des parties qui parce qu'elles s'arrangent, & s'ajustent en petites bouteilles, reflechissent aux yeux une plus grande abondance de lumiere, ce qui fait, comme nous dirons ailleurs, la blancher qui cessera d'abord que les petites bouteilles se dissoudront.

Pour en donner un autre exemple dans la Couleur, mettez de l'eau tiede dans un plat, & aprés y avoir laissé tremper une poignée de feüilles de Sené, versez-y quelques gouttes d'huile de Tartre, & vous verrez incontinent que toute l'eau rougira, quoy qu'il n'y ait aucune rougeur semblable ni dans l'eau, ni dans les feüilles, ni dans l'huile, mais l'eau penetre, & separe tellement les plus petites parties de la substance des feüilles, que les particules de l'huile penetrant dans ce meslange de particules d'eau & de sené, elles en changent la figure, & en remüent, & tournent les corpuscules d'une telle maniere que la lumiere de dehors qui tombe dessus, & qui souffre refraction estant rapportée à l'œil, represente l'espece d'une telle couleur, comme nous dirons aussi dans son lieu.

Et afin que vous reconnoissiez mieux cecy, versez des gouttes d'huile de vitriol au lieu de celles de tartre, & vous verrez que l'eau ne rougira point; ce qui ne provient sans doute que de ce qu'il n'y a pas dans cette huile une pareille vertu d'inciser, de remuer, & de tourner les parties. Mais versez quelques gouttes de cette huile dans de l'eau dans laquelle vous aurez pareillement fait tremper une poignée de feüilles de roses, & vous verrez qu'elle rougira d'abord, au lieu que si vous y eussiez versé de l'huile de tartre en sa place, elle n'eust rougi en quelque façon que ce soit. Or il est certain que cela marque au moins, que la rougeur s'engendre de choses qui ne sont pas rouges par le seul meslange des parties, & par leur situation differente, de la mesme façon que les mesmes plumes du col d'un Pigeon changeant de situation entre-elles, & à l'egard de la lumiere, changent les couleurs, & que le mesme morceau de drap paroit estre de differente couleur selon qu'il est developpé, ou plié, & que les fils dont il est tissu changent leur situation entre-eux, & avec la lumiere.

Pour donner encore un exemple semblable dans les autres genres de Qualitez; touchez du doigt l'une & l'autre huile, c'est à dire tant l'huile de tartre que l'huile de vitriol separement, ni l'une ni l'autre ne paroîtra chaude; versez quelques gouttes de celle de vitriol dans une certaine quantité de celle de tartre, & vous verrez alors le tout boüillir, & s'echauffer extremement; & cependant il n'y a rien dans l'une & dans l'autre quand elles sont jointes, qui n'y fust quand elles estoient separées; mais l'ordre & la situation des parties est encore changé, & s'estant fait une mutuelle incision, & un meslange des liqueurs, l'air y est entré premierement, d'où est venu la rareté, & l'ecume, & les particules qui estoient auparavant serrées estant separées, & tournées, les pointes des corpus-

Du Mouvement. 445

cules se tournent, & tombent sur l'organe du Sens, le picquent, & representent cette espece, ou qualité que nous appellons Chaleur.

Cela nous marque au moins encore que la chaleur s'engendre de choses qui ne sont point chaudes par le seul meslange, & par la seule transposition des parties; de mesme que des Epingles amassées confusement en un tas picquent de tous costez, au lieu qu'estant jointes ensemble, elles paroissent douces, & polies; ou de mesme qu'on touche les poils de l'Herisson quand ils sont couchez sans aucun sentiment de douleur, au lieu qu'estant dressez ils picquent sensiblement.

Pour proposer enfin quelque chose qui soit plus familier; considerez une Pomme quand elle se pourrit, & qu'elle a pourtant encore quelque partie saine; n'est-il pas vray que cette grande diversité qui se remarque dans sa couleur, odeur, saveur, mollesse, & autres qualitez, ne provient que de ce que dans le contact, la contusion, & la corrosion qu'a souffert cette partie qui est pourrie, les particules dont elle estoit formée ont d'une telle maniere changé de situation entre-elles, qu'elle represente d'autres qualitez que celle qui est saine, laquelle dans peu de temps en representera de semblables quand la situation de ses particules sera changée de mesme.

Or quand elle sera pourrie, sera-t'elle composée de quelques autres particules que celles dont elle estoit composée quand elle estoit saine? si vous dites que quelques parties s'en sont echapées par l'exhalaison, & que quelques parties de l'air y sont entrées quand elle s'est rarefiée, nous en demeurerons d'accord, puisque de la seule sortie des unes, de l'entreée de quelques autres, & de la transposition de tout le reste, la corruption s'en est ensuivie; ainsi sa couleur deviendra noire, son odeur mauvaise, sa saveur amere, & sa substance molle.

FIN.

www.ingramcontent.com/pod-product-compliance
Lightning Source LLC
Chambersburg PA
CBHW071103230426
43666CB00009B/1812